Mosaik
bei GOLDMANN

Buch

Für Taoisten sind Sexualität, Gesundheit und ein zufriedenes Leben untrennbar miteinander verbunden. Die Liebe besitzt heilende Kraft, Körper und Geist bilden eine spirituelle Einheit. Die Autoren zeigen Wege auf, wie sexuelle Energie in spirituelle Energie umgewandelt und die Intimität der Partnerschaft gesteigert wird. Was vielen Partnern als unerfüllbar scheint, ist durch einfach erlernbare Techniken erreichbar: multiorgasmischer Sex für beide Partner, bei dem Frau und Mann mehrere sexuelle Höhepunkte hintereinander erleben. Die vorgestellten Liebestechniken versprechen nicht nur Lustgewinn, sondern auch körperliche Gesundheit und ein befriedigendes, harmonisches Leben.

Autoren

Mantak Chia ist einer der renommiertesten Meister praktischer taoistischer Künste. Neben Tai Chi und Qi Gong gehört dazu die taoistische Sexuallehre, aus der Chia ein einzigartiges System heilender Liebe entwickelt hat. Der Autor hat bereits über ein Dutzend Bücher verfasst. Maneewan Chia lehrt ebenfalls die praktischen taoistischen Künste und ist Co-Autorin mehrerer Bücher.

Douglas Abrams studiert, wie seine Frau, die Ärztin Rachel Carlton Abrams, seit vielen Jahren die taoistische Sexuallehre. Er ist Autor und Herausgeber zahlreicher Bücher, ihr Spezialgebiet ist die weibliche Gesundheit und menschliche Sexualität.

Mantak Chia
Maneewan Chia
Douglas Abrams
Rachel Carlton Abrams

Feuerwerk der Lust

Mit den Geheimnissen
des Tao zur sexuellen Erfüllung

Aus dem Amerikanischen
von Maria Engelhardt

Mosaik
bei GOLDMANN

Dieser Titel ist bereits bei Goldmann
unter dem Titel »Die multiorgasmische Beziehung«,
Titel-Nr. 33648, erschienen.

Umwelthinweis:
Alle bedruckten Materialien dieses Taschenbuches
sind chlorfrei und umweltschonend.

Vollständige Taschenbuchausgabe März 2003
Wilhelm Goldmann Verlag, München,
ein Unternehmen der Verlagsgruppe Random House GmbH
© 2001 der deutschsprachigen Ausgabe
Wilhelm Goldmann Verlag, München,
ein Unternehmen der Verlagsgruppe Random House GmbH
© 2000 Mantak Chia, Maneewan Chia,
Douglas Abrams, Rachel Carlton Abrams, M.D.
Originaltitel: The Multiorgasmic Couple.
Sexual Secrets Every Couple Should Know
Originalverlag: HarperCollins Publishers, Inc., New York
Illustration: John Raynes
Umschlaggestaltung: Design Team München
Umschlagfoto: Zefa/G. June
Satz: Barbara Rabus, Sonthofen
Druck: GGP Media, Pößneck
Verlagsnummer: 16484
Kö · Herstellung: Max Widmaier
Printed in Germany
ISBN 3-442-16484-2
www.goldmann-verlag.de

1 3 5 7 9 10 8 6 4 2

Die Geheimnisse erfüllter Sexualität,
die Sie und Ihr Partner/Ihre Partnerin
in diesem Buch erfahren können:

Wie Frauen Mehrfachorgasmen erleben können
    und Orgasmusprobleme überwinden

Wie Männer Mehrfachorgasmen erleben können, ohne dass die Erektion nachlässt,
    und Probleme mit Erektion und vorzeitiger Ejakulation überwinden

Wie beide längere, intensivere Ganzkörperorgasmen erleben können
    und mehr Lust, mehr Energie und mehr Kreativität entwickeln

Wie Sie männliche und weibliche Lust in Einklang bringen und einander die volle Befriedigung geben
    und sich mit Massagen, Oralsex und Koitus stimulieren

Wie Sie sich mit Sex heilen und jung halten können
    und Liebesstellungen für Harmonie und Gesundheit einsetzen

Wie Sie Liebe und Lust verbinden
    und Ihre Liebe füreinander entfalten

Wie Sie seelische Verbundenheit und seelische Höhepunkte erleben
    und sich durch die Sexualität spirituell weiterentwickeln

Wie Sie die sexuelle Faszination in Ihrer Beziehung wach halten
    und Lust und Leidenschaft ein langes Liebesleben pflegen

Hinweis: *Sie haben es hier mit wirkungsvollen Praktiken zu tun.* Die in diesem Buch vorgestellten Techniken sind Ihrem Liebesleben sowie Ihrer Gesundheit enorm förderlich. Jedoch bieten wir keine Diagnosen und schlagen auch keine Behandlung vor. Wenn Sie gesundheitliche Probleme haben, sollten Sie einen Arzt aufsuchen. Menschen mit hohem Blutdruck, Herzkrankheiten oder schwacher Konstitution sollten bei den Übungen langsam voranschreiten. Wenn Sie Fragen zur Praxis oder Schwierigkeiten beim Üben haben, konsultieren Sie bitte einen Lehrer des Universalen Tao in Ihrer Nähe (siehe Anhang).

Übung macht Freude. Den Autoren ist bewusst, dass Veränderungen des Liebeslebens Mühe kosten, wenn auch angenehme, nicht umsonst liegt diesem Buch ein dreitausendjähriger sexueller Erfahrungsschatz zugrunde. Doch sexuelle Geheimnisse in Erfahrung zu bringen ist eine Sache, ihre Anwendung eine ganz andere. Die Techniken in diesem Buch sind von unzähligen Liebespaaren seit Jahrtausenden in der Schule des Lebens erprobt und verfeinert worden. Wir haben uns bemüht, sie möglichst klar und deutlich darzustellen, aber wirklichen Nutzen bringen sie erst, wenn man sie auch tatsächlich anwendet.

Inhalt

Vorwort 15

Einleitung 19

Teil I
Solo: Die Multiplikation und Ausdehnung Ihrer Orgasmen

1 **Feuerwerke:**
  Orgasmenfülle für Männer 25

  Orgasmus und Ejakulation 26

  Funktion des Orgasmus 30

  Multiplizieren Sie Ihren Orgasmus 32

  Die Ejakulation steuern lernen 40

  Von genitalen zu ganzkörperlichen Orgasmen ... 53

2 **Die Quelle der Lust:**
  Orgasmenfülle für Frauen 55

  Lust ist Lebensenergie 56

  Lust entfalten: Die Erkundung Ihres
  erotischen Potenzials 58

  Den Körper kennen lernen 64

Selbstbefriedigung 71

Die Pflege Ihres Orgasmuspotenzials 79

Ihr Sexmuskel 84

Multiorgasmisch werden 91

Neun Schritte zur Orgasmenfülle 94

Sehnsucht nach dem Big Bang:
die Anorgasmie überwinden 110

3 Besser als Kaffee und Schokolade: die Erweiterung Ihrer Orgasmen und Steigerung Ihrer Energie 120

Ihre Energie 122

Die Entfaltung Ihrer Energie 122

Sexuelle Energie 127

Die Erzeugung, Umwandlung und
Speicherung der sexuellen Energie 128

Das Emporleiten der Orgasmusenergie 135

Die Funktion der Sexualkraft 150

Teil II
Duo: Heilung, Leidenschaft und Nähe mit Ihrem Partner teilen

4 Gegenseitige Befriedigung 153

Feuer und Wasser 154

Männer verkörpern Yang, Frauen Yin 155

Sexuelle Erregung: Das Feuer anzünden
und das Wasser zum Wallen bringen 157

Die Harmonisierung
partnerschaftlichen Begehrens 158

Physiologische Zyklen 161

Körperpartien 165

Zungen-Kung-Fu: Oralsex für die Frau 186

Mund-Kung-Fu: Oralsex für den Mann 186

Flach und Tief 193

Den für beide passenden
Rhythmus finden 193

Tiefe, Richtung und Geschwindigkeit 196

Buchstäblich schrauben 198

Wirklich in Hitze kommen 199

5 **Sexuelles Heilen** 202

Ein echter Jungbrunnen 203

Wenn die Funken fliegen:
mit Sexualenergie heilen 204

Kartografierung der Genitalien 205

Heilsame Liebesstellungen 214

Zirkulierung der Sexualenergie 226

Multiorgasmische Quickies
und Marathons 229

Kommen und Gehen 231

Die Kräftigung Ihrer Sexualorgane 234

Inhalt

    Safer Sex und sexuelle Gesundheit 236

    Es steht in unserer Macht zu verletzen
    und zu heilen 240

6 Wirklich lieben 241

    Selbstliebe entfalten 242

    Liebe füreinander entfalten 246

    In Berührung bleiben 248

    Liebe kommt von innen 250

    Mitgefühl und Stärke 252

7 Den Geist erotisieren 255

    Morgengebet 256

    Seelische Vereinigungen und Höhepunkte 257

    Allumfassende Liebe 262

    Sexualenergie in geistige Energie umwandeln 263

    Mitgefühl und andere Tugenden 264

    Mitgefühl pflegen 267

    Sich einander offenbaren 268

8 Sich ein Leben lang lieben 270

    Zunehmende und abnehmende Lust 271

    Unterschiedliche Bedürfnisse
    in Einklang bringen 272

    Ohne Liebesakt sexuell aktiv sein 275

Inhalt

Sich ein Leben lang lieben 278
Das Liebesspiel wird immer vollkommener 281
Gesunde Lust bei älteren Frauen 282
Gesunde Lust bei älteren Männern 286
Sexuelle Gesundheit bei älteren Paaren 293
Die Anziehungskraft bewahren 294
Sexuellen Leistungsdruck vermeiden 295
Das wahre Geheimnis der Sexualität 297
Anvertraute Geheimnisse 298

Anmerkungen 301
Anhang 307
Register 311

Vorwort

Damit das Buch sowie die vielen Vorteile eines multiorgasmischen Liebeslebens verständlicher werden, seien hier kurz die Autoren vorgestellt. Nun, wie kam es dazu, dass wir mit Mantak und Maneewan Chia dieses Buch geschrieben haben, obwohl wir eigentlich nie vorhatten, ein Sexbuch zu schreiben?

Wir lernten die taoistische Liebeskunst kennen, als Rachel am Anfang ihres Medizinstudiums stand und Doug täglich zehn Stunden lang studierte und arbeitete. Wir staunten nicht schlecht, dass nicht nur unser Spaß beim Liebesakt zunahm, er erfüllender war, sondern wir auch beruflich und überhaupt im Leben mehr Kraft zur Verfügung hatten.

Beim Tao der Liebe, das auch die »Kunst des Schlafgemachs« genannt wird, handelt es sich um eine dreitausend Jahre alte Tradition, in der die männliche Orgasmusfülle und viele andere Geheimnisse sexueller Befriedigung gelehrt werden.

Beim Tao der Liebe, das auch die »Kunst des Schlafgemachs« genannt wird, handelt es sich um eine dreitausendjährige Tradition, in der die männliche Orgasmusfülle und viele andere Geheimnisse sexueller Befriedigung gelehrt werden. Sie möchte Liebespaaren zu einem erfüllenderen und heilsameren Geschlechtsleben verhelfen. Angesichts der Scham und der vielen falschen Informationen über die menschliche Sexualität, mit denen die meisten von uns aufgewachsen sind, dürfte die taoistische Kunst des Schlafgemachs für viele eine Offenbarung sein.

Wir liehen unsere Bücher über das Tao der Liebe unseren Freunden aus, die von den darin beschriebenen Techniken begeistert waren, doch nicht wussten, wo sie beginnen sollten.

Vorwort

Leider gab es kein einfaches Anleitungsbuch, in dem für ganz normale Männer und Frauen Schritt für Schritt beschrieben worden wäre, wie sie multiorgasmisch werden und die für Körper, Seele und Geist gleichermaßen gesunden wie wesentlichen Aspekte des Liebesaktes erfahren können. So beschlossen wir schließlich, nach vielen Anfragen seitens unserer Freunde und Bekannten, ein solches Buch in Angriff zu nehmen.

Nach gründlicher Sichtung des Buchmarkts und ausgedehnten Recherchen war klar, dass die herausragendsten und authentischsten Lehrer dieser Tradition Mantak und Maneewan Chia sind. Mantak Chia hatte viele Jahre bei taoistischen Meistern studiert und sein erworbenes Wissen um die Sexualität in ein eigenes System integriert, das er »Heilende Liebe« nannte. Es dient der ganzheitlichen Heilung und Liebe und gleichzeitig der Steigerung der sexuellen Lust. Mantak Chia hat weltweit Tausende von Menschen unterrichtet, Hunderte von Lehrern ausgebildet und gilt als der bedeutendste Lehrer des Taos der Liebe, aber auch anderer bewährter taoistischer Techniken wie Tai Chi, Qi Gong usw.

Die taoistischen Meister waren, wie wir bald herausfanden, Ärzte, die die sexuellen Reaktionen mit äußerster Genauigkeit zu analysieren verstanden. Und wir sahen, welchen konkreten Nutzen daraus ganz normale Menschen für ihr Liebesleben ziehen konnten. Wir wollten die taoistischen Erkenntnisse und Techniken, die seit Jahrtausenden kultiviert werden, mit heutigen wissenschaftlichen Erkenntnissen verbinden.

Wir entschieden uns, zunächst ein Buch hauptsächlich für den Mann zu schreiben, das schließlich den Titel *The Multi-Orgasmic Man* (dt. Titel: *Öfter, länger, besser. Sextips für jeden Mann*) erhielt, weil der Erfolg der heilenden Liebe sehr stark davon abhängt, ob der Mann sexuell ausdauernd und idealerweise multiorgasmisch ist. Das Buch wurde ein durchschlagender Erfolg und fand, in über zehn Sprachen übersetzt, weltweit Hunderttausende von Lesern.

Als wir unser erstes Buch landesweit mit Lesern besprachen, trug man ständig die Bitte an uns heran, ob wir nicht auch ein Buch für Paare schreiben könnten, welches Frauen und Männern die Integration der heilenden Liebe in ihr Leben erleichtern würde. Hier nun, nach einigen Jahren und zahlreichen Entwürfen, ist das Buch *Die multiorgasmische Beziehung* (Originaltitel: *The Multi-Orgasmic Couple*). Wir hoffen, der reichen Tradition gerecht geworden zu sein und den modernen Lesern und Leserinnen die sexuelle Aufklärung zu bieten, die wir in dieser Zeit fleischlicher Verwirrung so bitter nötig haben.

Dieses Buch entstand durch die kompetente fachliche Mithilfe vieler Menschen, denen wir hier an dieser Stelle unseren herzlichen Dank aussprechen wollen: zunächst den Lehrern des Universalen Tao, die weltweit die in diesem Buch vorgestellten Techniken unterrichten, insbesondere Michael Winn, Marcia Kerwit und B. J. Santerre; weiter den Sexualforschern aus Ost und West, deren Arbeiten dieses Buch ermöglichten, insbesondere Felice Dunas, Beverly Whipple und Theresa Crenshaw; weiter dem außergewöhnlichen Verlagsteam bei HarperSanFrancisco, besonders John Loudon, Terri Leonard, Lisa Zuniga, Priscilla Stuckey, Karen Stough, Joseph Rutt, Joan Olson, Steve Kennedy, Kris Ashley, Calla Devlin, Margery Buchanan, Laura Beers, Jim Warner, Kathi Goldmark, Sam Barry und Steve Hanselman; schließlich den Lesern, Freunden und Ratgebern, die das Manuskript korrigierten, insbesondere Megory Anderson und Heather Kuiper; und unserer Agentin, Heide Lange, die über die drei Qualitäten – Sachkenntnis, Klugheit und Geschick – im gleichen reichlichen Maß verfügt.

Schließlich möchten wir noch denjenigen Lesern und Leserinnen des Buches *Öfter, länger, besser* danken, die uns mitgeteilt haben, wie sich ihr Sexualleben durch die Kunst des Schlafgemachs verändert hat. Wir hoffen, dass Sie und Ihr Partner oder Ihre Partnerin (auch die zukünftigen) dieselbe Freude und Befriedigung finden werden, wie wir sie mit dieser bestens bewährten Technik der heilenden Liebe gefunden haben und immer wieder finden.

Douglas Carlton Abrams
Rachel Carlton Abrams
Santa Cruz, Kalifornien
17. April 2000

Einleitung

Für viele mag die Botschaft äußerst überraschend sein, dass Frauen *und Männer* mehrere aufeinander folgende Orgasmen haben können. In diesem Buch wird erklärt, wie Sie und Ihr Partner oder Ihre Partnerin beide zu zahlreichen ganzkörperlichen Höhepunkten finden können. Doch ist dies erst der Anfang dessen, was hier an sexuellem Wissen dargeboten wird.

Seit den 1940er Jahren ist durch Alfred Kinsey und andere Sexualforscher bewiesen, dass Männer viele aufeinander folgende Orgasmen haben können.

Wenn Sie und Ihr Partner beide multiorgasmisch geworden sind und sich Ihr persönlicher Genuss entsprechend gesteigert hat, können Sie daran gehen, durch die Harmonisierung Ihrer sexuellen Wünsche noch erfüllendere Ebenen der Intimität und gemeinsamen Ekstase zu erreichen.

Orgasmenfülle bei allen Männern

Dass Männer mehrere Höhepunkte nacheinander haben können, ist nur wenigen bekannt. Obgleich diese Tatsache im Osten seit Jahrtausenden zum Allgemeinwissen gehört und seit den 1940er Jahren durch Alfred Kinsey[1] und andere Sexualforscher im Westen bestätigt wurde, überrascht sie die meisten Männer und Frauen.

In unserem ersten Buch, *Öfter, länger, besser*, haben wir unter Berücksichtigung modernster Forschungsergebnisse alte Techniken vorgestellt, durch die ein Mann leichter multiorgasmisch werden kann. Es sollte vorwiegend ein Handbuch für Männer sein, für ein gesünderes und befriedigenderes Liebesleben. Das vorliegende Buch ist ein Handbuch für Paare, beziehungsweise

Einleitung

Der multiorgasmische Liebesakt erlaubt es den Partnern, ihre oftmals unterschiedlichen sexuellen Wünsche und Rhythmen in Einklang zu bringen.

ein Buch fürs »Nachtkästchen«, mit vielen Anleitungen für ein gesünderes, erfüllenderes und lustvolleres Liebesleben beider Partner.

Orgasmenfülle bei allen Frauen

Obwohl allgemein bekannt ist, dass Frauen mehrere aufeinander folgende Orgasmen haben können, hat über die Hälfte von ihnen diese noch nie erlebt oder erfährt sie nicht regelmäßig. In diesem Buch wird erklärt, wie alle Frauen dauerhaft multiorgasmisch werden können und wie bereits multiorgasmische Frauen ihre Orgasmen intensivieren und ausdehnen können.

Die sexuellen Wünsche in Einklang bringen

Multiorgasmische Partner können beim Liebesakt viele gemeinsame Höhepunkte erleben. Und was noch wichtiger ist: Sie können dadurch ihre sexuellen Wünsche und Rhythmen, die ja oftmals unterschiedlich sind, so miteinander verbinden, dass beide Partner sich eines zutiefst erfüllten Liebeslebens erfreuen.

Aber das sinnliche Vergnügen, wie exquisit es auch sein mag, ist erst der Anfang.

Körperliche Gesundheit, emotionale Nähe und spirituelles Wachstum

Dieses auf Jahrtausende altem sexuellen Wissen basierende Buch informiert Paare darüber, wie sie mit Hilfe ihrer Sexualenergie andere Aspekte ihrer Beziehung pflegen können – körperliche Gesundheit, emotionale Nähe und sogar spirituelles Wachstum eingeschlossen. Der moderne Mensch leidet unter dem Problem der Zerrissenheit: Wir haben unsere Genitalien vom Rest unseres Körpers und unseren Körper vom Geist getrennt. Das vorliegende Buch zeigt, wie Paare die isolierten

Einleitung

Teile wieder verbinden können, um Gesundheit, Intimität und spirituelle Harmonie auf einer Ebene zu erreichen, die vorher undenkbar schien.

Verloren gegangenes sexuelles Wissen

In der modernen Welt ist das sexuelle Wissen zum Großteil verloren gegangen. Wir leben in einer Zeit großer sexueller Freiheit, aber ebenso großer sexueller Verwirrung. Zwar sind die Verlockungen des Sex allgegenwärtig, doch steht ihnen auch ungeheuer viel Scham gegenüber. Viele Leser haben Hemmungen, in einem Buchladen ein Buch über Sexualität in die Hand zu nehmen (das noch dazu von *Orgasmenfülle* handelt!). Das ist verständlich, denn in den

Wir leben in einer Zeit großer sexueller Freiheit, aber ebenso großer sexueller Verwirrung.

meisten Kirchen, Synagogen, Moscheen und Tempeln wird Sex durch die Brille der Moralität und Angst gesehen. Die meisten von uns fürchten sich vor ihren sexuellen Wünschen und Bedürfnissen, ja schämen sich ihrer mitunter zutiefst.

Selbst Menschen mit einer »gesunden« Einstellung gegenüber dem Sex tun sich schwer, mit ihrem Partner über ihre sexuellen Wünsche zu sprechen. Wir können dem Partner oder der Partnerin ohne weiteres sagen, wo sie uns an der Schulter kratzen sollen, steht jedoch ein Reiben unserer »Intimzonen« an, sind die meisten von uns wesentlich weniger gesprächig. Solche Scham lässt sich im Wesentlichen dadurch überwinden, dass man Sexualität als etwas vollkommen Natürliches begreifen lernt und sie unter dem Aspekt der Ganzheitlichkeit und Gesundheit sieht.

Sexuelles Wissen erwerben

In diesem Buch wird das Sexualwissen der taoistischen Tradition weitergegeben. Im alten China waren die Taoisten ursprünglich (etwa um 500 v. Chr.) eine Gruppe Suchender, die

Einleitung

sich um ein tieferes Verständnis von Gesundheit und Spiritualität bemühten. Wir werden die taoistische sexuelle Tradition hier »heilende Liebe« nennen, denn der Liebesakt wurde als ein wichtiges Heilmittel angesehen. Er wurde auch »erotisches Kung Fu« genannt. *Kung Fu* bedeutet einfach »Üben«, *erotisches Kung Fu* also nichts anderes als »erotische Übung«. (Sie können ganz beruhigt sein, es geht hier keineswegs darum, wie man mit der Stirn Ziegel durchbricht oder sich im Bett mit Karateschlägen kurz und klein schlägt.)

Für die Taoisten ist Sex eine Frage der Gesundheit und nicht der Moral.

Sex hat mit Gesundheit zu tun

Die Taoisten waren Ärzte und auf die Gesunderhaltung des Körpers ebenso bedacht wie auf ihr sexuelles Vergnügen. Sie sahen den Sex von jeher unter dem Aspekt der Gesundheit und nicht der Moral.

Die Taoisten erforschten ernsthaft die Heilkraft des Liebesaktes. Sie therapierten nicht nur mit Pillen, sondern verschrieben ihren Patienten auch den Liebesakt in verschiedenen Positionen, um diverse Krankheiten zu heilen.

Das Tao der Liebe – oder die heilende Liebe, wie wir es in diesem Buch nennen – wurde ein wichtiger Zweig der chinesischen Medizin, und ein aktives Sexualleben galt als unverzichtbarer Beitrag für die Gesundheit und ein langes Leben. Neueste medizinische Untersuchungen an älteren Erwachsenen ergaben, dass Sex tatsächlich für eine dauerhafte Gesundheit wesentlich ist.

Bei den frühen Taoisten war Sex eine ernsthafte Wissenschaft, die genauso gepflegt werden musste wie andere medizinische Fachgebiete auch. So gesehen waren die Taoisten die ersten Sexualforscher, sozusagen frühe Meister ihres Fachs. Genauso wie die Ernährungswissenschaft uns heute dabei hilft, gesund und schmackhaft zu kochen, sollte die Sexualwissenschaft Aufschluss über ein gesünderes und genussreicheres Sexualleben geben.

Lebenslange Liebe und sexuelle Harmonie
Die Taoisten hielten sexuelle Harmonie für einen Grundstein des Eheglücks. Und dies trieb die Kunst des Schlafgemachs wesentlich voran. Sie wussten, wie jeder moderne Paartherapeut heute, dass die ganze Beziehung leidet, sobald es Probleme im Bett gibt. Aber sexuelle Harmonie ist nicht immer leicht zu erreichen. Oft haben die Partner sehr verschiedene sexuelle Bedürfnisse. Trotz der individuellen Unterschiede unter den Frauen und Männern sah man doch, dass sich die sexuelle Erregung und sexuelle Reaktion der Frauen oft dramatisch von derjenigen der Männer unterscheidet.

Die Taoisten führten diese Unterschiede auf die anders strukturierte männliche und weibliche Sexualkraft zurück (die sie Yang und Yin nannten). Wir werden hier erklären, wie diese Kräfte unsere Sexualität beeinflussen, und weiter, wie sich diese Erkenntnisse praktisch so umsetzen lassen, dass beide Partner Befriedigung finden.

Erwähnt sei ebenfalls, dass die hier erklärten Techniken selbstverständlich auch von gleichgeschlechtlichen Paaren angewendet werden können, auch wenn die Taoisten hauptsächlich um die Harmonisierung heterosexueller Beziehungen bemüht waren. Aus der Sicht der Taoisten verfügen alle Menschen über männliche Energie (yang) und weibliche Energie (yin), und für sie war wesentlich, dass Paare – ob heterosexuell oder homosexuell – die unter ihnen bestehenden Differenzen harmonisieren. Und außerdem ist es für gleichgeschlechtliche Paare ebenso wichtig und angebracht, dass sie sich lustvoll um Heilung, emotionale Nähe und eine spirituelle Beziehung bemühen.

Eine neue sexuelle Evolution
Wenn auch viele der taoistischen Techniken für sexuelle Erfüllung und körperliche Gesundheit nun schon über zweitausend Jahre alt sind, haben sie bis heute nichts an ihrer Wirksamkeit eingebüßt. In den zwanzig Jahren, seit die Kunst des Schlafgemachs hier im Westen Verbreitung findet, hat sie in aller Stille eine tiefgreifende sexuelle Evolution in den Beziehungen und Schlafzimmern ausgelöst. Wir hoffen, dass Ihnen in Ihrer Partnerschaft die in diesem Buch vorgestellte Wissenschaft und Kunst der Liebe genauso behilflich sein wird wie den Tausenden von Paaren, die sie bereits anwenden.

Bevor Sie und Ihr Partner oder Ihre Partnerin die Höhen der heilenden Liebe erklimmen, sollten Sie jeweils zunächst Ihr eigenes sexuelles Potenzial erkunden. In Teil I »Solo: Die Multiplikation und Ausdehnung Ihrer Orgasmen« wird zunächst erklärt, wie sowohl Männer als auch Frauen multiorgasmisch werden können. In Kapitel 3 geht es dann darum, wie Paare ihre sexuelle Energie so weit steigern können, dass sie ganzkörperliche Orgasmen erfahren. Die Fähigkeit, die Energie durch den ganzen Körper fließen zu lassen, ist für die in Teil II »Duo: Heilung, Leidenschaft und Nähe mit Ihrem Partner teilen« besprochenen Übungen eine wichtige Voraussetzung.

Teil I
Solo: Die Multiplikation und Ausdehnung Ihrer Orgasmen

1 Feuerwerke: Orgasmenfülle für Männer

In diesem Kapitel erfahren Sie:
- worin sich Orgasmus und Ejakulation unterscheiden
- wie sich die sexuelle Energie und das sexuelle Empfinden zu einem Orgasmus ohne Ejakulation steigern lassen
- wie Sie multiorgasmisch werden können

Jeder Mann kann multiorgasmisch werden. Mehr als ein Grundverständnis der männlichen Sexualität und ein paar einfache Techniken sind dazu nicht erforderlich. (Dieses Kapitel stellt eine kurze Zusammenfassung der in unserem ersten Buch zusammengestellten Informationen dar. Für genauere Hinweise zu multiplen Orgasmen bei Männern siehe die ersten drei Kapitel in *Öfter, länger, besser*.) Die Erfahrung mehrerer Orgasmen nacheinander ist eine große Bereicherung für den Mann und eröffnet ihm und seiner Partnerin eine neue sexuelle Welt. Denn die meisten Männer konzentrieren sich beim Liebesakt mehr auf das schließlich enttäuschende Ziel der Ejakulation als auf

Wenn ein Mann multiorgasmisch wird, ist er nicht nur fähig sich selbst nachhaltig zu befriedigen, er kann auch seine Partnerin viel umfassender befriedigen.

den orgasmischen Prozess des Liebesaktes selbst. Wenn ein Mann multiorgasmisch wird, ist er nicht nur fähig, sich selbst nachhaltig zu befriedigen, er kann auch seine Partnerin viel umfassender befriedigen. Ein Mann kann seiner Partnerin kaum ein größeres Geschenk machen als multiorgasmisch zu werden. Auch Frauen ist die Lektüre dieses Kapitels zu empfehlen, sie erfahren darin, wie sie ihren Partnern bei der Entfaltung dieser noch immer kaum bekannten Fähigkeit behilflich sein können.

Orgasmus und Ejakulation

Orgasmus und Samenerguss sind zwei verschiedene Dinge.

Um ein multiorgasmischer Mann zu werden, brauchen Sie ein paar Grundkenntnisse über Ihre Anatomie. Die wichtigste Tatsache ist, dass der Orgasmus und die Ejakulation zwei unterschiedliche Dinge sind. Beginnen wir mit einer kurzen Definition von beiden. Physiologisch gesehen besteht ein Orgasmus in der pulsierenden Kontraktion, die die meisten Männer in ihrem Penis und im Prostata- und Beckenbereich spüren. Er wird von steigendem Puls, heftiger Atmung und einem erhöhten Blutdruck begleitet und führt zu einem plötzlichen Spannungsabfall[1].

Natürlich besteht der Orgasmus aus weit mehr als nur diesen relativ mechanischen physiologischen Vorgängen. Er stellt für die meisten Menschen den sexuellen Höhepunkt dar und gehört mit zum Schönsten und Angenehmsten im menschlichen Leben. Wenn Sie jemals einen Orgasmus hatten, und dies trifft auf die meisten Männer zu, wissen Sie genau, was hier beschrieben wird.

Die Ejakulation ist jedoch einfach ein Reflex, der vom Ende der Wirbelsäule ausgeht und den Erguss des Samens herbeiführt. Kurz gesagt, sie ist einfach nur ein Muskelkrampf.

Zugegeben, er ist angenehm, aber trotzdem bleibt es ein Muskelkrampf. Da so viele Männer den Hochgenuss des Orgasmus ausschließlich mit der Ejakulation zu assoziieren gelernt haben, sollten Sie wissen, dass der Großteil des Gewitters, das Sie mit dem Samenerguss in Verbindung bringen, in Wirklichkeit mit dem Orgasmus auftritt – mit oder ohne Ejakulation.

Bevor wir auf den wissenschaftlichen Beweis eingehen, der zeigt, dass Männer mehrere Orgasmen hintereinander haben können, sei der Einfachheit halber zunächst auf individuelle Erfahrungen eingegangen. Sie haben wahrscheinlich schon einmal in Ihrem Leben mehrere Orgasmen hintereinander erlebt. Das haben viele Männer, bevor sie in die Pubertät kamen und zu ejakulieren begannen.

Sie erinnern sich wohl, dass die Samenerzeugung erst in der Pubertät anfängt, die bei Jungen gewöhnlich im Alter von dreizehn Jahren einsetzt (weshalb sie dann in der Lage sind zu ejakulieren). Die meisten Jungen masturbieren jedoch, bevor sie dieses Alter erreichen. Sie erleben in dieser Zeit Orgasmen ohne zu ejakulieren.

Die Hälfte aller Jungen kann vor der Pubertät zu zwei Höhepunkten hintereinander kommen, und fast ein Drittel erlebt sogar fünf oder mehr Orgasmen nacheinander.

Viele Jungen setzen nach einem Orgasmus die Masturbation fort, und da sie nicht ejakulieren, bleibt ihre Erektion bestehen. Alfred Kinsey, der Pionier unter den Sexologen, berichtete in seinem berühmten Buch *Das sexuelle Verhalten des Mannes* (Kinsey-Report), dass die Hälfte aller Jungen vor der Pubertät (also Jungen im Alter von etwa zwölf Jahren und jünger) zu zwei Höhepunkten hintereinander kommen konnten, und fast ein Drittel konnte sogar fünf oder mehr Orgasmen nacheinander erleben. Er schloss daraus, dass »ein Höhepunkt eindeutig ohne Ejakulation möglich ist«[2].

Mehrere Orgasmen hintereinander gehören jedoch nicht nur zu vergangenen Jugendfreuden, sie sind keineswegs nur

Kinderei. Kinsey untersuchte auch ältere Männer und kam zu dem Schluss: »Orgasmen können auch ohne Samenerguss auftreten ... Diese Männer erfahren wirkliche Höhepunkte, die sie problemlos identifizieren, auch wenn sie ohne Ejakulation auftreten.«[3]

Dr. Herant Katchadourian, Professor der Sexualwissenschaft an der Universität Standford und Autor des Standardwerkes *Fundamentals of Human Sexuality*, erklärt: »Einige Männer sind in der Lage, den Samenerguss zu verhindern [brauchen nicht zu ejakulieren], während sie die Kontraktionen eines Orgasmus erfahren: in anderen Worten, sie haben nichtejakulatorische Orgasmen. Auf solche Orgasmen folgt offensichtlich keine refraktäre Phase [kein Verlust der Erektion], wodurch es diesen Männern möglich ist, wie Frauen mehrere Höhepunkte hintereinander bzw. multiple Orgasmen zu erleben.«[4]

Es gibt seit langem anekdotische Studien über Männer, die behaupten, viele Orgasmen hintereinander haben zu können, doch die erste Laboruntersuchung über multiple Orgasmen bei Männern wurde von den Sexualforschern William Hartman und Marilyn Fithian durchgeführt. Sie untersuchten dreiunddreißig multiorgasmische Männer – Männer, die zwei oder mehr aufeinander folgende Orgasmen haben konnten, ohne zu ejakulieren.

In einer Studie hatten multiorgasmische Männer durchschnittlich vier Orgasmen. Einige erreichten zumindest zwei und einer kam auf sechzehn.

Während die Männer Sex mit ihren Partnerinnen hatten, maßen Hartman und Fithian ihren Puls, der sich zwischen 70 Schlägen pro Minute im Ruhezustand und 120 Schlägen pro Minute während des Orgasmus (siehe Grafik auf Seite 29) bewegte. Sie maßen auch ihre Kontraktionen in der Beckengegend (die am unwillkürlichen Zusammenziehen des Schließmuskels gemessen werden können, das den Orgasmus begleitet) und stellten fest, dass die

Orgasmus und Ejakulation

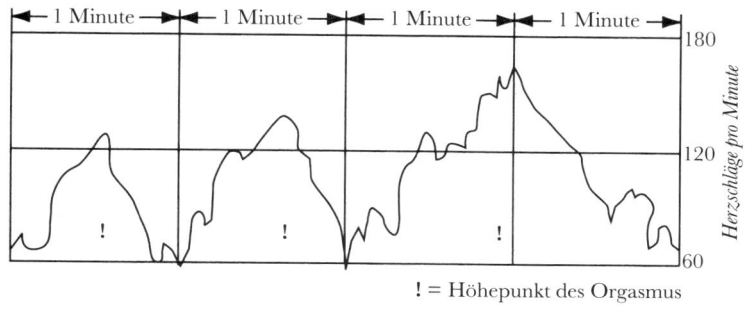

! = Höhepunkt des Orgasmus

Erregungsdiagramm eines multiorgasmischen Mannes

Erregungsdiagramme von multiorgasmischen Männern denjenigen von multiorgasmischen Frauen genau glichen.

In der von Hartman und Fithian durchgeführten Studie hatten die multiorgasmischen Männer durchschnittlich vier Orgasmen. Einige erreichten zumindest zwei, und einer kam auf sechzehn. In einer anderen, von den Sexualforschern Marion Dunn und Jan Trost durchgeführten Studie gaben die meisten Männer an, vor dem Verlust ihrer Erektion zwischen zwei und neun Orgasmen zu haben.[5]

Alice Ladas, Beverly Whipple und John Perry vertreten in ihrem bekannten Buch *The G-Spot and Other Recent Discoveries About Human Sexuality* den Standpunkt, dass sich das männliche und das weibliche Geschlechtsleben viel mehr gleichen, als meistens angenommen wird. Außer über ihre Entdeckung des G-Punkts berichten sie darüber, dass Männer wie Frauen mehrere aufeinander folgende Orgasmen haben können. Im Westen herrscht die Auffassung vor, dass sich männliche Sexualität einfach in einem immer gleich ablaufenden Reflex erschöpft, während weibliche Sexualität kompliziert und von Frau zu Frau ganz verschieden ist. Die Wahrheit ist, dass zwar die Ejakulation einfach abläuft, wie alle Körperreflexe, aber der Orgasmus, der unser subtilstes Sexualorgan, das Gehirn, mit einschließt, ist etwas ganz Komplexes und unterscheidet sich von Person zu Person, von Sexualerfahrung zu Sexualerfahrung und selbst von Orgasmus zu Orgasmus.

Wenn also Männer wie Frauen mehrere aufeinander folgende Orgasmen haben können und die Hälfte der Jungen vor der Pubertät zu vielen Höhepunkten hintereinander kommt, weshalb verlernen sie später diese Fähigkeit?

Offenbar verlernen die meisten Männer diese Fähigkeit, wenn sie in der Pubertät zu ejakulieren anfangen. Der Orgasmus und die Ejakulation folgen binnen Sekunden aufeinander und für die meisten Männer werden sie ein und dasselbe. Im nächsten Abschnitt werden Sie lernen (oder vielleicht wieder lernen), wie sich beides unterscheiden lässt. Dies wird Sie in die Lage versetzen, vor dem Absturz in die Ejakulation – oder sogar ganz ohne sie – mehrfach das Crescendo des Orgasmus zu erleben.

Funktion des Orgasmus

Nachdem Sie jetzt den grundsätzlichen Unterschied zwischen einem Orgasmus und einer Ejakulation kennen, soll nun erklärt werden, wie ein männlicher Orgasmus im Detail funktioniert und wie sich mehrere aufeinander folgende (nichtejakulatorische) Orgasmen von den althergebrachten (ejakulatorischen) unterscheiden.

Multiple Orgasmen beginnen wie andere Orgasmen auch: Sie fangen an, sich sexuell zu erregen, bis Sie kurz vor dem Punkt der Ejakulation sind. Können Sie Ihre Erregungsstufen, wie im Folgenden beschrieben, genauer wahrnehmen, werden Sie die Stimulierung kurz vor dem Punkt stoppen können, an dem es »kein Zurück mehr gibt«. In dieser vorejakulatorischen

Phase ereignen sich eine Reihe genitaler Kontraktionen, die etwa drei bis fünf Sekunden dauern. Diese angenehmen Orgasmen der Beckengegend können sich zunächst wie eine Vorstufe oder ein sehr leichter Entspannungseffekt anfühlen. Man nennt sie »Orgasmen der kontraktilen Phase«, und wenn Sie mit der Zeit immer besser mit der Grenze spielen lernen, können sie genauso intensiv sein, wie die Ihnen bekannten ejakulatorischen Orgasmen. Seien Sie also nicht entmutigt, wenn sie zunächst ziemlich schwach sind. Sie werden sie steigern und mehrfach hintereinander herbeiführen können, sobald Sie einmal in der Lage sind, diese orgasmischen Kontraktionen von der Ejakulation getrennt zu erfahren.

Solche Orgasmen der kontraktilen Phase sind der Augenblick der Wahrheit: Statt es zur Ejakulation kommen zu lassen, werden Sie innehalten beziehungsweise Ihre Stimulation so weit einschränken, dass Sie Ihr Erregungstempo unter Kontrolle haben. Wenn Sie das Gefühl haben, ejakulieren zu müssen, können Sie auch Ihren PC-Muskel anspannen, was das Zurückhalten erleichtert. Wie das geht, wird weiter unten erklärt.

Bei multiplen Orgasmen nehmen Sie also Ihre Erregung leicht zurück und bereiten sich auf einen weiteren Orgasmus vor, statt sich der Ejakulation zu ergeben. Ihre Erregung gleicht dabei einer Welle, die von immer größeren Wellen aufgenommen wird, statt gleich zum Höhepunkt zu kommen. Einige multiorgasmische Männer beschreiben dies als ein Zurückfallen in den Orgasmus anstelle eines Vorwärtsstürmens in die Ejakulation. Vielleicht helfen Ihnen diese Metaphern bei der Erkundung Ihres eigenen Orgasmusablaufs.

Vor allem sollten Sie nicht zu heftig nach den Orgasmen der kontraktilen Phase streben. Die meisten Männer stellen fest, dass das Innehalten kurz vor der Ejakulation in einem *Loslassen* des Orgasmus besteht. Plötzlich vom angesteuerten Ziel zu lassen, ist nicht leicht. Dafür führen mehrere derartige Orgasmen zu einer sowohl für Sie als auch für Ihre Partnerin weitaus befriedigenderen Orgasmuserfahrung.

Damit Sie ihr einzigartiges orgasmisches Potenzial in vollen Zügen genießen können, erfahren Sie im folgenden Abschnitt, wie Sie Ihren PC-Muskel trainieren und Ihre sexuelle Empfindsamkeit steigern können.

Multiplizieren Sie Ihren Orgasmus

In diesem Buch werden zwei Methoden zur Steigerung des sexuellen Genusses vorgestellt. Die erste besteht in der Vervielfältigung der Orgasmen (so dass Sie, ohne einen Erektionsverlust, zwei, drei, vier oder mehr Orgasmen haben werden), die zweite in der Ausdehnung des Orgasmus auf den ganzen Körper, was in Kapitel 3 besprochen wird. Damit Sie viele Orgasmen hintereinander erreichen können, müssen Sie sowohl sexuelle Ausdauer entwickeln als auch Ihr sexuelles Empfinden schulen. Wenden wir uns zunächst der sexuellen Ausdauer zu.

Sexuelle Ausdauer entwickeln
Viele Männer verbringen Jahre mit der Stählung ihrer Bizeps-, Brust- und sonstigen Muskeln, um Stärke auszustrahlen, doch gibt es einen unsichtbaren Muskel, der ihnen mehr als alle anderen im Bett behilflich ist. Dieser »Sexmuskel« ist der Musculus pubococcygeus oder auch kurz PC-Muskel genannt. Die Muskelgruppe erstreckt sich vorne vom Schambein (»pubo«) bis hinten zum Steißbein, oder Os coccygis (»coccygeus«, siehe Abbildung Seite 33).

Diese Muskelgruppe entscheidet über Ihre sexuelle Fitness mit, denn Ihr Penis wurzelt etwa fünf bis sieben Zentimeter tief im PC-Muskel. Die Kräftigung dieses Muskels führt zu

Multiplizieren Sie Ihren Orgasmus

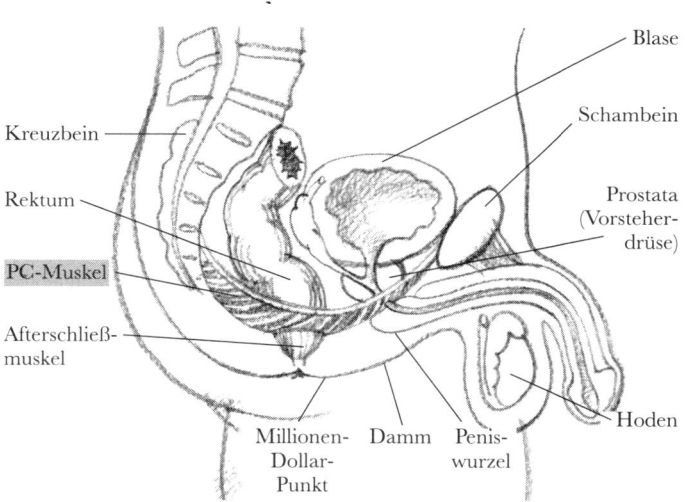

Mittelschnitt durch ein männliches Becken – der PC-Muskel, der für die Orgasmenfülle entscheidend ist, erstreckt sich vom Schambein bis zum Steißbein.

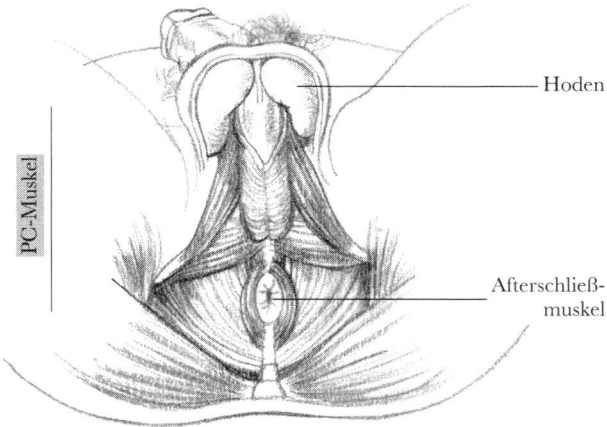

Eine andere Ansicht des PC-Muskels (eigentlich eine Muskelgruppe)

Sie können mit Ihrem PC-Muskel buchstäblich die Bremse ziehen, wenn Sie kurz vor der Ejakulation sind.

stärkeren Erektionen, tieferen Orgasmen und einer besseren Kontrolle des Ejakulationsreflexes. Und wegen des letzteren Vorteils spielt für Sie der PC-Muskel eine wichtige Rolle, wenn Sie multiorgasmisch werden wollen. Sie können dann mit diesem Muskel buchstäblich die Bremse ziehen, sobald Sie kurz vor der Ejakulation sind.

Am deutlichsten fühlen Sie Ihren PC-Muskel am Damm, also an der Stelle zwischen Hoden und Anus. Und Sie kennen ihn bereits gut, selbst wenn Ihnen der Name vielleicht neu ist. Es ist derselbe Muskel, mit dem Sie das Urinieren einstellen oder auch die letzten paar Urintropfen herauspressen.

Beim Orgasmus ist der PC-Muskel zudem für die rhythmischen Kontraktionen in Ihrem Becken und Anus verantwortlich und damit für die Orgasmenfülle entscheidend. Diese Beckenkontraktionen, so entdeckten die Taoisten, betreffen auch die Prostata. Wenn Sie Ihren PC-Muskel um Ihre Prostata anspannen lernen, können Sie die Ejakulation verhindern und die Kontraktionen Ihres Orgasmus vertiefen. Diese Kontraktion um die Prostata verursacht einen angenehmen Schauder. Und nun zu einer einfachen Übung, durch die Sie Ihren Urinstrahl anhalten und Ihren PC-Muskel kräftigen können.

Den Strom anhalten

Am einfachsten lässt sich der PC-Muskel beim Urinieren identifizieren und üben. Es ist egal, ob Sie dabei stehen oder sitzen. Wenn Sie mitten beim Wasserlassen den Urinstrahl phasenweise anhalten können, haben Sie einen relativ kräftigen PC-Muskel. Fällt es Ihnen schwer, dann ist Ihr PC-Muskel schwach. Möglicherweise verursacht das Anhalten des Urinstrahls ein kleines Stechen. Das ist völlig normal und sollte nach ein paar Wochen aufhören. Tritt es

Wichtig ist bei der Übung vor allen Dingen, dass Sie so oft wie möglich den Urinstrahl unterbrechen.

weiterhin auf, haben Sie vielleicht eine Infektion, und in diesem Fall sollten Sie unbedingt einen Arzt aufsuchen, bevor Sie mit dieser und anderen Übungen aus dem Buch weitermachen. Natürlich kann das PC-Muskeltraining auch einen leichten Muskelkater bedingen. Beginnen Sie schrittweise mit den Übungen.

Übung 1
Den Strom anhalten

1. *Einatmen:* Atmen Sie zu Beginn des Wasserlassens tief ein.

2. *Ausatmen und pressen:* Atmen Sie langsam aus und pressen Sie den Urin kräftig heraus. (Wenn Sie die Zähne zusammenbeißen, ist die Übung effektvoller.)

3. *Einatmen und den PC-Muskel anspannen:* Stoppen Sie beim Einatmen durch Anspannung Ihres PC-Muskels den Urinstrahl.

4. *Ausatmen und wieder pressen:* Fahren Sie beim Ausatmen mit dem Urinieren fort.

5. *Bis zum Schluss wiederholen:* Wiederholen Sie die Schritte 3 und 4 (beim Ausatmen urinieren, beim Einatmen den Strahl stoppen) drei- bis sechsmal oder bis Sie mit dem Urinieren fertig sind.

Pressen Sie zunächst so, als hätten Sie es mit dem Urinieren furchtbar eilig. Wenn Sie sich auf die Zehen stellen und die Zähne zusammenbeißen, ist die Übung noch wirkungsvoller, aber vor allem zählt, dass Sie so oft wie möglich den Urinstrahl unterbrechen.

In *Öfter, länger, besser* sind weitere Übungen zur Kräftigung des PC-Muskels beschrieben. Alle PC-Übungen beruhen je-

> ### So funktioniert es
>
> **Die Blase leeren**
> Sie sollten vor der Selbstbefriedigung oder vor dem Liebesakt grundsätzlich die Blase leeren. Eine volle Blase gibt Ihnen ein Gefühl, als müssten Sie ejakulieren, und kann die Zurückhaltung der Ejakulation erschweren.

doch auf einem schlichten Anspannen und Lockerlassen des PC-Muskels. Diese Übungen können im Gegensatz zu anderen Arten des Muskeltrainings beim Autofahren, Fernsehen und während Geschäftsbesprechungen durchgeführt werden.

Sexuelle Empfindsamkeit entwickeln

Die Schulung der sexuellen Ausdauer ist erst die halbe Übung. Genauso wichtig, wenn nicht noch wichtiger ist die genaue Wahrnehmung der sexuellen Erregung. Gemeint ist hier zunächst nicht Ihre Sensibilität gegenüber der sexuellen Erregung Ihrer Partnerin, auf die in einem späteren Kapitel eingegangen wird, sondern Ihre Selbstwahrnehmung. Damit Sie multiorgasmisch sowie auch ein guter Liebhaber werden können, müssen Sie mit Ihrer eigenen Erregung ganz bewusst umgehen lernen.

Damit Sie multiorgasmisch sowie auch ein guter Liebhaber werden können, müssen Sie mit Ihrer eigenen Erregung ganz bewusst umgehen lernen.

Im Gegensatz zu den alten, klischeehaften Ejakulationsverzögerungs-Techniken, die verlangen, dass man seine Empfindung zurücknimmt oder an etwas Triviales denkt, müssen Sie, um multiorgasmisch zu werden, sexuell empfindsamer werden und sich direkter auf Ihre sexuelle Erregung konzentrieren.

Die Erregung der Sexualkraft

Obwohl die sexuelle Erregung ein wichtiger Faktor unseres Alltags ist, wissen die meisten von uns wenig Genaues darüber. Wir nennen es »geil werden« und kichern dabei, als handle es sich um etwas Verbotenes oder eine Jugendtorheit. In Wirklichkeit ist diese Erregung ein lebendiger Ausdruck der uns gesund erhaltenden Sexualkraft. Den Taoisten zufolge sollten wir unsere Erregung – unsere erquickende Sexualkraft – täglich wahrnehmen, weil der Körper dadurch mehr Sexualhormone produziert.

Den Taoisten zufolge sollten wir unsere Erregung – unsere erquickende Sexualkraft – täglich wahrnehmen, weil der Körper dadurch mehr Sexualhormone produziert.

Aus Sicht des Taoismus und der Endokrinologie, einem schulmedizinischen Wissenschaftszweig, tragen die Sexualhormone entscheidend zu unserer Gesundheit bei; man könnte sie geradezu als unseren Jungbrunnen bezeichnen. (Genaueres darüber in Kapitel 5 »Sexuelles Heilen«.) Sex ist eine so gute Verkaufshilfe, weil uns Bilder anziehen, die sich auf unsere sexuelle Energie und Sexualhormone anregend auswirken. Für multiorgasmische Männer ist es äußerst befreiend, wenn sie entdecken, dass sie zu dieser verjüngenden Sexualenergie ständig Zugang haben.

Hat man einmal gelernt, seine Sexualenergie zirkulieren zu lassen, was in Kapitel 3 erklärt wird, braucht man nicht mehr auf sexuelle Kontakte zu warten, um sie anzuzapfen. Außerdem wird man feststellen, dass man nun seine Erregung und Sexualkraft wesentlich besser unter Kontrolle hat. Die meisten Männer sind im jungen Erwachsenenalter oder sogar schon früher ihrem sexuellen Drang und ihrer Erregung derart ausgeliefert, dass sie von ihrem Penis geleitet werden. Sobald sie jedoch lernen, multiorgasmisch zu sein und ihre Sexualkraft zirkulieren lassen, können sie diese pflegen und transformieren. Sie entdecken, dass es ihnen völlig freisteht, ob sie sich sexuell erregt fühlen wollen oder nicht.

In Kapitel 3 wird erklärt, wie Sie Ihre Sexualenergie durch Ihren Körper fließen lassen können. Doch zunächst müssen Sie die Phasen Ihrer expandierenden Sexualkraft – Ihre Erregungsstufen – genau auseinander halten lernen. Wenn Sie das beherrschen, können Sie leicht mehrere Orgasmen haben, ohne dass es zur Ejakulation kommt. Wie Sie mit Ihrem PC-Muskel die Bremse ziehen können, wissen Sie bereits. Jetzt geht es um die Tempoeinschätzung Ihrer Maschine, damit Sie die Bremse auch genau im richtigen Augenblick ziehen.

Die Stadien der Erregung

Die meisten Männer gehen davon aus, dass sie entweder erregt oder eben nicht erregt sind. Sie haben eine Erektion oder keine, doch gibt es im Grunde mehrere Erregungs- und Erektionsstufen, die man kennen sollte. Sie sollten die »Gänge« Ihrer Erregung ebenso gut kennen wie die Gangschaltung Ihres Autos, denn das ist ebenso nützlich. Ihre Atmung und Ihr Puls sind gute Erkennungszeichen – beide beschleunigen sich, wenn Sie erregt werden –, aber der beste Erregungsanzeiger ist das sexuelle Maß zwischen Ihren Beinen: Ihre Erektion. Die Taoisten identifizierten vier Erektionsstadien, die sie die vier *Vermögen* nannten:

Männer entdecken, dass es ihnen völlig freisteht, ob sie sich sexuell erregt fühlen wollen oder nicht.

1. Wachsen
2. Schwellen
3. Hartwerden
4. Hitze

Im ersten Stadium wird der Penis größer, richtet sich jedoch noch nicht auf. Im zweiten Stadium schwillt er so weit an, dass er sich aufstellt, ist jedoch noch nicht völlig steif. (In diesem Stadium ist er für den Koitus noch nicht hart genug, es sei denn, Sie wenden die Technik des weichen Eindringens an, die in Kapitel 8 beschrieben wird.) Im dritten Stadium ist der Penis steif und steht ab, aber er ist noch nicht in Hitze. Im vierten und letzten Stadium ist der Penis hart und heiß. Es ist das Stadium, in dem sich die Hoden zusammenziehen und die Ejakulation vorbereiten. Wenn Sie tief atmen und Ihre sexuelle Energie aus dem Penis hochleiten (siehe Kapitel 3), können Sie im dritten und am Anfang des vierten Stadiums verweilen, ohne gleich den Endpunkt der Ejakulation zu erreichen.

Das Erregungstempo steuern

Damit Sie das Tempo Ihrer Erregung in den Griff bekommen und lernen, multiorgasmisch zu sein, müssen Sie zunächst Ihre Atmung bewusst einsetzen. Alle Kampfkünste und meditativen Übungen bauen auf einer kontrollierten Atmung auf, und das erotische Kung Fu ist dabei keine Ausnahme. Ihre Atmung steht mit Ihrem Puls in direkter Verbindung. Wenn Sie schnell atmen, etwa nach einer anstrengenden Körperübung oder beim Hyperventilieren, beginnt Ihr Herz schneller zu schlagen. Wenn Sie langsam atmen, sinkt der Puls. Wie wir gesehen haben, gehört zum Orgasmus ein steigender Puls, der sich durch schnelles Atmen ankündigt. Sobald Sie lernen, tief und ruhig durchzuatmen, können Sie Ihr Erregungstempo steuern und Orgasmen genießen, ohne gleich zu ejakulieren.

> *Sobald Sie lernen, tief und ruhig durchzuatmen, können Sie Ihr Erregungstempo steuern und Orgasmen genießen, ohne gleich zu ejakulieren.*

Tief durchatmen

Die Bauchatmung bzw. das tiefe Durchatmen ist für unser allgemeines Wohlbefinden ebenso entscheidend wie für unsere sexuelle Beherrschung. Mittels der Atmung nimmt unser Körper lebenswichtigen Sauerstoff auf und gibt überschüssiges Kohlendioxid ab. Bei Stress atmet man jedoch meistens flach, wodurch wenig Sauerstoff aufgenommen und wenig Kohlendioxyd abgegeben wird. In der Kindheit, bevor der Stress Sie kurzatmig werden ließ, waren Sie das tiefe Durchatmen bzw. die Bauchatmung gewohnt. Die Taoisten wussten, dass man es Kindern gleichtun sollte, wenn man jung bleiben möchte, und die Atmung ist da keine Ausnahme. Mit der folgenden Übung lernen Sie erneut das tiefe Durchatmen, aber dieses Mal nützt es nicht nur der Gesundheit, sondern steigert auch die Lust.

So funktioniert es

Durch die Nase einatmen

Atmen Sie stets durch die Nase, wenn Sie die Übungen aus diesem Buch durchführen. Das hat einen filternden und wärmenden Effekt. Wenn Sie durch den Mund einatmen, ist die Luft ungefiltert und nicht vorgewärmt und für den Körper schwerer zu assimilieren.

Sie sollten durch ein tiefes Durchatmen Ihren Puls senken können, wenn Sie kurz vor der Ejakulation stehen. Und auch wenn Sie multiorgasmisch geworden sind, sollten Sie die Bauchatmung nicht vergessen. Sie fördert die ganzkörperliche Zirkulation der Sexualkraft, so dass sich Ihre Orgasmen ausdehnen werden und der Druck abnimmt, den die Verzögerung oder Vermeidung der Ejakulation hervorruft.

Die Ejakulation steuern lernen

Natürlich kann man auch während des Liebesaktes mit seiner Partnerin lernen, multiorgasmisch zu werden, aber es ist viel einfacher, sich diese Fähigkeit allein anzueignen. Um etwas Neues zu lernen, bedarf es der Konzentration, und es fällt

> ### Übung 2
> **Bauchatmung für Männer**
>
> **1.** *Hinsetzen:* Setzen Sie sich bequem hin und lassen Sie die Schultern locker.
>
> **2.** *Hände auf den Bauch:* Legen Sie die Hände knapp unter dem Nabel auf den Bauch.
>
> **3.** *Tief einatmen:* Atmen Sie tief durch die Nase ein, so dass Ihr Bauch vortritt (so wie nach einer reichlichen Mahlzeit).
>
> **4.** *Kräftig ausatmen:* Atmen Sie, die Schultern weiter locker, kraftvoll aus, so dass der Bauch zur Wirbelsäule hin eingezogen wird. Dabei sollten Sie das Gefühl haben, dass Penis und Hoden leicht hochgezogen werden.
>
> **5.** *Die Bauchatmung fortsetzen:* Atmen Sie neun-, achtzehn- oder sechsunddreißigmal ein und aus.
>
> Die Übungen 1 und 2 sind einfach, aber entscheidend. Je fleißiger Sie die beiden Übungen machen, desto leichter werden Ihnen die fortgeschrittenen multiorgasmischen Übungen fallen.

leichter, wenn Sie nur auf Ihre eigene Erregung zu achten brauchen statt auch noch auf die Ihrer Partnerin. Außerdem wird Ihnen das PC-Muskeltraining und rechtzeitige Stoppen wesentlich leichter fallen, wenn Sie dabei nicht fürchten müssen, den Höhepunkt Ihrer Partnerin zu unterbrechen. Und multiorgasmisch werden Sie nur dann, wenn Sie für einen Augenblick unterbrechen, tief durchatmen und zur Vermeidung der Ejakulation Ihren PC-Muskel anspannen. Auch wenn dieses Buch für Paare geschrieben ist, sind beiden Seiten Solozeiten anzuraten.

Solosex und erotische Selbstpflege

Es ist durch Studien belegt, dass die meisten Männer masturbieren – selbst ältere und verheiratete. Und fast alle haben Schuldgefühle dabei. Wenn Sie der Meinung sind, diesbezüglich keine Schuldkomplexe zu haben, fragen Sie sich doch einmal, ob Sie Ihrer eben heimgekehrten Partnerin jemals zur Begrüßung zurufen würden: »Hallo Schatz, ich bin im Badezimmer (oder Schlafzimmer) mich selbst befriedigen. Bin gleich da.« Für uns ist es meistens kein Problem, dem Partner mitzuteilen, dass wir »im Badezimmer« sind, weil wir unsere Blase entleeren oder Stuhlgang haben, aber die Befriedigung dieses ebenso elementaren Bedürfnisses würden wir, Gott bewahre, nie im Leben zugeben.

Die Scham bezüglich der Masturbation ist weit verbreitet, besonders in der westlichen Gesellschaft, wo sie sogar auch sexueller Selbstmissbrauch genannt wird. Diese Haltung herrscht dermaßen vor, dass man in den USA doch tatsächlich einer Gesundheitsamtsleiterin die Kündigung nahelegte, weil sie gesagt hatte, die Selbstbefriedigung gehöre zur menschlichen Sexualität dazu.

Die Taoisten nannten die Selbstbefriedigung erotische »Selbstpflege« oder auch »Genitaltraining« und betrachteten sie als einen wichtigen Übungsschritt für diejenigen, die ihre Ejakulation unter Kontrolle bringen und ihre vitalisierende Sexualenergie zirkulieren lassen wollten.

Die Taoisten hatten bezüglich der Selbstbefriedigung keine Schuldgefühle. Wie schon gesagt, fällt Sex für sie in den Bereich der Gesundheit und Medizin und nicht der Moral. Die Taoisten nannten die Selbstbefriedigung sogar *erotische Selbstpflege* oder auch *Genitaltraining* und betrachteten sie als einen wichtigen Übungsschritt für diejenigen, die ihre Ejakulation unter Kontrolle bringen und ihre verjüngende Sexualkraft zirkulieren lassen wollten.

Die Selbstbefriedigung oder erotische Selbstpflege ist eine angenehme Ergänzung zum Partnersex und obendrein eine erfrischende, sobald Sie einmal gelernt haben, zu ejakulationslosen Höhepunkten zu kommen. Sie ist auch nützlich, wenn Ihr Partner oder Ihre Partnerin einmal nicht in Stimmung ist oder überhaupt weniger oft als Sie (siehe dazu letztes Kapitel).

Nehmen Sie sich bei der Erkundung der erotischen Selbstpflege die folgenden beiden Punkte zu Herzen:

- *Gehen Sie mit sich selbst einfühlsam um.* Wie Sie in Kapitel 6 genauer erfahren werden, verstärkt die Expandierung der Sexualkraft Ihr Empfinden. Wenn Sie sich gut gelaunt sexuell zu erregen beginnen, wird die expandierende Sexualkraft Ihre gute Laune verstärken. Sind Sie hingegen ärgerlich oder fühlen sich einsam, wird sich Ihr Ärger oder Einsamkeitsgefühl vergrößern. Beginnen Sie also Ihre erotische Selbstpflege mit einer positiven Einstellung und freuen Sie sich darüber, dass es eine so belebende Form der Selbsterfrischung gibt. Dann werden diese Freude und gute Laune durch die Sexualkraft wachsen. Sie haben zudem Ihre Ejakulation besser unter Kontrolle. Es ist viel schwerer, die Ejakulation zurückzuhalten, wenn Sie verärgert oder ungeduldig sind.
- *Nehmen Sie sich Zeit.* Je länger Sie Ihre erotische Selbstpflege gestalten und die Ejakulation hinauszögern können, desto schneller lernen Sie, multiorgasmisch zu sein. Hartman und Fithian, die Pioniere unter den Sexforschern, die viele multiorgasmische Männer untersucht haben, kamen zu dem Ergebnis, dass ein Mann, der gelernt hat, fünfzehn bis zwanzig Minuten lang zu masturbieren, mit seiner Partnerin so lange den Liebesakt pflegen kann, wie er möchte. Wer gelernt hat, mit sich selbst geduldig zu sein, kann auch mit seiner Partnerin Geduld haben.

Wenn Sie, so wie eben beschrieben, gelernt haben, ohne Ejakulation zum Höhepunkt zu kommen, und auch Ihre Sexualkraft im Körper fließen lassen können, wie es in Kapitel 3 er-

Das erotische Solotraining ist ein Mittelding zwischen Meditation und Selbstbefriedigung.

klärt wird, können Sie ganze Wellen orgasmischer Lust in Ihrem Körper in Umlauf setzen. Ein multiorgasmischer Mann beschrieb es so: »Es ist ein Mittelding zwischen Meditation und Selbstbefriedigung.«

Denken Sie daran, dass die Länge Ihres soloerotischen Liebesspiels unwichtig ist, Ihre Stimmung und der Augenblick entscheiden. Überhaupt zählt beim Liebesspiel nur Qualität, nicht Quantität. (Weitere Tipps und Techniken zum Tao der Selbstbefriedigung siehe *Öfter, länger, besser*, Seite 72–83.)

Abkühlen

Nachdem Sie jetzt Ihren PC-Muskel und Ihre Atmung bewusst gebrauchen können, erfüllen Sie zwei Grundvoraussetzungen, um multiorgasmisch zu werden. Doch es gibt noch andere Techniken, durch die Sie sich abkühlen können, wenn Sie am Überlaufen sind.

- *Aufhören, bevor es kein Zurück mehr gibt:* Natürlich gilt hier, besser zu früh als zu spät aufzuhören. Die meisten Männer müssen anfangs zehn bis zwanzig Sekunden vor dem Punkt aufhören, an dem es kein Zurück mehr gibt.
- *Drücken Sie gegen Ihren Penis oder Ihren Damm.* Wenn Sie Ihren Penis oben oder unten mit Fingern und Daumen zusammenpressen (siehe Abbildungen Seite 45), kann der Drang zur Ejakulation nachlassen. Es erleichtert die Konzentration auf die Eindämmung der zunehmenden Energie. Da dies während des Liebesaktes natürlich schwierig ist, empfiehlt sich hier eine andere Technik. Greifen Sie hinter sich und drücken Sie gegen Ihren Damm. Damit können Sie sich ebenfalls besser auf die Unterbindung des Ejakulationsreflexes konzentrieren.

Ein leichter Druck gegen den Damm hilft im Allgemeinen, aber am effektivsten ist es, wenn man auf den berühmten

Die Ejakulation steuern lernen

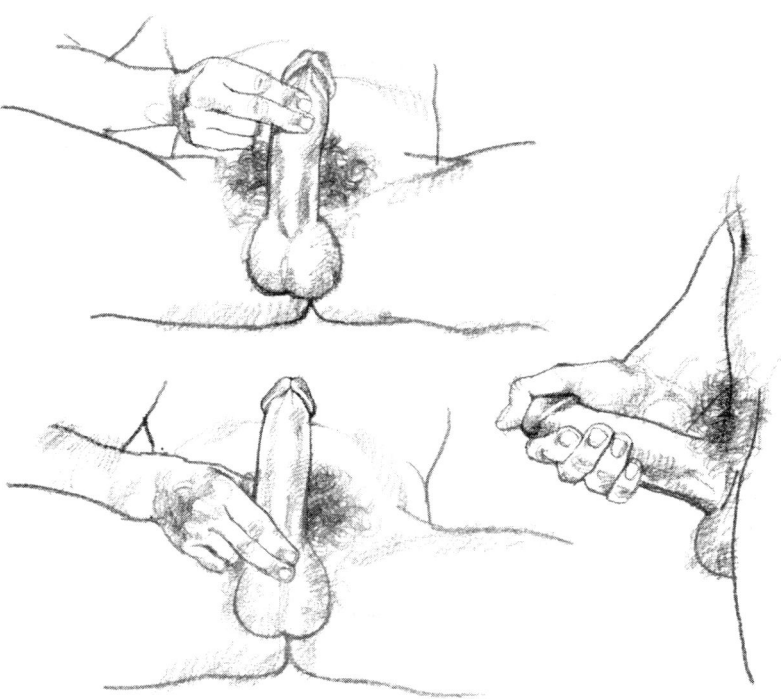

Drückt man entweder oben oder unten mit den Fingern und Daumen gegen den Penis, lässt sich der Ejakulationsdrang verringern.

Millionen-Dollar-Punkt drückt. Dieser Punkt heißt so, weil es eine Million Dollar kostete (bzw. zu jener Zeit eine Million Goldstücke), damit ein taoistischer Meister einem diese Stelle verriet. Der Millionen-Dollar-Punkt befindet sich unmittelbar vor dem Schließmuskel und noch vor der Peniswurzel hinter den Hoden (siehe Seite 33).
- *Atmung.* Wenn Sie sich dem Punkt nähern, an dem es kein Zurück mehr gibt, ist es an der Zeit, dass Sie auf die Bauch-

Übung 3
So werden Sie ein multiorgasmischer Mann

1. *Einreiben:* Tragen Sie zunächst ein Gleitmittel auf Ihren Penis auf. (Das Gleitmittel steigert, wie Sie vielleicht schon wissen, Ihre Empfindsamkeit und erlaubt eine ausgiebigere erotische Selbstpflege. Öl bleibt länger auf der Haut und ist daher grundsätzlich besser als irgendeine Lotion, die schneller einzieht.)

2. *Selbstbefriedigung:* Erfreuen Sie sich, wie immer Sie wollen.

3. *Achten Sie auf Ihre Erregung:* Achten Sie genau auf Ihren Erregungszustand. Versuchen Sie die unterschiedlichen Erregungsstadien zu erkennen: Achten Sie auf das Kribbeln an der Peniswurzel, auf die Phasen der Erektion und auf die Atmung und den Herzschlag, ob diese sich beschleunigen.

4. *Atmen Sie bewusst und spannen Sie Ihren PC-Muskel an:* Wenn Sie das Gefühl haben, dem Punkt nahe zu sein, an dem es kein Zurück mehr gibt, halten Sie inne, atmen Sie tief durch und spannen Sie Ihren PC-Muskel um die Prostata leicht an. Sie können auch auf Ihren Penis oder Ihren Damm drücken, aber am wichtigsten sind die Atmung und der PC-Muskel, so wie das rechtzeitige Innehalten.

5. *Nehmen Sie die orgasmischen Kontraktionen in Ihrem Becken wahr:* Fahren Sie mit der Selbstbefriedigung fort und tasten Sie sich immer weiter dorthin, von wo es kein Zurück mehr gibt. Wenn keine Erregung 0 und eine Ejakulation 10 Punkte bedeuten, dann liegt ein Orgasmus bei 9,8. Gehen Sie also bedächtig vor. Tasten Sie sich vor und halten Sie inne, und steigern Sie Ihre Erregung im-

> mer mehr (9,0–9,1 und so weiter), lassen Sie sich in die Orgasmen der kontraktilen Phase zurückfallen, statt in eine Ejakulation vorzupreschen. Achten Sie auf die unwillkürlichen Kontraktionen Ihrer Prostata (und Ihres Schließmuskels), die während eines Orgasmus der kontraktilen Phase auftreten. Denken Sie daran, dass diese Prostataorgasmen, auch wenn sie sich zunächst wie Miniorgasmen anfühlen, im Lauf der Zeit die Intensität von ejakulatorischen Orgasmen haben werden. Doch muss man zunächst das Gehen üben, bevor man laufen kann.
>
> **6.** *Genießen:* Nachdem Sie mehrere Male ohne Ejakulation zum Höhepunkt gekommen sind, hören Sie auf. Sie werden sich nun ausgeglichen und/oder erfrischt fühlen. Vielleicht merken Sie auch, dass die Sexualenergie kribbelnd oder prickelnd in Ihrem Rumpf oder Kopf aufsteigt. Das ist völlig natürlich und der Anfang der Umwandlung Ihrer genitalen Orgasmen in ganzkörperliche Orgasmen.

atmung zurückgreifen, die Sie in Übung 2 gelernt haben. Je näher Sie der Ejakulation kommen, desto rascher wird natürlich Ihre Atmung. Halten Sie für einige Augenblicke die Luft an, bis der Drang zu ejakulieren nachlässt. Dieses tiefe Luftholen hilft Ihnen, die expandierende Sexualkraft im Zaum zu halten. Oder aber Sie atmen kurz und flach, um die Sexualenergie zu verteilen. Probieren Sie aus, was bei Ihnen besser funktioniert.

- *Spannen Sie Ihren PC-Muskel an.* Ihr PC-Muskel umgibt, wie gesagt, die Prostata, durch die Ihr Samen beim Erguss hindurch muss. Wenn Sie Ihre Prostata während des Orgasmus der kontraktilen Phase (wenn sie sich unwillkürlich zusammenzieht) zusammengezogen halten, können Sie den Übergang von der Kontraktion (Orgasmus) zum Erguss (Ejakulation) unterbinden.

Es kann eine Weile dauern, bis Sie die Orgasmen der kontraktilen Phase empfinden können, ohne gleich ejakulieren zu müssen. Machen Sie sich darüber keine Sorgen; mit ein wenig Übung und ein wenig Geduld werden Sie bald eine Orgasmenfülle erfahren können, die einem ejakulatorischen Orgasmus an Intensität und Lust in nichts nachsteht.

Mit ein wenig Übung und ein wenig Geduld werden Sie bald eine Orgasmenfülle erfahren können, die einem ejakulatorischen Orgasmus an Intensität und Lust in nichts nachsteht.

Wann Sie Schluss machen sollten

Die meisten Männer hören mit der Masturbation oder dem Liebesspiel auf, sobald sie ejakuliert haben. Im multiorgasmischen Zustand gibt es diesen eindeutigen Schlusspunkt nicht mehr. Sie haben dann selbst zu entscheiden, wann Sie und Ihre Partnerin befriedigt sind. An manchen Tagen wird das dann eine kurze sexuelle Erfahrung sein, an anderen wiederum ein ausgiebiges Liebesspiel. Ihre Bedürfnisse werden sich nach Ihrer momentanen Verfassung richten.

Wenn Sie während des Liebesaktes multiorgasmisch zu werden versuchen, sollten Sie sich und Ihrer Partnerin genügend Zeit dazu lassen. Schließlich soll der Sex für Sie und Ihre Partnerin nicht zu einer Pflichtübung werden. Sprechen Sie sich also mit Ihrer Partnerin während des Liebesaktes ab und richten Sie sich nach Ihrer beider Lust. Je mehr sie ihren eigenen PC-Muskel übt und ihr sexuelles Begehren erkundet, desto harmonischer wird das Zusammenspiel.

Ihr PC-Muskel verhält sich wie jeder andere Muskel – er wird durch Übung kräftiger –, aber wie bei jedem Training,

So funktioniert es

Bei Druck in der Beckengegend
Der Druck in Ihrer Beckengegend ist eine natürliche Folge der stärkeren Durchblutung und der sich aufstauenden Sexualenergie in Ihrem Genitalbereich. Wenn der Druck zu unangenehm wird, ejakulieren Sie entweder einfach, oder Sie atmen tief durch (wie in Übung 2 beschrieben) und massieren sanft Ihre Dammgegend und Ihre Hoden. Dadurch kann der Körper diese wirkungsvolle und heilsame Energie leichter aufnehmen. In Kapitel 3 lernen Sie, wie sich diese Energie aus Ihrem Genitalbereich hochleiten und im ganzen Körper in Umlauf setzen lässt.

Ihre Prostata
Wenn ein Mann in sexuelle Erregung gerät, vergrößert sich seine Prostata leicht. Indem Sie während oder nach der Selbstbefriedigung oder dem Liebesakt Ihren PC-Muskel um die Prostata kontrahieren, lässt sich nicht nur die Ejakulation leichter verhindern, sondern es nimmt auch den Druck von Ihrer Prostata.

Ihre PC-Kontraktionen leiten zudem die Energie aus der Beckengegend in den Rumpf hoch (siehe Kapitel 3). Dadurch verringert sich ebenfalls der Druck auf die Prostata und die Hoden. Sie können auch den Damm, die Hoden und das Steißbein massieren, um den Druck zu vermindern und die aufgestaute Sexualenergie zu verteilen.

Wenn Sie beim Urinieren ein Stechen empfinden oder das Becken über längere Zeit schmerzt, könnte eine Harnleiter-Infektion vorliegen. Sie sollten dies ärztlich klären lassen, bevor Sie mit den Übungen fortfahren. Bis Sie die Infektion losgeworden sind, wird ein häufigeres Ejakulieren zwangsläufig sein.

Es ist wichtig, dass Sie etwa alle zwanzig Minuten Ihre Erektion etwas zurückgehen lassen, damit das Blut in den Körper zurückfließen und sich austauschen kann.

schadet auch hier das Übertreiben. Wenn Sie also solo oder zu zweit für über zwanzig Minuten die Liebeskunst pflegen, was Sie in multiorgasmischer Verfassung sicher öfter tun dürften, sollten Sie darauf achten, dass Sie etwa alle zwanzig Minuten Ihre Erektion etwas zurückgehen lassen, damit das Blut in den Körper zurückfließen und sich austauschen kann.

Wann Sie ejakulieren sollten

Für die Taoisten stellte die Lust nicht den einzigen Grund dar, weshalb sie multiorgasmisch werden wollten. Sie waren der Auffassung, dass eine Orgasmenfülle gesund erhält und auch heilt. Zu je mehr Orgasmen ein Mann ohne zu ejakulieren gelangen kann, desto mehr Sexualenergie steht ihm körperlich zur Verfügung.

Während Orgasmen körperlich belebend sind, erschöpfen Ejakulationen den Taoisten zufolge. Zwar ist natürlich gegen das zeitweise Ejakulieren überhaupt nichts einzuwenden, doch stellten die Taoisten fest, dass zu häufiges Ejakulieren einen Mann im höheren Alter körperlich erschöpft. Sie führten viele Erektionsprobleme auf diesen Erschöpfungszustand zurück. (Sollten Sie Erektionsprobleme haben, sei es allgemein oder auch nur bezüglich der Ausdauer, empfehlen wir auch die Lektüre des Kapitels »Schlangenzauber: die Überwindung der Impotenz« in *Öfter, länger, besser*.)

Wenn Sie noch sehr jung sind, kennen Sie die Erschöpfung, die oft auf eine Ejakulation folgt, möglicherweise noch nicht aus eigener Erfahrung, doch möchten die meisten Männer nach dem Ejakulieren am liebsten schlafen oder sind einfach müde. (Die taoistischen und medizinischen Standpunkte zu diesem Thema erfahren Sie ausführlich in Kapitel 5, »Sexuelles Heilen«.)

Den Taoisten zufolge führen Sie Ihrem Körper mit jedem Orgasmus (ohne Ejakulation) Energie zu. So schlägt der Energieverbrauch beim schließlichen Ejakulieren weniger zu Buche. Eine multiorgasmische Ejakulation erschöpft Sie deshalb auch weniger als die alte »Ruck-zuck-fertig«-Ejakulation. Wenn Sie nach einem halben Dutzend Orgasmen ejakulieren, ist der Energieverlust nur ungefähr noch halb so hoch.

Die Taoisten empfahlen, jeder Mann solle ejakulieren, wie es seine Verfassung vorgibt, die von seinem Alter, seiner Gesundheit und den Lebensumständen abhängig ist. Wenn Sie nicht ganz auf der Höhe sind oder hart arbeiten, werden Sie Ihre Energie eher bewahren wollen. Auch im Winter werden Sie, so wie die Natur, eher sparsam haushalten wollen. Im Urlaub wiederum könnte es sein, dass Sie öfter ans Ejakulieren denken. Und natürlich müssen Sie, wenn Sie ein Kind zeugen wollen, ejakulieren, sobald Ihre Partnerin einen Eisprung hat. Sun Ssu-miao, einer der bedeutendsten Ärzte im alten China, war der Auffassung, ein Mann könne bei guter Gesundheit bleiben und ein hohes Alter erreichen, wenn er zweimal im Monat ejakuliert.

Sun Ssu-miao spezifizierte seine Empfehlung bezüglich der Häufigkeit des Ejakulierens wie folgt:
- Ein *Zwanzigjähriger* kann problemlos alle *vier* Tage einmal ejakulieren.
- Ein *Dreißigjähriger* alle *acht* Tage einmal.
- Ein *Vierzigjähriger* alle *zehn* Tage einmal.
- Ein *Fünfzigjähriger* alle *zwanzig* Tage einmal.
- Ein *Sechzigjähriger* sollte überhaupt nicht mehr ejakulieren.

Selbstverständlich kann ein Mann jeden Alters sexuell aktiv bleiben und viele nichtejakulatorische Orgasmen haben. Die Taoisten sahen keinen Grund, weshalb Männer und Frauen nicht bis zu ihrem Tod sexuell aktiv sein sollen. Wenn Sie sich an der abnehmenden Zahl der Ejakulationen oder deren Verbot für über Sechzigjährige stoßen, denken Sie daran, dass Ihnen, sobald Sie einmal multiorgasmisch geworden sind, das typische »Abspritzen« demgegenüber blass erscheint und Sie es kaum vermissen werden.

Ein Mann kann bei guter Gesundheit bleiben und ein hohes Alter erreichen, wenn er zweimal im Monat ejakuliert.

Ganz wichtig ist jedoch, dass Sie sich über Ihre Ejakulationen nicht ärgern sollten. Wenn Sie merken, dass Sie den Punkt, an dem es kein Zurück mehr gibt, überschritten haben und zu ejakulieren beginnen, genießen Sie es. Viele Männer, die die heilende Liebe üben wollen, neigen zur Selbstverurteilung, wenn sie Probleme bei der Ejakulationskontrolle haben. Konzentrieren Sie sich auf Ihre Partnerin und auf den Austausch heilender Liebe, und nicht darauf, ob Sie schon einmal ejakulieren mussten oder nicht.

Das Zirkulieren der sexuellen Energie lässt sich auch lernen (siehe Kapitel 3), wenn man am Ende ejakuliert. Dadurch werden Sie nach der Ejakulation merklich weniger erschöpft sein. Außerdem können Sie auch, nachdem Sie ejakuliert haben, durch das Anspannen Ihres PC-Muskels und Ihrer Beckenmuskeln den Energieverlust reduzieren.

Was letztlich zählt, ist die Kunst der Liebe, die Sie sich selbst gegenüber und mit Ihrer Partnerin kultivieren. Es ist wesentlich wichtiger, dass Sie sich um Mitgefühl in beiden Richtungen bemühen als um eine Energieeinsparung.

Von genitalen zu ganzkörperlichen Orgasmen

Die in diesem Kapitel vorgestellten Körperübungen, allen voran die Bauchatmung und das PC-Muskeltraining, versetzen Sie in die Lage, Orgasmen von Ejakulationen zu unterscheiden und multiorgasmisch zu werden. Trotzdem beruht das wahre Geheimnis der langfristigen Ejakulationsvermeidung – und Orgasmenfülle – darauf, dass Sie Ihre sexuelle Energie von Ihren Genitalien in den übrigen Körper umleiten. Sobald sich diese Sexualenergie in Ihren Genitalien aufstaut, wird sie schließlich eine Ejakulation herbeiführen, es sei denn, Sie hören mit dem Liebesakt auf oder wissen, sie aus Ihren Genitalien emporzuleiten.

Indem Sie die Sexualenergie, so wie in Kapitel 3 erklärt, aus Ihren Genitalien hochleiten, können Sie sie so lange im Zaum halten, wie Sie wollen. Durch die Aufrechterhaltung und Zirkulierung der Energie nimmt die Intensität des Orgasmus zu und der Körper kann die Energie zu Ihrem langfristigen Wohlergehen speichern.

Die Kombination von sexueller Muskelkraft (des PC-Muskels), sexueller Empfindsamkeit (der Fähigkeit, sich seiner Erregungsstufen bewusst zu sein) und der Fähigkeit, die Sexualenergie fließen zu lassen, dürfte einem Mann immens darin unterstützen, multiorgasmisch zu werden.

Frauen verbrauchen weitaus weniger Energie als Männer, wenn sie einen Orgasmus haben (selbst wenn sie ejakulieren[6]). Haben sie jedoch einen einzigen heftigen Schlussorgasmus, ist dies für sie oft kraftraubend und verringert das Verlangen nach dem Liebesakt. Wenn Frauen ihre Sexualkraft hochleiten und eine Fülle von Orgasmen haben, werden sie sich wacher und frischer fühlen. Dies ist besonders für diejenigen Frauen wichtig, die zu Frigidität neigen.

Sowohl Sie als auch Ihre Partnerin sind in der Lage, Ihre genitalen Orgasmen zu ganzkörperlichen Orgasmen auszuweiten, wenn Sie lernen, die lustvolle Energie durch Ihren ganzen Körper fließen zu lassen. Es ist auch die Grundvoraussetzung für die Transformation dieses wunderbaren orgasmischen Zuckens in eine Erfahrung, die ekstatisch, heilend, tiefgründig und für manche sogar spirituell ist. Die Kunst des Schlafgemachs wartet mit weiteren Geheimnissen auf Sie.

2 Die Quelle der Lust: Orgasmenfülle für Frauen

In diesem Kapitel erfahren Sie:
- die Kraft Ihres Verlangens und wie Sie Ihre Leidenschaft üben können
- etwas über Ihren erotischen Fingerabdruck
- wie Sie Ihren PC-Muskel für einen intensiveren Orgasmus trainieren können
- neun Schritte, die jede Frau zu mehreren Orgasmen führen
- wie sich Orgasmusschwierigkeiten überwinden lassen

Jeder Frau steht ein zutiefst befriedigendes Sexualleben frei. Jedoch haben viele Frauen Schwierigkeiten, ihre Lust voll auszukosten und regelmäßig Orgasmen zu haben. Laut einer kürzlich durchgeführten Studie, auf die weiter unten genauer eingegangen wird, hat ein Drittel der Frauen nur gelegentlich Orgasmen und ein anderes Drittel hat überhaupt keine. Wenn Sie zu diesen Frauen gehören, wird Ihnen dieses Kapitel bei der Erschließung Ihres wahren orgasmischen und multiorgasmischen Potenzials behilflich sein.

Sollten Sie eine Frau sein, die die Freuden des Orgasmus bereits zu schätzen weiß, werden Ihnen dieses Kapitel und die nächsten dabei helfen, in den Genuss noch intensiverer Freuden zu

Frauen sind in einem solchen Ausmaß mit Idealdarstellungen des weiblichen Körpers und des weiblichen Verlangens konfrontiert, dass sie sich ihr eigenes sexuelles Selbst nur schwer bewusst machen können.

kommen. Selbst wenn Sie bereits multiorgasmisch sind, empfehlen wir Ihnen, die Übungen dieses Kapitels zu lesen und zu machen. Der Zeitaufwand lohnt sich.

Frauen sind in einem solchen Ausmaß mit Idealdarstellungen des weiblichen Körpers und des weiblichen Verlangens konfrontiert, dass sie sich ihr eigenes sexuelles Selbst nur schwer bewusst machen können. Dieses Kapitel wird Ihnen bei der Erkundung Ihres eigenen Potenzials behilflich sein und Sie zu größerer Lust und Selbstvertrautheit führen.

Lust ist Lebensenergie

Lust ist nicht nur ein Impuls, der uns ins Schlafzimmer drängt; sie ist das, was uns am Leben hält. Das sexuelle Verlangen steht mit der uns generell motivierenden Lebenslust im Zusammenhang. Für die Taoisten trägt die Sexualenergie, oder *Ching*, ganz wesentlich zu unserer allgemeinen Lebensenergie, *Chi* genannt, bei.

Lust ist nicht nur ein Impuls, der uns ins Schlafzimmer drängt; sie ist das, was uns am Leben hält.

Menschen, die Kontakt mit ihrer Sexualenergie haben, steht für die Verwirklichung ihrer Lebensträume und -ziele mehr Kraft zur Verfügung. In Kapitel 3 erfahren Sie detailliert, wie Sie Ihre sexuelle Energie so entfalten und transformieren können, dass sie Ihrer allgemeinen Lebenskraft zugute kommt. Ausgangspunkt ist dabei Ihr gegenwärtiger Level von Verlangen und Lust, so dass Sie beides steigern lernen.

Der Lust Vorrang geben

Obwohl uns allen ein enormes Potenzial an Lust und Leidenschaft zur Verfügung steht, nutzen wir es meistens kaum, weil sich uns so viele Hindernisse in den Weg stellen. Die Pflichten des Alltags, die Arbeit, Freunde und Familie halten uns mehr auf Trab, als uns lieb ist. Der Liebesakt wird meist auf die Schlafensgehzeit verschoben, wobei wir uns dann zwischen Intimität und dringend benötigtem Schlaf entscheiden müssen. Eine kürzliche Umfrage, an der 12 000 Paare teilnahmen, ergab, dass das größte Hindernis für befriedigenden Sex die Müdigkeit ist[1]. Damit sich unser Sexualleben entfaltet, müssen wir unserer Lust Priorität geben.

Unter Frauen herrscht weithin die Ansicht vor, die eigene Sexualität und Lust sei bei weitem nicht so wichtig wie der Partner, die Kinder, die Arbeit, der Haushalt. Es fällt uns schon schwer, unser persönliches Wohl in irgendeinem Lebensbereich zur Priorität zu machen, wie viel mehr also, wenn es sich um etwas so Selbstbezogenes handelt wie unsere eigene Lust. Aber genauso wie die anderen Lebensbereiche unsere Sexualität beeinflussen, kann sich auch unsere Sexualität positiv auf diese auswirken. Eine sexuell befriedigte Frau ist wesentlich glücklicher und optimistischer und hat sicherlich auch mehr Kraft als Partnerin, Mutter und Berufstätige.

Genauso wie die anderen Lebensbereiche unsere Sexualität beeinflussen, kann sich unsere Sexualität auch positiv auf diese auswirken. Eine sexuell befriedigte Frau ist wesentlich glücklicher und optimistischer und hat sicher auch mehr Kraft als Partnerin, Mutter und Berufstätige.

Man muss sich für sein Sexualleben, so wie für alles andere wirklich Wichtige auch, Zeit nehmen. Genauso wie wir für unsere Familie und unseren Beruf bestimmte Zeiten freihalten müssen, sollten wir uns auch jede Woche eine Zeit gönnen, in der wir uns ungestört von Telefon, Kindern oder anderen Verpflichtungen unserem Sexualleben widmen. Niemand geht davon aus, dass er ohne Bewegung körperlich in Form bleiben kann. Dasselbe gilt für unser Liebesleben. Um sexuell fit zu bleiben, müssen wir unsere Lust regelmäßig üben.

Das Schönheitsideal

Ein anderes häufiges Lusthindernis ist, dass viele Frauen der Meinung sind, sie würden nicht begehrt werden, ja dürften keine eigene Lust empfinden, weil sie glauben, ihr Körper sei dazu nicht schön genug. Nach dem viel propagierten Schönheitsideal der westlichen Gesellschaft ist eine Frau nur dann schön, wenn sie unnatürlich dünn ist und Riesenbrüste hat. Da uns die

Jeder Körper, egal welcher Größe oder Gestalt, ist fähig, Lust zu spenden und zu empfangen.

Medien derart mit Bildern retuschierter Frauenkörper überfluten, haben wir leider den Blick dafür verloren, dass jeder Körper in seiner Einmaligkeit schön ist. Und was noch wesentlicher ist: Jeder Körper, egal welcher Größe oder Gestalt, ist fähig, Lust zu spenden und zu empfangen.

Wir sind von dem Körperideal, das uns in den Fernsehshows, auf Plakaten, in Zeitschriften und in der Kosmetikwerbung begegnet, immens beeinflusst. Medizinisch gesehen, befinden sich die meisten Models weit unter ihrem idealen Körpergewicht. Vor allem sollten Sie bedenken, dass eine »Idealvorstellung« jeweils nur für eine bestimmte Zeit und Kultur Gültigkeit hat. Vor fünfzig Jahren waren die weiblichen Filmstars in den USA im Durchschnitt zwanzig Prozent schwerer als heute und damit ihrem idealen Körpergewicht viel näher.

Je nach Kultur werden auch ganz verschiedene Körpertypen bewundert (große oder kleine Brüste, volle oder dünne Lippen, breite oder schmale Hüften). Es sind unsere Kurven, die uns fraulich machen, und die meisten Männer bevorzugen mehr Fleisch an ihren Partnerinnen (und umgekehrt), als uns in den Medien vorgegaukelt wird. Später in diesem Kapitel werden wir sehen, welch großen Anteil unser Körper an der Steigerung unserer Lust hat, und ihn dafür schätzen lernen.

Lust entfalten: Die Erkundung Ihres erotischen Potenzials

Der erste Schritt in Richtung Orgasmenfülle und zu einem befriedigenderen Sexualleben besteht in der Steigerung unseres Verlangens. In den folgenden Übungen werden Sie Ihr erotisches Potenzial erkunden. Sie sind hilfreich, unabhängig davon, wie viel Lust Sie augenblicklich erfahren.

Diejenigen unter Ihnen, die sich Sorgen darüber machen, dass sie »zu viel« Verlangen haben, sollten wissen, dass die Taoisten ein starkes Verlangen als einen großen Segen betrachteten und als Energiequelle für ein kultiviertes körperliches, emotionales und spirituelles Leben. Während das sexuelle Verlangen ablenkend (und sogar störend) sein kann, wenn es unbefriedigt ist oder nicht zum Ausdruck gebracht wird, wird sich Ihr Leben ändern, sobald Sie lernen, diese Energie zu Ihrem Wohl zu mobilisieren. Die erhöhte Sexualenergie, beziehungsweise vermehrtes *Ching*, lässt sich in Lebenskraft, oder *Chi*, umwandeln und ist damit der Gesundheit und dem allgemeinen Wohlbefinden förderlich. Man ist umso vitaler, je mehr Lust und Energie einem zur Verfügung stehen. Durch die Kunst der heilenden Liebe haben Sie Zugang zu Ihrer Sexualenergie, wann und wo immer Sie wollen und können Ihre überschüssige Sexualkraft so transformieren, dass sie in Ihre kreative, emotionale und spirituelle Arbeit einfließen kann. Wie das geht, erfahren Sie in Kapitel 3.

Wenn Sie feststellen, dass Sie ständig ein größeres Verlangen haben als Ihr Partner, können Sie ihm dieses Buch empfehlen und auch das Buch *Öfter, länger, besser*. Sobald Männer wissen, wie sie (ohne Ejakulation) multiorgasmisch werden können, nimmt ihr sexuelles Verlangen gewöhnlich zu und sie können ihre Partnerin viel besser befriedigen. Oft sind Männer von der Arbeit und von anderen Verpflichtungen so gestresst, dass es für sie ebenso wichtig ist, sich für ihr Sexualleben bewusst Zeit zu nehmen wie für andere Aufgaben auch.

Die meisten von uns sind von den Einstellungen zur Sexualität geprägt, denen sie als Kind begegneten. Die Freude oder das Unbehagen an körperlicher Lust, die die Erwachsenen um uns ausstrahlten, spiegeln sich in unserer Bewertung von Lust und Sexualität wider. Welches Modell lieferten Ihre Eltern oder andere Erwachsene in Ihrem Leben bezüglich positiv ge-

Welches Modell lieferten Ihre Eltern oder andere Erwachsene in Ihrem Leben bezüglich positiv gelebter Sexualität? lebter Sexualität? Zu dieser Modellfunktion in punkto Sexualleben kommt hinzu, dass Eltern unterschiedlich mit dem sinnlichen und sexuellen Potenzial ihrer heranwachsenden Kinder umgehen. Welche Rolle spielte körperliche Berührung in Ihrer Familie? Gab es viele herzliche Umarmungen oder kaum körperlichen Kontakt? Erlebten Sie Berührung als etwas Willkommenes oder eher als etwas Unangenehmes?

Außer der Familie beeinflussen auch die sexuellen Normen der Gesellschaft nachhaltig unser sexuelles Wesen. Ob wir diese Normen nun akzeptieren oder gegen sie rebellieren, sie prägen unser Sexualleben. Unsere Sexualität hat eine einzigartige Vorgeschichte und entspringt den vielen Situationen und Erfahrungen, die wir beim Heranwachsen sexy fanden. Durch die Erforschung dieser Vorgeschichte können Sie Ihrem einmaligen erotischen Fingerabdruck auf die Spur kommen (siehe Kasten Seite 62f.).

Durch die Erforschung Ihrer sexuellen Vorgeschichte kommen Sie Ihrem erotischen Fingerabdruck auf die Spur.

Was haben Sie bei dieser Übung über sich herausgefunden? Können Sie die lustvollen Momente aus Ihrer Vergangenheit für Ihr jetziges Leben und Ihre momentane Beziehung nützen? Sobald Sie Ihre Lust einmal »gefunden« haben, sei dies nun in erinnerten, aktuellen oder fantasierten Augenblicken, sind Sie ihre Chefin. Nun können Sie Ihr Verlangen jederzeit mittels Ihrer Fantasie wachrufen, etwa während Sie die Übungen in diesem Kapitel machen. Natürlich lassen sich Situationen, die einen heiß machen, zu Hause auch real durchspielen, aber gewöhnlich nimmt man doch die Erinnerung und Fantasie in Anspruch.

Auf der Suche nach dem eigenen erotischen Fingerabdruck stellt man sich seiner intimen Vergangenheit. Diese Vorgeschichte kann eine großartige erotische Schatzkammer sein, die meisten von uns haben jedoch unangenehme und oft sogar schmerzliche Erinnerungen gespeichert, die ein befriedigendes Sexualleben behindern. Durch die gezielte Bewusstmachung unserer sexuellen Vergangenheit verlieren diese negativen Erinnerungen ihre Macht, und wir gewinnen Kraft für die Gegenwart. Wir empfehlen Ihnen sehr, nach solchen Erfahrungen zu forschen und sie dann einem Partner, Freund oder Therapeuten anzuvertrauen. Wenn Sie das nicht können, versuchen Sie diesen Erfahrungen anderweitig Ausdruck zu geben – durch ein Bild oder durch eine Zeichnung oder indem Sie darüber schreiben. Je gründlicher Sie solche Erfahrungen mit Ihrem gegenwärtigen reifen Verstand durchleuchten, desto weniger Macht haben diese Schatten der Vergangenheit über Sie, und umso mehr können Sie Ihre aktuelle Sexualität genießen.

Erotik im Alltag

Zu den Geheimnissen des Verlangens gehört, dass es sich anbahnt, schon lange bevor man das Liebeslager teilt. Dass die Vorbereitungen zum Liebesakt genauso wichtig sind wie das Ziel, wissen die Dichter auf der ganzen Welt. Auch wenn jede Frau ihren individuellen erotischen Fingerabdruck hat, erhöhen im Allgemeinen doch bestimmte Vorstellungen und Situationen die Lust. So halten wir unser sexuelles Potenzial sehr viel leichter wach, wenn wir mehr Sinnlichkeit in den Alltag bringen.

Laut dem Tao ist Schönheit eine Kraftquelle. Indem Sie Schönheit und Sinnlichkeit in Ihren Alltag bringen, steigern Sie Ihre Lebensfreude und Ihre Lust.

Sie sollten Ihrer eigenen Sinnlichkeit vielfältigen Raum geben: Tragen Sie Kleidung, die sich angenehm anfühlt, erfreuen Sie Ihren Geruchssinn, indem Sie Duftkerzen, Blumen und andere Duftquellen in Ihrer Wohnung aufstellen, hören Sie sinnliche Musik, baden Sie bei Kerzenschein oder essen Sie eine Köstlichkeit. Nach dem Tao spendet Schönheit Kraft. Indem Sie Schönheit und Sinnlich-

Übung 4
Ihr erotischer Fingerabdruck

Beantworten Sie sich die folgenden Fragen, um Einblick in Ihr einzigartiges sexuelles Wesen zu gewinnen. Sie können diese Fragen nach Belieben schriftlich oder aber auch nur in Gedanken beantworten. Ein Tagebuch, in dem Sie Ihre Erfahrungen mit den Übungen aus diesem Buch festhalten, kann die Erforschung Ihrer Sexualität erleichtern. Sie brauchen es selbstverständlich niemandem zu zeigen, auch nicht Ihrem Partner, es sei denn, Sie wünschen es.

In der Kindheit:

1. Wie war die Familie, in der Sie groß wurden, dem Körper und der Sexualität gegenüber eingestellt?
2. Wie sah Ihre erste sexuelle Erfahrung aus? Waren Sie allein oder mit jemand zusammen?
3. Wie spiegeln sich diese Erfahrungen in Ihrer jetzigen Haltung gegenüber Ihrem Körper und Ihrem Sexualleben wider?

Im Erwachsenenalter:

1. Welche Augenblicke in Ihrem Leben sind Ihnen als besonders lustvoll in Erinnerung?
2. Welche Orte, Tageszeiten oder Partner haben Sie am meisten erregt?
3. Wie unterschieden sich diese Momente von jetzigen Situationen und worin gleichen sie sich?

Heute:

1. Welche Dinge erregen Sie heute, und was nimmt Ihnen die Lust?

> **2.** Wie sähe die für Sie ideale erotische Situation aus? (Lassen Sie Ihrer Fantasie freien Lauf. Ihr Fantasieleben braucht nichts mit Ihrem Alltagsleben zu tun haben. Es gibt keine größere Lustquelle als eine rege Fantasie.)

keit in Ihren Alltag bringen, steigern Sie Ihre Lebensfreude und Ihre Lust.

Nehmen Sie die erotische Seite Ihrer Umwelt wahr. Erfreuen Sie sich an der wunderbaren Vielfalt der Körper um Sie herum. Wenn Sie sich aufrichtig am Anblick anderer Frauen erfreuen können, sind Sie auch in der Lage, Ihren eigenen Körper in seiner einmaligen Schönheit zu akzeptieren.

Seien Sie offen für erotische Momente innerhalb der Kunst und Natur. Tanzen Sie zu schöner Musik, oder genießen Sie, wie der Wind Ihren Körper umschmeichelt und erregt. Seien Sie empfänglich für die Schönheiten dieser Welt, nicht um jemand zu gefallen, sondern um Ihrer selbst willen. Die Entdeckung der erotischen Möglichkeiten in unserem Leben gibt uns unglaubliche Kraft. Vom taoistischen Standpunkt aus begründet unsere Sexualenergie unser Wesen und ist wichtig für unsere Lebendigkeit.

Im Laufe Ihrer Lusterkundung wird sich Ihr Leben wandeln. Sie lassen sich damit auf ein großes neues Abenteuer ein. Wie beim Erwerb jeder anderen Fähigkeit werden Sie auch hier umso mehr profitieren, je ausführlicher Sie sich damit befassen. Die Zeiten, die Sie in Ihr sexuelles Potenzial investieren, werden immens belohnt – durch die Lust, die Sie erfahren, durch eine innigere Beziehung zu Ihrem Partner und durch eine größere Lebensfreude und Vitalität.

Die Zeiten, die Sie in Ihr sexuelles Potenzial investieren, werden immens belohnt – durch die Lust, die Sie erfahren, durch eine innigere Beziehung zu Ihrem Partner und durch eine größere Lebensfreude und Vitalität.

Den Körper kennen lernen

Nachdem wir nun unser Verlangen entfacht haben, ist es an der Zeit, unseren Körper kennen zu lernen. Leider scheuen viele Frauen den gründlichen Anblick ihres nackten Körpers. Sie sind es seit Jahren gewohnt, ihren Körper an unerreichbaren Körperidealen zu messen. Das Tao weiß, dass die Verehrung eines solchen Ideals unzufrieden macht.

Ein bemängelter, abgelehnter Körper spendet wesentlich weniger Freuden als ein geliebter und geschätzter.

Während Sie Ihr orgasmisches Potenzial erschließen, sollten Sie einmal nicht an Ihrem Körper herumkritisieren. Versuchen Sie ganz konsequent, dass Sie sich weder vor sich selbst noch bei anderen über Ihren Körper beschweren oder ihn bemängeln. Dies kann manchmal wirklich schwer fallen! Denken Sie daran, dass ein kritisierter, abgelehnter Körper wesentlich weniger Freuden spendet als ein geliebter und geschätzter. Wenn wir uns selbst betrachten und berühren, fangen wir an, uns selbst zu lieben.

Stellen Sie sich bei der folgenden Übung vor einen Spiegel, in dem Sie sich möglichst ganz sehen. Das Licht sollte gedämpft sein, und Sie sollten auch ausreichend Vorsorge getroffen haben, dass Sie nicht gestört werden können.

Übung 5
Den Körper liebevoll betrachten
1. *Von oben bis unten:* Beginnen Sie beim Kopf, und betrachten Sie in einzelnen Schritten, wie kunstvoll Ihr Körper gebaut ist. Nehmen Sie Farbe, Form und Beschaffenheit Ihrer Haare wahr, die Farbe Ihrer Augen, Ihre Gesichtsform. Beachten Sie, wie weich Ihre Lippen

> im Vergleich zu Ihren Wangen sind. Betrachten Sie Ihre Ohren und Ihren Hals und die Länge Ihrer Arme.
>
> **2.** *Keine Körperkritik:* Sobald negative Gedanken aufkommen wie »Ich habe schwabbelige Oberarme«, würdigen Sie diesen verurteilten Körperteil kurz ausdrücklich in seiner Funktion. Danken Sie etwa Ihren Armen dafür, dass Sie mit ihrer Hilfe schreiben, andere umarmen und Dinge heben können.
>
> **3.** *Jeden Körperteil würdigen:* Finden Sie an jedem Teil Ihres Körpers etwas Positives. Würdigen Sie die besondere Form Ihrer Brüste, die Farbe Ihrer Brustwarzen, die sanften Kurven von Bauch und Hüften, Ihr Gesäß, die Rundungen Ihrer Oberschenkel, die Länge Ihrer Beine, die Standfestigkeit Ihrer Füße. Der Körper jeder Frau ist auf seine ureigene Weise schön. Sie sind begehrenswert, so wie Sie sind, und in der Lage, Lust zu empfinden.

Die meisten Frauen kennen die Form ihrer Hände, weil sie sie jeden Tag sehen, aber nur wenige Frauen wissen, welche Größe und Form ihre Geschlechtsorgane haben. Für Ihre Selbstbefriedigung und um dem Partner zeigen zu können, wie er Sie befriedigen kann, sollten Sie Ihre erogenen Zonen genau kennen. Wenn Sie Ihre Genitalien noch nie gesehen haben, empfehlen wir Ihnen dringend, sich diese in Ruhe anzuschauen.

Richten Sie Ihre Zeit so ein, dass Sie nicht gestört werden können. Stützen Sie sich, im Bett oder auf der Couch, mit Kissen ab, so dass Sie bequem sitzen, und halten Sie einen Handspiegel so vor Ihre Genitalien, dass Sie sie gut betrachten können. Wenn Sie den Spiegel an ein Kissen lehnen, können Sie zusätzlich eine Taschenlampe oder eine andere direkte Lichtquelle benützen, um besser zu sehen.

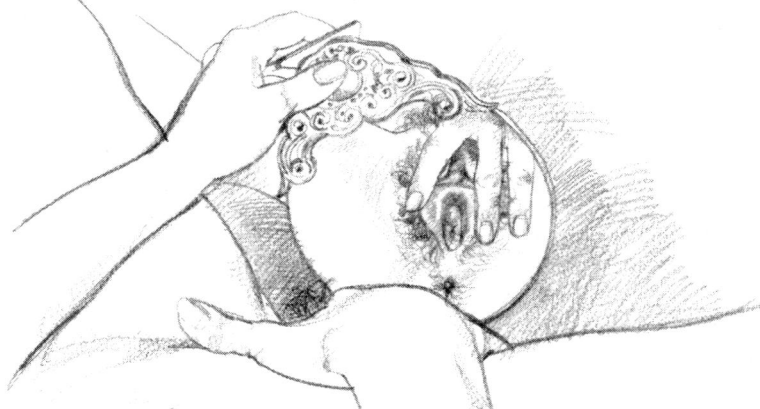

Ein Blick auf den eigenen Intimbereich – mit Hilfe eines Spiegels kann sich eine Frau mit ihren Genitalien vertraut machen.

Übung 6
Ein Blick auf den eigenen Intimbereich

1. *Ihre großen Schamlippen:* Halten Sie den Spiegel so zwischen Ihre Beine, dass Sie Ihren Intimbereich sehen können. Sie werden feststellen, dass die dickeren großen Schamlippen (oder Labia majora) außen behaart sind. Wenn Sie diese auseinander halten, können Sie die kleinen Schamlippen (oder Labia minora) der Vagina sehen, die unbehaart sind.

2. *Ihre Klitoris:* Halten Sie die kleinen Schamlippen auseinander und schauen Sie an die Stelle, wo sie oben zusammentreffen (oder auf einem vorgestellten Ziffernblatt zwölf Uhr anzeigen, wenn Sie in den Spiegel schauen). Dort werden Sie Ihre Klitoris (Kitzler) sehen, eine einen halben Zentimeter große Vorwölbung. Wie Sie feststellen werden (wenn Sie für ausreichende Beleuchtung sorgen), ist sie von einer Haut, die oft auch Haube genannt wird, umgeben. Diese lässt sich zurückschieben, so dass die Klitoris als solche sichtbar ist.

3. *Ihre Vagina:* Wenn Sie etwas tiefer schauen (das heißt Richtung Afterschließmuskel) werden Sie die Mündung Ihrer Harnröhre entdecken, eine manchmal schwer zu findende kleine Öffnung unterhalb der Klitoris. Aus dieser Öffnung fließt Ihr Urin beim Wasserlassen. Gleich darunter befindet sich Ihre Scheide bzw. Vagina, deren Öffnung oft von Gewebefalten verschlossen ist. Wenn Sie etwas drücken, so als hätten Sie Stuhlgang, werden Sie feststellen, dass sich das Gewebe öffnet und den Blick in die Vagina freigibt, die wie ein Gang in Ihren Körper führt.

4. *Ihr Gebärmutterhals:* Die einzige zugängliche Stelle Ihrer Geschlechtsorgane, die Sie bei dieser Körpererkundung nicht sehen können, ist Ihr Gebärmutterhals. Auch wenn Sie diesen ohne Spekulum (ein Instrument, das die Scheide auseinander drückt) nicht sehen können, können Sie ihn auf jeden Fall ertasten. Wenn Sie einen oder zwei Finger in Ihre Vagina einführen und wie beim Stuhlgang drücken, werden Sie etwas berühren, das sich anfühlt wie Ihre Nasenspitze. Das ist Ihr Gebärmutterhals (bzw. Ihr äußerer Muttermund).

5. *Ihr Damm:* Der mit normaler Haut bedeckte, muskulöse Bereich hinter der Vagina, dort wo die kleinen Schamlippen zusammenlaufen, ist Ihr Damm bzw. das Perineum. Dieser Bereich ist manchmal behaart.

6. *Ihr Schließmuskel:* Am Ende des Damms können Sie Ihren Afterschließmuskel sehen, ein runder Bereich aus Hautfältchen mit einem starken inneren Muskel.

Jetzt, wo Sie Ihre eigenen Geschlechtsorgane einmal betrachtet haben, ist es vielleicht ganz gut, sich über diesen intimsten und meist rätselhaften Teil des weiblichen Körpers ein paar allgemeine Kenntnisse anzueignen.

- *Schamlippen:* Obwohl alle Frauen Schamhaare haben, sind diese doch in Farbe, Struktur und Menge verschieden. Die kleinen Schamlippen sind im Allgemeinen blass rosa, rot, dunkel getönt oder braun, je nach Ihrer Hautfarbe. Bei den meisten Frauen haben sie eine relativ unregelmäßige Form, und alle Formen und Größen sind völlig normal. Bei gesteigerter Erregung füllen sich sowohl die großen als auch die kleinen Schamlippen mit Blut, ganz ähnlich wie der Penis eines Mannes während der sexuellen Erregung anschwillt. Tatsächlich entstehen die weiblichen großen Schamlippen und der männliche Penisschaft aus demselben embryonalen Gewebe. Diese Gewebe können sehr empfindsam sein, wenn sie während des Liebesspiels zart berührt werden.
- *Klitoris:* Die Klitoris ist das anatomische Äquivalent der männlichen Eichel (Glans penis) und hat genauso viele Nervenenden wie diese, nur auf einen viel kleineren Bereich konzentriert. Bei beiden Geschlechtern handelt es sich um das empfindsamste Sexualorgan. Es ist bei Männern und Frauen das einzige Organ, das ausschließlich der sexuellen Lust dient. Die blanke Klitoris ist äußerst zart, und die meisten Frauen bevorzugen eine indirektere Stimulierung durch die seitliche oder obere Haut. Die Klitoris schwillt während der sexuellen Erregung an und tritt dann sehr viel weiter vor.
- *Vagina:* Die Vagina ist normalerweise durch die Drüsen, die in ihrem Eingang liegen, gut gleitfähig. Die meisten Frauen haben gewöhnlich ständig einen weißlich bis gelblich klaren Ausfluss. Das ist normal und die Art, wie sich die Scheide reinigt.

Den Körper kennen lernen

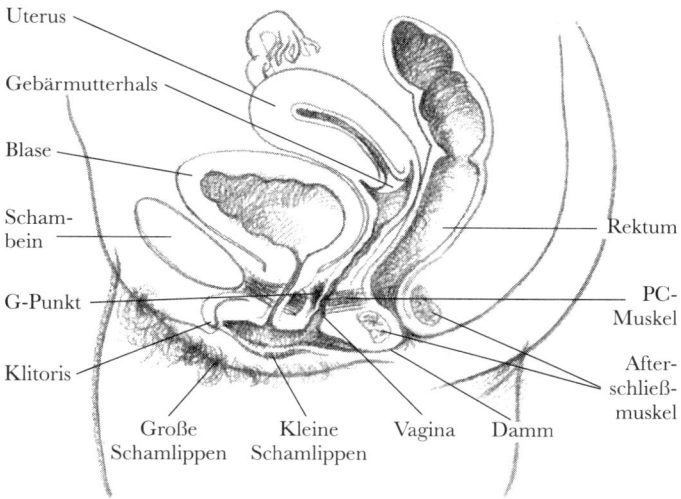

Mittelschnitt durch ein weibliches Becken

- *Gebärmutterhals:* Der Gebärmutterhals ist das untere Ende Ihres Uterus, der am Ende Ihrer Vagina liegt. Durch ihn fließt das Menstrualblut, und in der Schwangerschaft weitet er sich bei der Geburt, damit das Baby hinaus kann. Einige Frauen berichten, dass der Gebärmutterhals beim Geschlechtsverkehr stimuliert werden kann, während für andere jeder Druck gegen ihn schmerzhaft ist. Sollte es für Sie schmerzhaft sein, wenn Ihr Partner mit seinem Penis an Ihren Gebärmutterhals stößt, braucht nur der Penetrationswinkel verändert zu werden.
- *Damm:* Die Dammgegend erstreckt sich ein bis zwei Zentimeter zwischen Vagina und Schließmuskel und gehört zur Muskulatur des Beckenbodens, durch die die Sexualorgane und die anderen Organe des Beckenbereichs gehalten werden. Zu dieser Muskelgruppe gehört der Musculus pubo-

coccygeus, der so genannte PC-Muskel. Später in diesem Kapitel werden Sie mehr über diesen Muskel erfahren, der entscheidend zur Entfaltung der Orgasmenfülle beiträgt. Der Dammbereich kann sehr empfindsam und sexuell erregbar sein.

- *Afterschließmuskel:* Der Anus, der viele Nervenenden besitzt, ist für einige Menschen sexuell äußerst erregbar. Viele der Nerven, die die Vagina versorgen, versorgen auch das Rektum (vom Beckengeflecht aus, A. d. Ü.). Die meisten Frauen haben es lieber, dass sie beträchtlich erregt sind, bevor dieser Bereich berührt wird, doch manche Frauen sind dafür jederzeit empfänglich.

Vielleicht wünschen Sie aus Reinlichkeitsgründen keine Berührung dieser Zone. Sollten Sie während der Selbstbefriedigung oder des Liebesakts dort Berührungen vorhaben, ist es bestimmt nicht verkehrt, vorher den Anus mit Wasser und Seife zu waschen. Auf keinen Fall sollten Sie jedoch Seife im vaginalen Bereich anwenden, weil dies zu Reizungen führt.

Achten Sie auch streng darauf, dass Sie nach einer Berührung des analen Bereichs niemals direkt zu einer Berührung des vaginalen Bereichs übergehen, ohne sich vorher die Hände gewaschen oder die verwendeten Sexualobjekte gereinigt zu haben. Es ist wichtig, keine Bakterien vom After in die Vagina kommen zu lassen, die ihre eigene Bakterienflora hat. Eine bequeme Lösung dieses Problems ist es, wenn man auf Latexhandschuhe oder Kondome zurückgreift, denn diese braucht man nach der analen Stimulierung einfach nur abzulegen. (Kurzum, alles, was in den Anus kommt, muss gewaschen werden, bevor es in die Vagina kommt.)

Selbstbefriedigung

In unserer Gesellschaft ist die Autoerotik der Frau immer noch mit vielen Tabus belegt, auch wenn sich dies in den letzten zwanzig Jahren etwas gebessert hat. Vor fünfzig Jahren wagte ein Drittel der zwanzigjährigen Frauen, sich selbst sexuell zu stimulieren. Heute ist es ungefähr die Hälfte. Trotzdem fürchten oder schämen sich noch viele Frauen vor der Selbstbefriedigung. Andere können ohne sie nicht leben! Egal, wie Ihre persönliche Einstellung ist, Sie sollten wissen, dass jeder führende Sexologe die Masturbation für einen entscheidenden Faktor der sexuellen Lustentfaltung hält, allein *und* mit einem Partner. Man findet am besten selbst heraus, wo und wie man gerne berührt oder befriedigt werden möchte. Sie profitieren vom Liebesspiel und der Befriedigung durch Ihren Partner am meisten, wenn Sie sich in der eigenen Sexuallandschaft auskennen.

Durch nichts unterstützen Sie Ihren Partner bei Ihrer Befriedigung und profitieren Sie bei Ihrem Liebesspiel mehr, als wenn Sie sich in der eigenen Sexuallandschaft auskennen.

Einige Frauen fürchten, dass sie durch die Selbstbefriedigung weniger Lust auf Partnersex haben. Das Gegenteil ist der Fall. Je mehr Sie sich Ihres Körpers bewusst sind und je sexuell aktiver, desto eher wünschen Sie auch erotische Begegnungen mit Ihrem Partner.

Die Selbstbefriedigung ersetzt nicht den Partnersex, sondern stellt eine kreative und wunderbare Alternative dazu dar. Sie bedeutet, dass hinsichtlich der Befriedigung sexueller Bedürfnisse keiner der beiden Partner völlig vom anderen abhängt. Damit gewinnen beide die Freiheit, zum Liebesakt auch einmal nein zu sagen, ohne damit den anderen sexuell verdursten zu lassen bzw. ihm ein wichtiges Bedürfnis zu versagen.

Im Rahmen der heilenden Liebe und der meditativen Techniken des Tao der Liebe wird die Selbstbefriedigung erotische

Selbstpflege genannt. Bei diesen Übungen erwecken Sie Ihre Sexualenergie, transformieren sie und speichern sie in Ihrem Körper zur Steigerung Ihrer Vitalität und Langlebigkeit. Wie das genau funktioniert, erfahren Sie in Kapitel 3. Doch bevor Sie solche soloerotischen Feinheiten erlernen können, müssen Ihnen die Methoden der Selbstbefriedigung geläufig sein.

Im Rahmen der heilenden Liebe und der meditativen Techniken des Tao der Liebe wird die Selbstbefriedigung erotische Selbstpflege genannt.

Für die Körpererkundungs-Übung brauchen Sie mindestens 30 ungestörte Minuten. Das Zimmer sollte gemütlich und nicht einsehbar sein. Sorgen Sie für eine passende Beleuchtung, vielleicht auch für passende Musik und passendes Bettzeug. Wenn Sie ein Gleitmittel wünschen, können Sie ein naturbelassenes Öl (Mandel- oder Olivenöl) oder eine Lotion verwenden. Neuere, dünnere Gleitmittel sind am einfachsten zu handhaben und Ihren natürlichen Sekreten am ähnlichsten.

Sie sollten sich während dieser Erkundung zu keinem Orgasmus drängen. Das Ziel ist vielmehr, dass Sie sich mit den Vorlieben Ihres Körpers vertraut machen. Wenn sich ein Orgasmus von selbst anbahnt, ist das natürlich prima. Es folgt eine genaue Beschreibung, anhand derer Sie Ihren Körper erkunden und Ihre erogenen Zonen kennen lernen können. Studieren Sie diese, bevor Sie die Übung machen, und fühlen Sie sich dann frei, ganz Ihrer Lust zu folgen.

Es kann sein, dass während der Selbstberührung Angstgefühle auftreten. Das ist angesichts der in unserer Gesellschaft herrschenden negativen Einstellungen zur Selbstberührung durchaus verständlich. Nichts kühlt die Lust jedoch schneller ab als Angst.

Wenn Sie während der Übungen in diesem Kapitel oder überhaupt Angst haben, sollten Sie tief durchatmen. Die Taoisten verwenden die Bauchatmung seit Jahrtausenden, um durch den Körper heilende Energie fließen zu lassen und das Denken zu beruhigen. Ähnlich empfehlen heute viele Therapeuten die Bauchatmung zur Beruhigung.

> ## *Übung 7*
> **Bauchatmung für Frauen**
>
> **1.** *Hinsetzen:* Setzen Sie sich bequem hin, und lassen Sie die Schultern locker.
>
> **2.** *Hände auf den Bauch:* Legen Sie die Hände knapp unter dem Nabel auf den Bauch.
>
> **3.** *Tief einatmen:* Atmen Sie tief durch die Nase ein, so dass Ihr Bauch vortritt (so wie nach einer reichlichen Mahlzeit).
>
> **4.** *Kräftig ausatmen:* Atmen Sie, die Schultern weiter locker, ziemlich kräftig aus, so dass der Bauch Richtung Wirbelsäule zurücksinkt.
>
> **5.** *Die Bauchatmung fortsetzen:* Atmen Sie auf diese Weise neun Atemzyklen durch, und beobachten Sie, wie sich Ihr Körper entspannt. Lassen Sie die Gedanken zu, die Ihnen dabei kommen, ohne sich allerdings damit aufzuhalten. Nehmen Sie sie einfach zur Kenntnis und lassen Sie sie los. Üben Sie weiter, bis Sie Ihre Gedanken wahrnehmen können, ohne darauf emotional zu reagieren.

Übung 8
Körpererkundung

1. *Entspannen:* Machen Sie es sich im Sitzen oder Liegen bequem.

2. *Durchatmen:* Atmen Sie neunmal tief durch, um sich körperlich und geistig zu entspannen.

3. *Ihr Kopf:* Beginnen Sie damit, dass Sie mit den Händen durch Ihr Haar fahren, und gehen Sie dem Gefühl nach, das Ihre Fingerkuppen oder Nägel auf der Kopfhaut verursachen. Streichen Sie nun zart über Ihr Gesicht, und erfühlen Sie die Wölbungen Ihrer Wangen und Lippen. Manche Frauen finden ihre Ohren sehr erotisch. Spüren Sie einmal, wie es ist, wenn Sie Ihre Ohrläppchen zart massieren, an ihnen ziehen, einen Finger im Ohr haben oder sich um die Ohren herum streicheln.

4. *Ihr Hals:* Streicheln Sie nun Ihren Hals. Wie fühlt sich die Berührung hinten im Nacken an und wie vorne am Übergang zur Brust? Wo sind Ihre besonders empfindsamen Stellen?

5. *Ihre Arme:* Streicheln Sie nun Ihre Schultern und Arme. Vielleicht stellen Sie fest, dass die Innenseiten Ihrer Arme und auch Ihre Achselhöhlen besonders empfindsam sind. Auch Hände und Finger können sehr empfindsam sein, besonders an den Stellen zwischen den Fingern. Der Körper lässt sich auf vielfältige Weise erregen. Wenn Sie möchten, können Sie stellenweise an Ihren Händen, Fingern oder Armen lecken oder saugen und dann auf diese Stellen hauchen. Sie können auch Federn oder fließende Stoffe zur Hilfe nehmen und damit über Ihre Haut streichen.

6. *Ihre Brüste:* Nehmen Sie Ihre Brüste in die Hände. Streicheln Sie um die Ränder und fühlen Sie, wie zart die Haut ist. Einige Frauen lieben einen herzhaften Busengriff. Andere bevorzugen eine ganz zarte Berührung. Nähern Sie sich beim Streicheln langsam Ihren Brustwarzen. Bei vielen Frauen sind die Brustwarzen äußerst reizempfänglich. Probieren Sie verschiedene Berührungsarten aus, zartere und kräftigere. Normalerweise ist es so, dass die Stimulierung der Brüste und Brustwarzen umso heftiger sein darf, je erregter eine Frau ist. Die meisten Frauen ziehen am Anfang eine zarte Berührung vor. Finden Sie heraus, was Ihnen am besten gefällt.

7. *Ihr Bauch:* Streichen Sie als Nächstes sanft über Ihren Bauch und erkunden Sie seine Wölbung. Ein geschmeidiger Bauch wird in den meisten Teilen der Welt als äußerst sinnlich empfunden. Deshalb ist der Bauchtanz so erotisch. Berühren und erkunden Sie Ihren Nabel.

8. *Ihr Gesäß:* Gleiten Sie mit Ihren Fingernägeln über Ihren Rücken und Ihr Gesäß. Greifen Sie an Ihr Gesäß und fühlen Sie seine wuchtige Masse.

9. *Ihre Beine:* Nehmen Sie sich jetzt Ihre Zehen vor. Die Füße können sehr empfindsam sein, besonders an den Gewölben und zwischen den Zehen. Manche Liebespaare genießen es, wenn sie jeweils einander an den Zehen saugen. Verwenden Sie etwas Öl und fahren Sie mit den Fingern durch die Zehenzwischenräume. Streicheln Sie Ihr Fußgewölbe und Ihr Fersenende. Massieren Sie jetzt Ihre Waden und tasten Sie nach den Muskeln. Die Kniekehlen sind reizempfänglich und manchmal kitzelig. Streicheln Sie schließlich die Außen- und dann die Innenseiten Ihrer Oberschenkel. Sie werden feststellen, dass die Haut immer empfindsamer wird, je näher Sie dem Schamhügel kommen.

10. *Ihr Schamhügel:* Fahren Sie mit den Fingern durch Ihr Schamhaar. Fühlen Sie, wie weich und zart Ihre großen Schamlippen sind. Halten Sie mit einer Hand die großen Schamlippen auseinander und erkunden Sie mit der anderen Ihre kleinen. Möglicherweise brauchen Sie etwas Öl oder ein anderes Gleitmittel, um angenehm vorgehen zu können. Umstreicheln Sie Ihre Vagina und Ihre Dammgegend. Wo ist die Haut am empfindsamsten?

11. *Ihre Klitoris:* Streichen Sie mit den Fingern sacht um Ihre Klitoris. Viele Frauen mögen einen sanften indirekten Druck auf die Klitoris entweder von der Seite oder von oben. Probieren Sie verschiedene Formen des Streichelns aus, den Druck von der Seite, ein Umkreisen der Klitoris, ein sanftes Zwicken, ein rhythmisches Klopfen gegenüber gleichmäßigem Druck, leichte Berührungen neben festeren Griffen. Denken Sie daran, dass es um eine Erkundung geht und nicht unbedingt um einen Orgasmus.

12. *Ihre Vagina:* Gehen Sie mit Ihren Fingern zur Vagina weiter. Führen Sie einen Finger, falls nötig mit etwas Öl oder Gleitmittel versehen, in Ihre Scheide ein. Nehmen Sie wahr, dass die Scheide vorn etwas enger ist und sich dann leicht weitet. Der festere Bereich ist Ihr PC-Muskel, auf den später noch genauer eingegangen wird. Die Vagina ist erstaunlich elastisch, so dass sie genauso um einen Finger passt wie um vier, oder eben auch um einen großen Penis oder Dildo. Erkunden Sie die verschiedenen Wände der Vagina und achten Sie auf die unterschiedlichen Gewebe und Empfindungen.

13. *Ihr G-Punkt:* An der vorderen Scheidenwand Richtung Bauch, in der Tiefe von ungefähr einem bis zwei Dritteln einer Fingerlänge, gibt es eine etwa zehnpfennigstückgroße furchige Stelle, die leicht vortritt, wenn Sie erregt sind. Diese Stelle ist der berühmte G-Punkt.[2] Die Taoisten haben ihn vor einigen Jahrtausenden schwarze Perle genannt. Er ist nicht immer leicht zu finden, aber die meisten Frauen haben mehr Glück bei der Suche, wenn sie erregt sind und die Stelle angeschwollen ist und leicht vorsteht.

Führen Sie einen leicht gekrümmten Finger oder Dildo ungefähr vier bis sechs Zentimeter in die Scheide ein und drücken Sie ihn rhythmisch in Richtung Bauch. Die Stelle liegt bei jeder Frau etwas anders, Sie müssen also nach ihr suchen. Die Stimulierung des G-Punkts erzeugt oft einen Druck auf die Blase (weil das G-Punktgewebe die Harnröhre umgibt). Wenn Sie sich entspannen und fortfahren, weicht der Druck einem angenehmen Füllegefühl. Die Orgasmen dieses Punktes fühlen sich anders an als ein klitoraler Orgasmus, etwas tiefer und weitläufiger. Manche Frauen ejakulieren bei einem G-Punkt-Orgasmus durch ihre Harnröhre eine klare Flüssigkeit, bei der es sich nicht um Urin handelt.[3]

14. *Ihre anderen Stellen:* Einige Frauen finden links oder rechts neben ihrem G-Punkt einen X- oder Y-Punkt. Außerdem haben manche Frauen während der vaginalen Tiefenpenetration entweder unterhalb des Gebärmutterhalses oder oberhalb, im Scheidengewölbe, eine angenehme Empfindung. Stellen wie der G-Punkt oder der Bereich vor dem Gebärmutterhals lassen sich leichter von hinten erregen, sei es mit dem Finger, Dildo oder

> Penis. Stellen an der Rückwand der Vagina lassen sich leichter von vorn erregen, etwa in der Missionarsstellung. Wenn Sie Ihre Finger, einen Dildo oder einen Vibrator (oder irgendeinen anderen passenden langen glatten Gegenstand) verwenden, können Sie selbst herausfinden, wo Ihre besonderen Zonen sind.
>
> **15.** *Ihr Damm und Ihr Schließmuskel:* Hinter der Vagina finden Sie den Damm, die Muskelbrücke zwischen Vagina und Rektum. Manche Frauen finden diese Stelle im erregten Zustand stimulierend. Und noch häufiger sind der Schließmuskel und die ihn umgebende Haut empfindsam. Wenn Sie sich noch niemals an dieser Stelle selbst stimuliert haben oder zärtlich berührt worden sind, fangen Sie mit einer zarten Stimulierung um den Schließmuskel herum an. Wenn Sie Lust haben, können Sie auch eine Penetration ausprobieren (mit reichlich aufgetragenem Gleitmittel). Manche Frauen finden diesen Bereich besonders lustvoll, doch können Sie diesen Teil der Stimulierung natürlich auch auslassen.

Wenn Sie sich bei dieser Übung wohl gefühlt haben und nun mehr erfahren wollen, machen Sie sich an die Lektüre des nächsten Abschnitts, der das orgasmische Potenzial der Frau behandelt. Sollten Sie noch voller Scheu gewesen sein, empfiehlt sich, dass Sie diese Übung noch ein paar Mal wiederholen und dabei, wenn nötig, die Bauchatmung einsetzen. Denken Sie daran, je besser Sie Ihre Erregungspunkte kennen, desto mehr Lust können Sie erfahren und damit auch mit Ihrem Partner teilen. Lassen Sie diese Übung zum Auslöser Ihrer lebenslangen Freude an sich selbst werden.

Die Pflege Ihres Orgasmuspotenzials

Nachdem Sie Ihre Körperlandschaft erkundet haben, können Sie nun lernen, Orgasmen zu haben, wann immer Sie wollen. Nach den Sexforschern Beverly Whipple, William Hartman und Marilyn Fithian hat ein Drittel der Frauen überhaupt keine Orgasmen, ein Drittel gelegentlich und lediglich ein Drittel erlebt regelmäßig Orgasmen.[4]

Ein Drittel der Frauen hat keine Orgasmen, ein Drittel gelegentlich und lediglich ein Drittel erlebt regelmäßig Orgasmen.

Sollten Sie zu den Frauen gehören, die niemals oder nur gelegentlich einen Orgasmus haben, werden Sie mit Hilfe der Übungen in diesem Buch schließlich auch Orgasmen haben können, wann und sooft Sie möchten.

Klassische Beschreibung

Die Orgasmuserfahrung ist bei jedem Menschen anders. Besonders bei Frauen variieren Länge und Stärke des Orgasmus mitunter immens. Sie sind auch von Liebesspiel zu Liebesspiel verschieden und variieren selbst innerhalb des Liebesspiels. Kurzum, die Orgasmuserfahrungen sind unvergleichlich und einzigartig. Dies vorangeschickt, sei hier die klassische Beschreibung eines weiblichen Orgasmus wiedergegeben, die von den Pionieren der Sexualwissenschaft, dem Ehepaar William Masters und Virginia Johnson, stammt.

Bei der sexuellen Erregung gelangt mehr Blut in den Beckenbereich, wodurch die Klitoris und die kleinen Schamlippen anschwellen. Wird die Stimulierung fortgesetzt, gipfelt die Erregung schließlich in einem Orgasmus, der sich in einer Kontraktion des PC-Muskels äußert, einer Muskelschlinge um Schließmuskel, Vagina und Harnröhre. Die Kontraktionen dauern jeweils etwa eine Sekunde und der gesamte Orgasmus zwischen drei und zwölf Sekunden.

Die Frau erfährt ein äußerstes Wohlgefühl und ein auswärts strahlendes Pulsieren im Beckenbereich. Sie beginnt während des Orgasmus heftiger zu atmen, ihr Puls steigt und ihr Muskeltonus erhöht sich. Nach dem Orgasmus nimmt ihre Erregung langsam ab und hinterlässt ein Gefühl tiefer Gelöstheit und Ganzheitlichkeit.[5] Diese nüchterne Beschreibung reicht natürlich bei weitem nicht an die unvergleichlich lustvolle Erfahrung des Orgasmus heran.

Dieses Grundmuster eines einzelnen weiblichen Orgasmus gleicht im Wesentlichen dem eines männlichen Einzelorgasmus. Manche Frauen erleben am Höhepunkt der Erregungsphase einen einzigen großen Orgasmus. Andere Frauen können zwei oder mehr voneinander unabhängige Orgasmen bei einem Solo- oder Duo-Liebesspiel haben. Andere Frauen erfahren so genannte »Talorgasmen«, bei denen sich die Erregung laufend erhöht und das Lustempfinden zwischen mehreren Orgasmen erhalten bleibt. Es gibt keinen Orgasmus nach Vorschrift. Ihr Körper wird seine eigenen Lustmuster finden, während Sie zur Orgasmusfülle unterwegs sind. Diese Muster variieren nicht nur von Frau zu Frau, sondern auch von Orgasmus zu Orgasmus bei ein und derselben Frau. Betrachten wir nun, wie sich Erregung und Orgasmen kultivieren lassen.

Erregende Fantasien

Viele Frauen befassen sich vor der Selbstbefriedigung gerne mit erotischer Literatur oder erotischen Bildern. Anders als die öffentliche Meinung vorgibt, geraten Frauen bei der Beschäftigung mit erotischem Material genauso in Erregung wie Männer. Dies ist jedoch meist von Männern für Männer gemacht und wird vor allem männlichen erotischen Fantasien gerecht. Solche Bilder sind für Frauen manchmal erregend, oft aber nicht. Einige Frauen fühlen sich von pornographischen Bildern oder Texten abgestoßen oder sind sogar schockiert.

Glücklicherweise gibt es mittlerweile ein vielseitiges Angebot an erotischer Literatur und erotischen Filmen, die von Frauen speziell für Frauen geschaffen wurden. (Einige Empfehlungen finden Sie im Anhang.)

Einige Frauen mögen keine direkten Erotika und finden stattdessen Romane romantischen Inhalts erregender. Was immer Sie erregend finden, vom Harlekin bis zu Hardcore, es ist nichts Schlimmes dabei, wenn Sie sich bei der erotischen Selbstpflege auf diese Weise Appetit machen. Die Fantasie ist ein integraler Bestandteil unseres Sexuallebens.

Die sexuelle Fantasie mancher Frauen ist so groß, dass sie ohne jede Berührung, allein von ihren eigenen Vorstellungen Orgasmen haben können. Beverly Whipple, Gina Ogden und Barry Komisaruk maßen die physischen Reaktionen dieser Frauen unter klinischen Bedingungen und wiesen nach, dass sie tatsächlich zu rein fantasiebedingten Orgasmen kommen konnten.[6] Unterschätzen Sie auf keinen Fall Ihr Vorstellungsvermögen. Sobald Sie gelernt haben, Ihre Sexualenergie, wie in Kapitel 3 beschrieben, in Ihrem Körper zirkulieren zu lassen, werden Sie, wann immer Sie wollen, orgasmische Wellen der Lust durch Ihren Körper schicken können.

Manche Frauen schämen sich ihrer Fantasien, weil sie den erregenden Inhalt zugleich auch anstößig finden. Etwa, wenn sie sich Erlebnisse vorstellen, die sie im wirklichen Leben niemals haben möchten – eine Vergewaltigung zum Beispiel. Es gibt keinen Grund, sich über etwas zu schämen, das Sie erregt. Solange der Sex sicher ist und im gegenseitigen Einverständnis geschieht, braucht man sich seiner nicht zu schämen. Unser Sexualleben ist ein komplexes Gewebe aus Instinkten, Erfahrungen und Fantasien. Man sollte wissen, dass die Fantasie am besten funktioniert, wenn sie nicht zensiert oder gegängelt wird. Wir müssen unsere Taten verantworten, aber in unserer Fantasie haben wir völlige Freiheit.

Handliche Hilfen

Viele Frauen stellen fest, dass sie sich bei der erotischen Selbstpflege viel leichter mit einem Vibrator oder Dildo erregen können. Vibratoren und Dildos sind in großer Auswahl auf dem Markt, und wir empfehlen, sie in einem Laden zu kaufen, wo Sie individuell und sachkundig beraten werden. Sie können sie sich auch mit der Post schicken lassen oder über das Internet bestellen. Probieren Sie aus, wie sich das Sexspielzeug besonders erregend verwenden lässt. Viele Frauen bevorzugen einen Vibrator zur Stimulierung der Klitoris und einen Dildo für die Penetration. Es gibt Dildos in allen Größen und Formen, so dass für jeden Geschmack und Verwendungszweck (wie zum Beispiel für die G-Punkt-Stimulierung) etwas dabei ist. Einige Sexspielzeuge sind für die anale Stimulation entworfen. Der einzige Weg, um herauszufinden, was Ihnen am meisten liegt, ist, es auszuprobieren.

Entspannung und Sinn für Humor

Die Entspannung ist die Assistentin der Erregung und des Orgasmus. Es gibt kaum größere Feinde der sexuellen Lust als Angst und Stress. Wenn sich Angst einstellt, halten Sie inne und atmen Sie tief durch, wie in der Bauchatmungsübung auf Seite 73 beschrieben.

Die Entspannung ist die Assistentin der Erregung und des Orgasmus.

Ein anderes sehr wirksames Mittel gegen die Angst ist das Lachen. Behalten Sie Ihren Sinn für Humor, während Sie allein oder mit Ihrem Partner die Sinnenlust erkunden. Er ist von unschätzbarem Wert. Jeder kommt sich ein bisschen blöd vor und fühlt sich nicht ganz so sexy, wenn er das erste Mal seine Lust erkundet. »Es ist nicht zu fassen, da lieg ich mit meinen […] Jahren da und versuche mit diesem batteriebetriebenen Dingsda zu einem Orgasmus zu kommen!« Es ist gesund, darüber zu lachen. Setzen Sie dann aber Ihre Körpererkundung fort. Es kann mehrere Selbstbe-

Übung 9
Einen Orgasmus herbeiführen

1. *Sich selbst erfreuen:* Beginnen Sie mit der Selbstberührung unter Verwendung der Techniken, die Sie in der letzten Übung gelernt haben. Fangen Sie bei den Händen, Füßen, Beinen und Armen an und nähern Sie sich langsam den stärker erogenen Zonen – Brustwarzen, Klitoris und Vagina. Probieren Sie an den unterschiedlichen erogenen Zonen wieder verschiedene Berührungs- und Stimulierungsarten aus.

2. *Necken Sie sich selbst:* Es gibt keinen Grund zur Eile. Wenn Sie einem Orgasmus nahe kommen, zögern Sie ihn immer wieder hinaus, indem Sie dazwischen weniger erregbare Stellen berühren und dann zu den äußerst erogenen Zonen zurückkehren. Bringen Sie sich mehrere Male nahe an einen Orgasmus und verzögern Sie ihn wieder. Dadurch steigern Sie die Intensität des Orgasmus.

3. *Probieren Sie es mit einer Hilfe:* Wenn Sie nur schwer oder selten zu einem Orgasmus kommen, kann es mehrere Sitzungen erfordern, bis Sie bei der Selbststimulierung einen Orgasmus haben. Sollten Sie mit einer manuellen Stimulierung keinen Erfolg haben, könnten Sie auch einmal einen Vibrator ausprobieren. Für viele Frauen ist es der einfachste und schnellste Weg zu einem Orgasmus, wenn sie ihre Klitoris mit einem Vibrator stimulieren.

4. *Dankbar sein:* Nach einem Orgasmus oder am Ende der Übung sollten Sie Ihren Körper noch eine Weile mit Streicheleinheiten verwöhnen. Seien Sie Ihrem Körper dafür dankbar, dass er so viel Freude spendet. Und danken Sie vor allem auch sich selbst dafür, dass Sie sich Zeit zu Ihrer Selbstbefriedigung genommen haben.

Für viele Frauen ist es der einfachste und schnellste Weg zu einem Orgasmus, wenn sie ihre Klitoris mit einem Vibrator stimulieren.

friedigungsrunden dauern, bis Sie die Techniken heraus haben, die Sie richtig in Fahrt bringen. Denken Sie daran, dass das Finden der erogenen Zonen immer belohnt wird, ob Sie dabei nun einen Orgasmus haben oder nicht.

Richten Sie, wie schon bei der vorigen Übung, Ihre Selbstbefriedigung so ein, dass Sie mindestens eine halbe Stunde ungestört sind. Tun Sie, was immer Ihnen bei der Entspannung hilft: Nehmen Sie ein Bad, treiben Sie Sport, trinken Sie ein Glas Wein[7], legen Sie Musik auf, zünden Sie Kerzen an und so weiter.

Sollten Sie die ersten Male zu keinem Höhepunkt kommen, haben Sie Geduld mit sich selbst. Jede Lusterfahrung ist von Wert. Der Orgasmus ist nicht das letzte Ziel. Worauf es letztlich ankommt, ist, dass Sie sich in Ihrem Körper wohl fühlen. Die Praxis der erotischen Selbstpflege und des Tao der Liebe besteht einfach in der Aktivierung der Sexualkraft bzw. von Ching. Mehr zur Überwindung von Orgasmusschwierigkeiten erfahren Sie am Ende dieses Kapitels im Abschnitt »Sehnsucht nach dem Big Bang: die Anorgasmie überwinden« (Anorgasmie bezeichnet das Fehlen des Orgasmus).

Die folgenden Übungen zur Kräftigung Ihres PC-Muskels helfen Ihnen bei der Steigerung Ihrer Lust und bringen Sie auf Ihrem Weg zum multiorgasmischen Liebesakt ein gutes Stück weiter.

Ihr Sexmuskel

Wenn es einen Muskel gibt, der für Ihre sexuelle Erregung und Erfüllung wichtig ist, dann ist es Ihr PC-Muskel (Pubococcygeus), der manchmal auch Liebes- oder Sexmuskel genannt wird. Die Übung dieses Muskels nützt Ihrem Liebesleben mehr

Ihr Sexmuskel

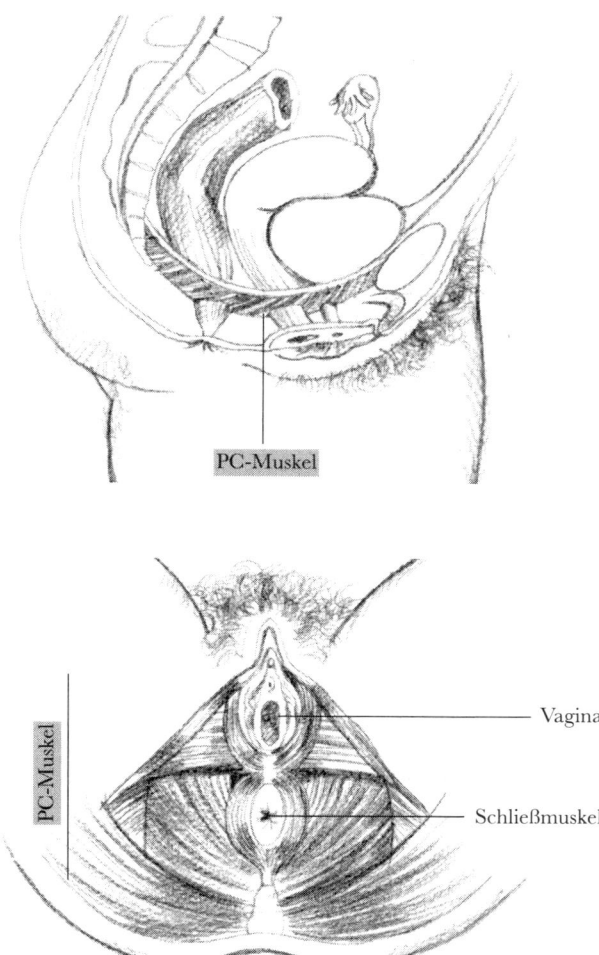

Der PC-Muskel der Frau, der beim Erreichen der Orgasmenfülle eine entscheidende Rolle spielt, erstreckt sich vom Schambein bis zum Steißbein.

als jede andere körperliche Ertüchtigung. Ein trainierter PC-Muskel hilft Ihnen bei Orgasmuswünschen weiter, bringt Sie näher an eine Orgasmenfülle heran und versetzt Sie in die Lage, Ihren Partner während des Geschlechtsverkehrs mehr zu erfreuen.

Die Übung dieses Muskels ist für Ihr Sexualleben wichtiger als jede andere körperliche Ertüchtigung.

Ihr PC-Muskel ist eine Muskelschlinge der Beckenbodenmuskulatur, die sowohl Ihre Geschlechtsorgane als auch die Harnröhre und das Rektum stützt. PC-Muskelkontraktionen steigern Ihr Lustempfinden und erleichtern Ihnen, bei der klitoralen und vaginalen Stimulierung zu Orgasmen zu kommen. Beverly Whipple, Mitautorin des Buches *The G-Spot*, erklärt: »Je kräftiger bei einer Frau der PC-Muskel ... desto intensiver die Orgasmen.« Die Kräftigung Ihres PC-Muskels »ist die Hauptsache, wenn Sie zu einer Orgasmenfülle kommen wollen«.[8] Durch PC-Muskelkontraktionen fördern Sie die Durchblutung der Vagina und des Damms, was zu einer Zunahme Ihrer Sexualenergie und zu einer größeren Anfeuchtung führt.

Sie haben vielleicht schon in Verbindung mit einer Schwangerschaft vom PC-Muskel gehört. Von Ärzten wird empfohlen, dass Frauen vor und nach der Geburt eines Kindes Beckenboden-Übungen durchführen. Die so genannte Kegel-Gymnastik[9] trainiert den PC-Muskel und macht ihn für die Geburt geschmeidiger. Nach der Geburt und im reifern Alter geübt, kräftigt sie die stützende Muskulatur der Vagina und der Gebärmutter.

Im reifern Alter lässt die Kraft des PC-Muskels nach, es sei denn, er wird regelmäßig trainiert.

Im reifern Alter lässt die Kraft des PC-Muskels nach, es sei denn, er wird regelmäßig trainiert. Bei Frauen, die mehrere vaginale Geburten hatten, ist der Muskel noch stärker in Mitleidenschaft gezogen. Viele Frauen haben daher Inkontinenz-Probleme, wenn sie in ihre fünfziger, sechziger oder siebziger Jahre kommen. Die Stärkung dieses Muskels ist also sowohl zu unserer Gesunderhaltung als auch zur Verwirklichung unseres sexuellen Potenzials wichtig.

PC-Muskeltraining

Das willentliche Zusammenziehen des PC-Muskels stellt manchmal eine Herausforderung dar. Wenn Sie das nächste Mal Wasser lassen müssen, stoppen Sie beim Entleeren der Blase mehrere Male den Urinstrahl und lassen ihn wieder fließen. Das gelingt nur durch die Anspannung Ihres PC-Muskels. Sie sollten dabei das Gefühl haben, dass der Harnröhren-Vagina-Bereich leicht nach oben gezogen wird.

Wenn Sie den Urinstrahl nicht anhalten können, ist Ihr PC-Muskel schwach. Seien Sie unbesorgt, auch Ihr PC-Muskel lässt sich wie jeder Muskel im Körper durch regelmäßiges Üben kräftigen. (Sollten Sie feststellen, dass Sie manchmal beim Zurückhalten des Urins Schwierigkeiten haben, besonders wenn Sie husten, niesen oder lachen müssen, oder wenn Sie es manchmal nicht rechtzeitig zur Toilette schaffen, kann dies an anderen anatomischen Problemen liegen, so dass Sie sich an Ihren Arzt wenden sollten. Kegel-Übungen sind auch hier sehr empfehlenswert, doch sollten Sie auf jeden Fall ärztlichen Rat einholen.)

Manche Frauen merken, dass sie zu Beginn des PC-Muskeltrainings das Anspannen mit einem Pressen verwechseln. Machen Sie sich gründlich damit vertraut, wie sich das Anspannen des PC-Muskels anfühlt. Die Bauchmuskeln brauchen nicht mit eingezogen zu werden. Die Übungen funktionieren sogar besser, wenn die übrigen Muskeln entspannt bleiben.

Zu Beginn des Trainings hilft es sehr, wenn Sie Ihren PC-Muskel um etwas herum anspannen (zum Beispiel einen Finger oder Dildo). Der Widerstand erlaubt es Ihnen, mit dem Muskel stärker zu greifen.

> ### Übung 10
> **Vaginales Greifen**
> 1. Legen Sie sich hin oder setzen Sie sich auf eine Stuhlkante oder auf die Toilette und führen Sie zwei eingeölte Finger in Ihre Vagina ein.
> 2. Umspannen Sie mit Ihrem PC-Muskel Ihre Finger. Sie sollten ungefähr drei Zentimeter über dem Eingang der Vagina eine leichte Kontraktion der Scheidenwand spüren.
> 3. Spreizen Sie die Finger V-förmig auseinander und spannen Sie den Muskel wieder an, und schauen Sie, ob Sie auf diese Weise die Finger zusammendrücken können. Gelingt dies nicht, muss Ihr PC-Muskel mehr gekräftigt werden.

Wenn Sie die Kontraktion des PC-Muskels einmal aus dem Effeff beherrschen, lässt er sich leicht fit halten. Es gibt viele unterschiedliche Übungsmethoden für den PC-Muskel. Normalerweise wird empfohlen, den Muskel für zehn Sekunden zusammenzuziehen und dann wieder zu entspannen. Wenn Sie ihn nicht so lange angespannt halten können, kontrahieren Sie einfach so lange, wie Sie können, bevor Sie wieder locker lassen. Tun Sie das zunächst dreimal am Tag je zehnmal und arbeiten Sie sich zu dreimal täglich fünfzig Kontraktionen hoch.

Gut ist auch, wenn Sie die PC-Übungen mit einem Dildo oder dem Penis Ihres Partners machen. Sie werden wahrscheinlich feststellen, dass die Kontraktion Ihres PC-Muskels während des Koitus Ihre Erregung beträchtlich steigert. Die Anspannung Ihres PC-Muskels erhöht die Sexualenergie in Ihrer Beckengegend und schickt eine Wärmeflut der Erregung durch Ihren Körper. Das Anspannen um einen Dildo oder Penis, während dieser aus der Vagina gezogen wird, ist äußerst erregend, da dies eine Sogwirkung auf die Scheidenwand hat. Lassen Sie Ihrer Experimentierfreude freien Lauf, um herauszufinden, was Ihnen am besten gefällt.

So funktioniert es

Ringmuskeln

Das traditionelle taoistische PC-Muskeltraining ist sehr effektiv. Es beruht auf der taoistischen Einsicht, dass alle Ringmuskeln des Körpers (um Augen, Mund, Harnröhre, Vagina und Schließmuskel) miteinander verbunden sind. Zieht man die Muskeln um Augen und Mund zusammen, wird die PC-Übung effektiver. Um die Augenmuskulatur zusammenzuziehen, braucht man nur zu schielen, und zur Kontraktion der Mundmuskeln macht man eine Saugbewegung wie ein Baby an der Brust. Zudem sollte man den PC-Muskel beim Ausatmen zusammenziehen, da es die übrigen Muskeln entspannen und den PC isolieren hilft.

Bei fortgesetzter Muskelkräftigung wird Ihr Partner während des Koitus den stärkeren Druck auf seinen Penis sicherlich zu schätzen wissen. Die meisten Männer empfinden dies als sehr erregend. Aus taoistischer Sicht ist die vaginale Umgreifung des Penisschafts äußerst vorteilhaft, da dies den ganzen Körper des Mannes belebt (siehe Kapitel 5) und dessen Lustempfinden extrem steigert, ohne eine Ejakulation herbeizuführen. Diese Technik erlaubt eine Verlängerung des Beischlafs und erhöht so Ihrer beiden Chancen, multiorgasmisch zu werden.

> ### Übung 11
> **PC-Gymnastik**
>
> 1. *Einatmen und konzentrieren:* Atmen Sie ein und konzentrieren Sie sich dabei auf Ihre Vagina.
> 2. *Ausatmen und kontrahieren:* Spannen Sie beim Ausatmen Ihren PC-Muskel an.
> 3. *Einatmen und entspannen:* Lassen Sie beim Einatmen die Muskeln locker.
> 4. *Wiederholung – ausatmen/kontrahieren und einatmen/entspannen:* Spannen Sie Ihre Muskeln beim Ausatmen an und lassen Sie beim Einatmen wieder locker. Wiederholen Sie das 18-mal, und arbeiten Sie sich mit der Zeit auf 36-mal und mehr hoch. (Machen Sie jeweils nach 18-mal eine kurze Pause.)
> 5. *Kontrahieren Sie, so lange Sie können:* Wiederholen Sie jetzt die Übung, aber nun spannen Sie Ihren PC-Muskel bei jeder Ausatmung so lange an, wie Sie können, und lassen dann erst wieder locker. Legen Sie nach jeweils neun langen Kontraktionen eine Pause ein.

Ein Ergebnis des PC-Muskeltrainings ist, dass Sie sich damit egal, wo Sie sind, an Ihrer Sexualenergie erfrischen können. Das kann beispielsweise einer langweiligen Sitzung Pep verleihen! Schön, wenn Sie die sinnliche Energie einfach genießen können. Allerdings fühlen sich manche Frauen von einer gesteigerten Sexualenergie eher abgelenkt. Sollte dies der Fall sein, brauchen Sie nur die Übungen in Kapitel 3 zu lernen, durch die Sie diese Energie zur Konzentrationssteigerung ins Gehirn weiterleiten können.

Multiorgasmisch werden

Die sexuelle Lust der Frauen ist praktisch unerschöpflich. Doch obwohl alle Frauen zu einer Orgasmenfülle fähig sind, erfahren viele sie nicht oder nicht regelmäßig. Wie kommt es, dass manche Frauen mehrere Orgasmen hintereinander haben und andere nicht? Warum hat dieselbe Frau manchmal multiple Orgasmen und dann wieder nicht? Viele Frauen entdecken die Möglichkeit, mehrere Orgasmen zu erleben, wenn sie im Lauf der Zeit mit neuen Partnern neue sexuelle Erfahrungen sammeln oder einfach sexuell erfahrener werden.

Laut Alfred Kinseys berühmtem Sexualreport waren in den 1950er Jahren nur circa 14 Prozent der Frauen multiorgasmisch. 1970 war die Zahl der multiorgasmischen Frauen auf 16 Prozent gestiegen.[10] Und selbst heute sind wesentlich weniger Frauen multiorgasmisch, als man erwarten würde. Entgegen der allgemeinen Meinung erfahren nur 15 bis 25 Prozent der Frauen mehrere Orgasmen hintereinander.[11]

Entgegen der allgemeinen Meinung erfahren gegenwärtig nur 15 bis 25 Prozent der Frauen mehrere Orgasmen hintereinander.

Kürzlich wurde an 805 Krankenschwestern mit Collegebildung eine anonyme Umfrage verschickt, die ergab, dass erstaunliche 43 Prozent der Antwortenden schon einmal mehrere Orgasmen hintereinander erfahren hatten.[12] Schauen wir uns die Ergebnisse einmal etwas genauer an.

Was machen multiorgasmische Frauen anders?

In dieser Umfrage wurde detailliert untersucht, worin sich Frauen, die viele Höhepunkte auf einmal erleben, von denjenigen unterscheiden, die nur einen Höhepunkt haben.

- *Selbstbefriedigung:* Multiorgasmische Frauen befriedigen sich eher selbst und haben frühzeitiger Orgasmen gehabt. Auch wenn man dies einem stärkeren angeborenen Sexualtrieb zuschreiben könnte, ist es wahrscheinlicher, dass diese Frauen in einer Umgebung aufwuchsen, in der man sexuellen Erkundungen gegenüber aufgeschlossener war, oder sie hatten einfach das Glück, frühzeitig in ihrem Leben zu Höhepunkten zu kommen. Eine multiorgasmische Frau, die wir für dieses Buch interviewten, hatte in ihrer Kindheit eine große Vorliebe für die Badewanne entwickelt, weil sie beim Einlassen des Badewassers ihren ersten Orgasmus erlebte. Sie verweigerte danach nie mehr ein Bad.

Durch diese frühen Orgasmuserfahrungen stellt sich der Körper auf das Erreichen von Höhepunkten ein. Auch wenn wir nicht mehr in unsere Kindheit zurückkehren und dort etwas ändern können, bleibt es uns auf jeden Fall möglich, von jetzt an unseren Körper an Höhepunkte zu gewöhnen. Der Körper automatisiert Gewohnheiten. Wir denken hinterm Steuer nicht mehr allzu viel über das Autofahren nach, oder beim Zubettgehen über das Zähneputzen. Das ist bei jedem Verhaltensmuster so. Durch Erfahrung kommt es zu neuronalen Vernetzungen, durch die unser Körper weiß, wie er zu funktionieren hat. Bei einem Orgasmus ist das nicht anders. Je öfter Sie zum Höhepunkt kommen, desto leichter fällt es Ihnen, Orgasmen zu erleben.

Durch Erfahrung kommt es zu neuronalen Vernetzungen, durch die unser Körper weiß, wie er zu funktionieren hat. Bei einem Orgasmus ist das nicht anders. Je öfter Sie einen haben, desto leichter fällt es Ihnen, einen zu haben.

- *Sie kennen ihre erogenen Zonen:* Multiorgasmische Frauen sind sexuell erkundungslustiger. Das bedeutet nicht, dass sie an Sexspielzeug oder Fesseln interessiert sein müssen. Es besagt einfach, dass sie ihre sexuelle Landschaft erkunden (oder durch ihren Partner erkunden lassen). Sie kennen die Stellen an ihrem Körper, die sie in Verzücken versetzen. Wenn Sie durch die in diesem Buch beschriebenen Übungen Ihre erogenen Zonen entdeckt haben, werden Sie zum einen wissen, wie

Sie sich selbst befriedigen können, und zum anderen in der Lage sein, Ihren Partner zu Ihrer Befriedigung anzuleiten.
- *Sie stimulieren sich körperlich und mental:* Multiorgasmische Frauen stimulieren ihre Klitoris beim Sex oder lassen ihren Partner dies tun. Da die Klitoris bei fast allen Frauen das sexuelle Schlüsselorgan ist, ist es ganz entscheidend, dass wir selbst oder unser Partner sie stimulieren, wenn wir einen Orgasmus haben wollen.

  Multiorgasmische Frauen neigen auch eher zu vaginalen Stimulationen, wenn sie sich selbst befriedigen, und finden beim vaginalen Eindringen vonseiten des Partners leichter zum Höhepunkt. Sie optimieren nicht nur die klitorale Stimulierung, sondern auch die ihrer empfindsamen Vaginalzonen. Zudem suchen und erhalten sie eine Stimulierung ihrer Brustwarzen und sorgen durch sexuelle Fantasien, erotische Literatur und Filme für steten Anreiz.
- *Sie sagen, was sie wollen:* Multiorgasmische Frauen sind in der Lage zu sagen, was sie wollen, oder führen die Hände, den Mund oder den Penis ihres Partners an die gewünschten Stellen. Sie sind eher bereit, oralen Sex anzunehmen oder zu geben. Sie stimulieren sich auch gleichzeitig an mehreren erogenen Zonen oder lassen ihren Partner dies tun. Ihre Stimulation ist immer eine Kombination aus verschiedenen erregenden Elementen, etwa eine gleichzeitige Stimulierung der Brustwarzen und der Klitoris, oder der Klitoris und des G-Punkts oder auch des Vaginagewölbes.

Es ist kein Wunder, dass diese Frauen zu mehreren Orgasmen in der Lage sind. Sie erregen häufiger alle ihre höchst erogenen Zonen und haben Partner, die das ebenso gerne tun.

Und wie steht es mit Ihnen? Beherzigen Sie doch einfach die Tipps dieser multiorgasmischen Frauen und wenden Sie das bisher Gelernte an. Die folgenden neun Schritte helfen Ihnen dabei, mehrere Orgasmen zu haben, wann immer Sie wollen. Wenn Sie diese gemeinsam mit Ihrem Partner erleben wollen, lassen Sie ihn (oder sie) dieses kurze Neun-Schritte-Programm am besten lesen. Ihr Partner wird nach der Lektüre dieser wenigen Seiten ein wesentlich geschickterer Liebhaber sein.

Neun Schritte zur Orgasmenfülle

Schritt 1: Sie müssen daran glauben

Orgasmen ereignen sich nicht zwischen den Beinen, sondern zwischen den Ohren. Man weiß das deshalb, weil selbst Menschen mit einer Querschnittslähmung oder Tetraplegie immer noch Orgasmen erfahren können, wenn andere Körperteile erregt werden (zum Beispiel ihre Brust oder ihr Hals), obwohl sie von der Taille abwärts keine Empfindungen mehr haben. Viele Frauen, die meinen, sie könnten niemals zu mehreren Höhepunkten hintereinander kommen, entdecken schließlich, wenn sie einmal »zufällig« einen zweiten Orgasmus erleben, dass dies nicht stimmt. Vertrauen Sie einfach darauf, dass Sie mehr als einen Orgasmus haben können, und arbeiten Sie bewusst darauf hin. Auch wenn es zunächst einige Ausdauer erfordert, aufeinander folgende Orgasmen zu haben, denken Sie daran, dass Ihnen dies umso leichter fallen wird, je öfter Sie üben.

Orgasmen ereignen sich nicht zwischen den Beinen, sondern zwischen den Ohren.

Schritt 2: Nützen Sie Ihre Fantasie

Die Fantasie ist das Hauptinstrument weiblicher Lust, vergessen Sie also nicht, sie zu benützen. Denken Sie daran: Je stärker Sie sich sexuell erregt fühlen, desto mehr sexuelle Energie haben Sie und umso leichter werden Ihnen mehrere Orgasmen fallen.

Weiter vorn in diesem Kapitel wurde untersucht, was Frauen sexuell erregt. Vergessen Sie nicht, diese Erkenntnisse umzusetzen. Sie können sich den Liebesakt beispielsweise tagsüber zu flüchtigen sexuellen Berührungen oder verlängerten Küssen vorstellen. Sie können auch mittels Beleuchtung und Düften für eine erotisierende Atmosphäre sorgen. Wenn bestimmte Örtlichkeiten oder Zeiten tagsüber für Sie erotischer sind, dann tun Sie es gleich an Ort und Stelle. Manchmal ist eine überraschende Verabredung am Nachmittag mit Ihrem Geliebten wesentlich befriedigender als müder abendlicher Sex.

Wenn Sie Lust haben, befassen Sie sich mit erotischer Literatur oder erotischen Filmen. Und wenn Sie dies gemeinsam mit dem Partner tun, kann das ein unterhaltsames Vorspiel für den Liebesakt sein. Je stärker Ihr Fantasieleben ist, desto leichter können Sie sich nach Belieben in sexuelle Erregung versetzen.

Während die Fantasie bei der erotischen Selbstpflege und beim Liebesakt eine wichtige Rolle spielt, verhindern Sie beim Liebesakt den aktuellen Energieaustausch zwischen sich und Ihrem Partner, wenn Sie sich anstelle des Partners jemand anderes vorstellen. Beim taoistischen Liebesakt geht es um einen feinsinnigen sexuellen Energieaustausch zur Erneuerung der physischen und geistigen Kräfte beider Partner. Sobald Sie geistig nicht ganz bei Ihrem Partner sind, kann dieser Energieaustausch nicht stattfinden. Das heißt jedoch nicht, dass Sie während des Liebesaktes keinerlei Fantasien haben dürften, Sie sollten nur geistig und seelisch ganz bei Ihrem Partner sein. Zum Beispiel könnten Sie sich vorstellen, dass Sie beide sich allein an einem warmen karibischen Strand befinden statt in Ihrem häuslichen Schlafzimmer.

Schritt 3: Stimulieren Sie mehrere erogene Zonen auf einmal
Multiorgasmische Frauen steigern ihre sexuelle Erregung durch die gleichzeitige Stimulierung mehrerer erogener Zonen.

Multiorgasmische Frauen steigern ihre sexuelle Erregung durch die gleichzeitige Stimulierung mehrerer erogener Zonen.

Einige davon (Klitoris, G-Punkt) sind so wichtig, dass sie weiter unten im Einzelnen besprochen werden. Sicher haben Sie bei der Körpererkundung zu Beginn des Kapitels Ihre eigenen erregbaren Stellen entdeckt.

Wenn Sie die Berührung der Ohren verrückt macht oder Sie die Liebkosung Ihrer inneren Handgelenke erschaudern lässt, streicheln Sie diese während der Selbstbefriedigung oder weihen Sie Ihren Geliebten in Ihr Geheimnis ein. Das Saugen an Fingern oder Zehen ist eine wunderbare Ankündigung für kommende, noch intensivere Freuden.

Für viele Frauen ist die Stimulierung der Brustwarzen äußerst erregend. Tatsächlich können manche Frauen schon allein dadurch einen Orgasmus haben. Wenn Sie das Spiel mit Ihren Brustwarzen gerne haben, kann dies zu einer unglaublichen Vermehrung Ihrer sexuellen Energie beitragen. Sie können Ihre Brustwarzen bei der Selbstbefriedigung oder beim Partnersex selbst stimulieren. Die meisten Partner finden es hocherotisch, wenn sie ihrer Partnerin bei der Selbststimulierung zusehen.

Die Empfindlichkeit der Brustwarzen variiert bei Frauen sehr und entsprechend variieren auch ihre Berührungswünsche. Manche Frauen mögen nur ganz zarte Berührungen. Für andere ist eine kräftigere Behandlung ihrer Brüste und Brustwarzen hocherotisch, ein Drücken und Ziehen und starkes Saugen und Rollen der Brustwarzen eingeschlossen. Generell bevorzugen die meisten Frauen leichtere Berührungen, wenn sie weniger erregt, und stärkere, wenn sie mehr erregt sind.

Werden die Brustwarzen zur falschen Zeit oder auf die falsche Weise angefasst, kann dies Schmerzen oder Übelkeit verursachen. Es ist wichtig, dass Sie Ihrem Partner zeigen, wie Sie berührt werden wollen, und bezüglich dessen, was Sie mögen, laufend – verbal und nonverbal – Feedback geben. Sollten sich Ihre Brustwarzen als nicht besonders empfindsam herausstellen, denken Sie daran, dass Ihre Brüste, wie jeder andere Körperteil auch, umso empfindsamer werden, je mehr Aufmerksamkeit Sie ihnen widmen.

Bedenken Sie, dass sich durch jede körperliche Erregung Ihr *Ching* bzw. Ihre sexuelle Energie vermehrt, wodurch das Erklimmen eines zweiten, dritten und selbst vierten Höhepunkts eher möglich wird.

Schritt 4: Gebrauchen Sie die Zunge

Wenn es bei der Selbstbefriedigung für Frauen wahrscheinlich die leichteste Methode ist, mit Hilfe eines Vibrators zu Orgasmen zu kommen, dürfte dies beim Sex mit einem Partner der orale Sex sein. Die intensive Lust, welche die direkte Anregung der Klitoris mit der weichen beweglichen Zungenoberfläche und das Saugen mit dem Mund bereiten, ist schwer zu übertreffen. In den 1950er Jahren war oraler Sex in den USA tabu, aber seit der sexuellen Revolution in den 60er und 70er Jahren ist er weithin akzeptiert und wird häufig praktiziert.

Als Susan Crain Bakos für ihr Buch *Sexual Pleasures* Frauen interviewte, die gewöhnlich mehrere Orgasmen erleben, stellte sie fest, dass diese Frauen ihren ersten Orgasmus meist durch oralen Sex haben. Die Frauen berichteten, sie könnten leichter einen zweiten Orgasmus haben, wenn der erste durch Oralsex hervorgerufen wird, als wenn er während des Verkehrs oder durch manuelle Stimulation erfolgt. »Ihr anderes ›Geheimnis‹ war vielfältige Stimulierung; oft schloss sich an einen Cunnilingus der Verkehr mit gleichzeitiger manueller Stimulierung an. Sie führten auch häufig kleine Positionswechsel durch, um an den

> *Wenn es bei der Selbstbefriedigung für Frauen wahrscheinlich die leichteste Methode ist, mit Hilfe eines Vibrators zu Orgasmen zu kommen, dürfte dies beim Sex mit einem Partner der orale Sex sein.*

gewünschten Stellen die Art von Anreiz zu erhalten, die sie wollten.«[13] Die Zunge ist für die Stimulierung der Klitoris ideal geeignet, weil sie kräftig, biegsam und weich ist.

Heute praktizieren viel mehr Paare regelmäßig Cunnilingus als vor vierzig Jahren, aber es gibt noch immer Paare, die den Cunnilingus aus unterschiedlichen Gründen nicht in ihr aktives Sexualleben integrieren.

Das Unbehagen am Cunnilingus kann auf der empfangenden wie auf der gebenden Seite auftreten. Überraschenderweise, so hat sich gezeigt, schrecken eher die Frauen vom Cunnilingus zurück als ihre Partner.

Am häufigsten schreckt offenbar der Gedanke ab, dass dabei der Mund mit dem genitalen Bereich in Kontakt kommt und in die Nähe des exkretorischen Bereichs gebracht wird. (Mit anderen Worten: »Dort unten ist es unsauber.«) Es mag aufschlussreich sein zu wissen, dass die Bakterienvielfalt und -konzentration im Mund der Bakterienvielfalt am Damm oder im Vaginalbereich in keiner Weise nachsteht. Man macht sich beim Küssen der Genitalien seines Partners oder seiner Partnerin nicht »schmutzig«. Wenn Sie regelmäßig baden oder duschen, sind Ihre Geschlechtsorgane sicher sauber genug, um von Ihrem Partner geküsst zu werden.

Die Vagina reinigt sich auf angemessene Weise selbst. Wenn man irgendwelche anderen Substanzen in sie einführt, um sie »frisch zu machen«, bringt das nur ihr gesundes Gleichgewicht durcheinander. Wir raten sehr von jeder Vaginaldusche ab – es sei denn, sie wurde vom Arzt verordnet –, da dies die gesunden Bakterien, die in Ihrer Scheide leben, angreift.

Sie sollten im Genitalbereich keine Seife verwenden, weil die verschiedenen Seifenzusätze und Duftstoffe den Genitalbereich und die empfindliche Scheidenhaut irritieren. Beim Baden (und wenn gewünscht vor dem Oralverkehr) genügt ein Reinigen mit Wasser völlig. Das geht ganz leicht mit einem Becher Wasser, während man auf der Toilette sitzt oder dazu schnell in die Badewanne oder Dusche steigt. (Abnehmbare Duschköpfe tun es natürlich auch, aber Vorsicht bei der Wasserstrahlmassage – Sie könnten kein Ende mehr finden!)

Die Scheidensekrete riechen bei jeder Frau etwas anders. Der Geruch wechselt im Lauf des Monats durch die hormonellen Schwankungen und hängt auch davon ab, was man isst. Den meisten Männern ist der Geruch angenehm und für viele ist er sogar erregend. Das hat biologische und evolutionäre Gründe. Wenn Ihr Partner »geruchs-unterentwickelt« oder Ihnen gegenüber sehr geruchsempfindlich ist, versuchen Sie es mit einem gemeinsamen Bad, und als letzte Rettung können Sie das Zungen- durch ein Fingerspiel ersetzen.

Tatsächlich riecht die Vagina einer Frau nur dann unangenehm, wenn eine Infektion vorliegt. Sollten Sie einen vermehrten Ausfluss und/oder einen unangenehmen Geruch an sich feststellen, gehen Sie zu Ihrem Frauenarzt.

Wenn Ihr Partner noch nicht zu den Cunniliguskennern gehört, empfehlen Sie ihm das Kapitel für Paare. Die meisten Männer schreckt weniger die Vorstellung von oraler Befriedigung oder der Geruch davon ab, Cunnilingusexperten zu werden, sondern die Angst, nicht zu wissen, was sie tun. Sie können hier sehr viel weiterhelfen, indem Sie auf das hinweisen, was Ihnen gefällt und Ihrem Partner zeigen, wo Sie empfindsam sind. Ein wenig positive Bestärkung kann Wunder wirken.

Schritt 5: Necken Sie sich

Die folgende Neckmethode ist eine klassische Sexualtechnik, die jede Frau in ihrem sexuellen Repertoire haben sollte. Sie kann sehr zur Luststeigerung beitragen und erhöht die Wahrscheinlichkeit eines Orgasmus bzw. mehrerer Orgasmen enorm. Die Technik ist einfach, aber sehr effektiv.

Erregen Sie sich selbst zu einem Punkt leichten bis mittleren Verlangens oder lassen Sie dies Ihren Partner tun, und brechen Sie dann die Stimulierung ab, so dass Ihr Verlangen etwas nachlässt, aber nicht völlig verschwindet. Dann stimulieren Sie sich etwas ausgiebiger, bis Ihr Verlangen über das vorher erreichte Maß hinausgeht. Jetzt nehmen Sie die Stimulierung erneut ein wenig zurück. Bringen Sie so langsam die Steigerung Ihrer Erregung voran, und halten Sie kurz vor dem Orgasmus inne. Dies wird Ihre Lust steigern und Ihre sexuelle Energie wird sehr hoch sein, wenn Sie zum Höhepunkt kommen. Fahren Sie unmittelbar nach dem Orgasmus mit der Stimulierung fort, um Ihr Erregungsniveau zu halten. Mit Hilfe der Stimulierungs- und Unterbrechungstechnik können Sie dann einen zweiten Orgasmus aufbauen.

Einige Frauen stellen fest, dass ihre empfindsamen Zonen, seien es vaginale Stellen oder die Klitoris, die Brustwarzen oder andere Bereiche, beim Höhepunkt oder kurz darauf überempfindlich sind. Sollte das bei Ihnen der Fall sein, lassen Sie Ihren Liebhaber die Stimulierung kurz unterbrechen (bis zu dreißig Sekunden), setzen Sie sie dann aber fort. Wenn Sie nach dem Orgasmus zu lange mit der erneuten Stimulierung warten, gelangt Ihr Körper vielleicht an einen Punkt vorübergehender Übersättigung, der einen zweiten Orgasmus unwahrscheinlicher macht.

Obwohl diese Neckmethode Ihr sexuelles Feuer schüren kann, kann zu langes Necken auch frustrierend sein. Wenn Sie sich mit Ihrem Partner necken, sollten Sie sich auf jeden Fall verständlich machen, wenn Ihre erotische Spannung in Langeweile umzuschlagen droht und Sie den nächsten Schritt machen wollen.

Schritt 6: *Heran an den Punkt*

Weiter vorn in diesem Kapitel sprachen wir über die Lage des G-Punkts. Und möglicherweise haben Sie außer ihm auch noch weitere »Punkte« entdeckt. Denken Sie daran, dass Sie diese Stellen leichter entdecken, wenn Sie stark erregt sind. Viele Frauen berichten, sie hätten nach Jahrzehnten des Intimverkehrs mit ein und demselben Partner Ihren G-Punkt zufällig entdeckt. Es lohnt sich, wenn Sie verschiedene Penetrationswinkel mit den Fingern, dem Penis oder einem Dildo ausprobieren, um zu sehen, ob Sie irgendwelche besonders empfindsame Vaginastellen haben. Eine zusätzliche vaginale Stimulierung zur klitoralen steigert das Lustempfinden und damit die Chance einer Orgasmenfülle enorm.

Viele Frauen stellen fest, dass sie meistens zuerst einen klitoralen Orgasmus haben, während die späteren Orgasmen, wenn sie intensiver erregt sind, tiefer in ihrer Vagina stattfinden. Diese tieferen Orgasmen können äußerst befriedigend sein. Da für die Empfindungen der Vagina und der Klitoris verschiedene Nerven zuständig sind, haben manche Autoren eine grundlegende Unterscheidung zwischen vaginalen und klitoralen Orgasmen vorgeschlagen. Der klitorale Orgasmus gleicht eher dem des Penis, da auch die Klitoris anschwillt und es zu rhythmischen Kontraktionen des PC-Muskels kommt. Beim vaginalen Orgasmus hat die Frau tiefere Kontraktionen und verspürt Lust im gesamten Beckenbereich.

Die Brauers haben Frauen untersucht, die solche tiefen vaginalen Orgasmen haben, und ihr EEG aufgezeichnet. Die Gehirnwellenströme zeigen, dass bei Frauen während tiefer vaginaler Orgasmen dasselbe Gehirnwellenmuster auftritt wie bei Menschen in tiefer Meditation.[14]

Die Frauen, die in China das Tao der Liebe übten, kannten diese tiefen vaginalen Orgasmen gut. Die taoistischen Eiübungen, die seit Jahrhunderten zur Kräftigung der Vagina durch-

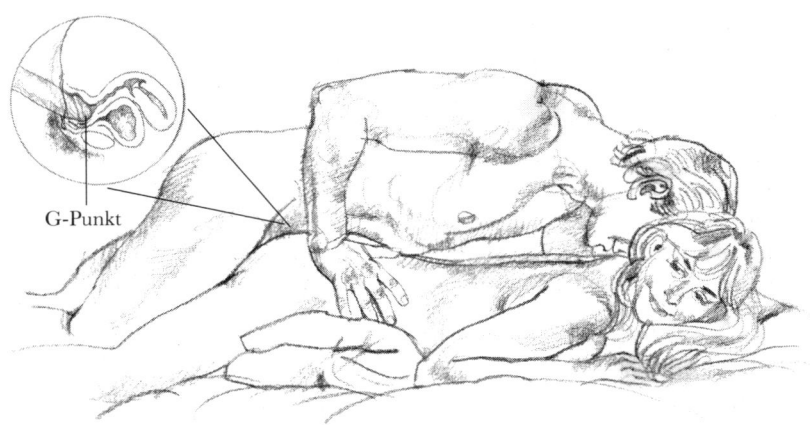

G-Punkt

Der G-Punkt lässt sich stimulieren, wenn die Frau auf dem Bauch liegt und der Mann von hinten eindringt. Manchmal ist ein unter den Bauch gelegtes Kissen hilfreich.

geführt werden, können die Erfahrung dieser Orgasmen steigern (siehe das Kapitel für die Frau, »Befriedigung garantiert«, in *Öfter, länger, besser*). Die von diesen Orgasmen erzeugte Sexualenergie kann leicht durch den Körper geleitet werden, um ganzkörperliche Orgasmen zu erzeugen, was in Kapitel 3 beschrieben wird. Die Taoisten waren zudem der Auffassung, dass diese tiefen vaginalen Orgasmen sehr heilsam sind und den Körper vitalisieren. Darauf wird in Kapitel 5 näher eingegangen werden.

Während des Geschlechtsverkehrs lässt sich der G-Punkt am besten stimulieren, wenn der Mann von hinten in die Frau eindringt, während sie sich auf Händen und Knien abstützt oder flach auf dem Bauch liegt (siehe Abbildung oben). Dadurch kann sich der Mann in einer vertikalen Position bewegen und durch etwas flachere Stöße den G-Punkt stimulieren. Der G-Punkt liegt nur wenige Zentimeter tief an der

Vorderwand der Vagina (siehe Abbildung Seite 69). Eine andere Möglichkeit ist, dass der Mann auf dem Rücken liegt mit der Frau oben in Blickrichtung zu seinen Füßen. Als weitere Variante kann sich die Frau in derselben Stellung auf ihre Hände gestützt zurücklehnen. In jeder dieser Positionen kann sie die Penetrationstiefe bestimmen und den Penis ihres Partners an den G-Punkt heranführen. Ganz gleich, welche Methode Ihnen nun am meisten liegt, der G-Punkt ist ein Orgasmusauslöser, dessen Stimulierung Ihr Lustempfinden verdoppeln, verdreifachen oder vervierfachen kann.

Schritt 7: Gebrauchen Sie Ihren PC-Muskel

Im Abschnitt über den PC-Muskel wurde die Bedeutung dieses Muskels für die Orgasmusfähigkeit eingehend erklärt. Die taoistischen Sexexperten griffen vor allem auf die Kontraktion des PC-Muskels zurück, um die Sexualkraft im Körper zum Fließen zu bringen. Sicher haben auch Sie bei der Durchführung der PC-Übungen eine Steigerung Ihrer Lust empfunden. Wenn Sie Ihren PC-Muskel während des Liebesakts anspannen, hat dies die gleiche Wirkung. Es erhöht Ihren Genuss und bringt Sie näher an Ihre Orgasmenfülle heran.

Wenn Ihre Sexualenergie durch das Anspannen des PC-Muskels zunimmt, beschleunigt sich Ihr Herzschlag, und Sie atmen rascher. Wird dann noch Ihre Klitoris stimuliert oder eine sensible Vaginastelle erreicht, führt das oft zum Orgasmus. Da sich der PC-Muskel beim Orgasmus kontrahiert, sind bei einem kräftigen PC-Muskel auch diese angenehmen rhythmischen Kontraktionen intensiver.

Diese PC-Techniken können, wie jede andere Übung auch, zunächst schwer fallen oder ermüden. Fangen Sie langsam an und drängen Sie sich zu nichts. Mit der Zeit wird die größere Kraft und Kontrolle Ihres PC-Muskels sehr zu Ihrer Orgasmusfähigkeit und zum Genuss Ihres Partners beitragen.

So funktioniert es

PC-Geheimnisse

Probieren Sie einmal folgende PC-Techniken aus, die Ihnen und Ihrem Partner sicher gefallen werden.

Beim Einführen stimulieren: Kontrahieren Sie zu Beginn der Penetration Ihren PC-Muskel rhythmisch um die Eichel Ihres Partners (oder Ihres Dildos), zur Stimulierung des Vaginaeingangs.

Saugen Sie Ihren Partner ein: Kontrahieren Sie Ihren PC-Muskel rhythmisch, als würden Sie den Penis Ihres Partners einsaugen, während er langsam in Sie eindringt.

Beim Zurückziehen greifen: Kontrahieren Sie Ihren PC-Muskel, wenn Ihr Partner beim Stoßen zurückzieht. Dies verursacht einen Sog, der für Ihre Scheidenwände sehr angenehm sein kann.

Tief innen verweilen: Wenn Ihr Partner tief eingedrungen ist, lassen Sie ihn verweilen, während Sie Ihren PC-Muskel um ihn anspannen.

Schritt 8: Die Klitoris und Vagina gleichzeitig stimulieren
Ob Sie sich selbst befriedigen oder mit Ihrem Partner intim verkehren, achten Sie auf eine optimale Klitorisberührung. Sehr viele Frauen brauchen gerade beim Geschlechtsverkehr eine Klitorisstimulierung, um zum Orgasmus zu kommen. Wie die Sexforscher Alan P. Brauer und Donna J. Brauer bemerken: »Während der Penisstöße in der Vagina wird das sensibelste Organ des Mannes [die Eichel] direkt stimuliert, das der Frau aber nur indirekt.«[15]

Es gibt verschiedene Möglichkeiten der Klitorisstimulierung beim Liebesakt. Ihr Partner kann die Hände verwenden, was in bestimmten Positionen einfacher ist, etwa wenn die Frau oben ist oder in der »Hundestellung« mit dem Mann von hinten. Einige Frauen genießen es sehr, wenn sich ihre Klitoris während des Geschlechtsverkehrs am Schambein des Partners reibt. Dies funktioniert am besten, wenn Sie oben sitzen, so dass Sie den Druck entsprechend regulieren können. Doch kann auch der Mann von oben mit seiner Scham die Klitoris seiner Partnerin stimulieren. Probieren Sie einfach die verschiedenen Stellungen aus, um die Ihnen angenehmste herauszufinden.

Es ist mehr als nur in Ordnung, wenn Sie Ihre Klitoris beim Liebesakt selbst stimulieren. Für die meisten Liebhaber ist es sogar hocherotisch, wenn sie miterleben, wie sich ihre Partnerin zum Orgasmus bringt. Sollte sich der Partner zurückgesetzt fühlen, kann er seine Finger auf Ihre legen oder Sie legen Ihre Finger auf seine.

Wenn Ihr Vibrator Ihnen einen echten Kick gibt, ist nicht einzusehen, weshalb Sie ihn während des Liebesakts nicht verwenden sollten. Die Vibrationen dürften Ihren Partner ebenso stimulieren. Sollte Ihr Partner Herrschaftsansprüche anmelden, dass sein »langes, hartes Ding« im Schlafzimmer wohl genügen sollte, erklären Sie ihm, dass dies ja keinen Ersatz, sondern vielmehr eine Ergänzung darstellt. Da Sie mehrere erogene Zonen haben, sei deren gleichzeitige Stimulierung einfach nützlich. Zur Abwechslung können Sie sich während des Koitus ja auch einmal von ihm mit dem Vibrator stimulieren lassen.

Schritt 9: Wünsche mitteilen
Wenn Sie durch eine Selbstbefriedigung zur Orgasmenfülle kommen möchten, erübrigt sich dieser Schritt, da Sie ja nach Lust und Laune vorgehen können. Die meisten Frauen möchten ihre Orgasmenfülle aber auch mit einem Partner erleben.

In diesem Fall ist es notwendig, dass Sie dem Partner Ihre Wünsche mitteilen. Und das hängt wiederum davon ab, wie offen Sie mit Ihrem Partner generell sprechen können. Das, was sich im Schlafzimmer abspielt (oder wo immer Sie den Liebesakt vollziehen), lässt sich nicht vom übrigen Zusammenleben trennen. Wenn Sie auf Ihren Partner wütend sind oder sich über ihn ärgern, wird sich das auf Ihre Sexualbeziehung übertragen. Versuchen Sie vor der sexuellen Begegnung negative Gefühle zu bereinigen (siehe Kapitel 6 »Wirklich lieben«, in dem diese Zusammenhänge genauer beschrieben werden).

Weiterhin muss Ihr Partner echtes Interesse daran haben, dass Sie zu mehreren Orgasmen hintereinander kommen. Ihr Liebhaber sollte verschiedene Positionen und Stimulierungsarten ausprobieren wollen und auf Ihre Wünsche eingehen (seien sie nun verbal oder nonverbal geäußert). Wenn Sie ein Widerstreben bei Ihrem Partner spüren, ermuntern Sie ihn, dass sich sein Einsatz sehr lohnen wird, sowohl für Ihr gemeinsames Sexualleben als auch, weil Sie viel glücklicher und befriedigter sein werden!

Andererseits bemühen sich manche Männer dermaßen um den Orgasmus (oder die Orgasmenfülle) ihrer Partnerin, dass sie es als persönliches Versagen ansehen, wenn diese keinen hat. Auch wenn diese Haltung ein Fortschritt gegenüber der »Ruckzuck-gestöhnt-und-umgedreht«-Heimsuchung sein mag, ist ein Partner, der sich Ihren Orgasmus in den Kopf gesetzt hat, keine große Hilfe. Sie müssen spielerisch und entspannt an einen Orgasmus herangehen und auch an den zweiten, und dabei stört es nur, wenn das Ziel im Vordergrund steht.

Der Druck, *ihm* zuliebe viele Orgasmen zu haben, kann Sie von einer Orgasmenfülle abhalten, wie sie *Ihnen* gefällt. Machen Sie Ihren Partner darauf aufmerksam, dass Ihr Körper Eigenständigkeit besitzt und nicht dazu da ist, seine Fähigkeit als Liebhaber, Ihr Hingezogensein und Ihre Liebe zu ihm unter Beweis zu stellen. Erklären Sie, dass ein Orgasmus nicht wie Schokolade oder Blumen »geschenkt« werden kann. Sie selbst müssen Ihren Orgasmus zulassen. Oder wie es in der Männersprache heißt, Sie müssen der Quarterback sein und die Spiele vorgeben.

Nachdem Sie Erfahrungen in der Selbstberührung gemacht und Ihre empfindsamen Stellen gefunden haben, wissen Sie genau, wie Sie berührt und stimuliert werden wollen. Und nun kommt es darauf an, dass Sie dies Ihrem Partner beim Liebesspiel auch mitteilen. Die meisten Partner sind über ein Feedback hocherfreut. Sie können sich vorstellen, wie frustrierend es für Ihren Partner sein muss, wenn er Sie zu befriedigen versucht und Sie ihm nicht zu verstehen geben, was Ihnen gefällt und was nicht.

Die meisten Partner sind über ein Feedback hocherfreut. Sie können sich vorstellen, wie frustrierend es für Ihren Partner sein muss, wenn er Sie zu befriedigen versucht und Sie ihm nicht zu verstehen geben, was Ihnen gefällt und was nicht.

Das Feedback-Geben gehört zur Kunst der Liebe dazu. Auf dem Liebeslager sind wir wegen unserer physischen und auch emotionalen Nacktheit sehr verletzlich. Teilen Sie Ihrem Partner daher eher mit, was Sie mögen und wünschen, und formulieren Sie es vorsichtig, wenn Ihnen etwas nicht gefällt.

Zum Beispiel ist es wesentlich ungeschickter zu sagen: »Nicht so!« oder »Das tut weh!« oder »Du machst das falsch!« Das führt meist zu einem Rückzug und hat verletzte Gefühle zur Folge. Wenn Ihr Partner bemüht ist, Sie zu befriedigen, dürfen Sie seine Bemühungen nicht verurteilen. Solche Kritik lässt sowohl das sexuelle Verlangen Ihres Partners schwinden als auch seinen Wunsch, Sie zu befriedigen. Wenn Ihnen das, was er tut, nicht gefällt, ist es wesentlich wirkungsvoller zu sagen: »Versuch es ein bisschen weiter drüben« oder »Ein bisschen weniger Druck, ja, so ist es gut.« Wie bei jedem Lernprozess hilft positives Feedback eine Menge.

Wenn Ihr Partner während des Liebesaktes verbal schwer zugänglich ist oder es Sie zu sehr vom Genießen abhält, verwenden Sie nonverbale Äußerungen und sprechen Sie später darüber. Aber vergessen Sie nicht, darüber zu sprechen. So peinlich es anfangs erscheinen mag, es ist zur Festigung Ihrer sexuellen Beziehung notwendig (natürlich auch für Ihre Beziehung überhaupt).

Ob es Ihnen nun schwer fällt oder leicht, Ihre Wünsche mitzuteilen, unterschätzen Sie die Wirkung nonverbaler Äußerungen nicht, wenn es darum geht, Ihren Partner an die gewünschten Stellen heranzuführen. Seien Sie mit Ihrem Stöhnen, Ihren Ohs und Ahs großzügig. Sie ermutigen nicht nur zu den begehrten Berührungen, sondern erregen Ihren Partner auch. Die meisten Männer halten die zufriedenen Töne ihrer Partnerin für das stärkste Aphrodisiakum.

Die meisten Männer halten die zufriedenen Töne ihrer Partnerin für das stärkste Aphrodisiakum.

Übung 12
Eine multiorgasmische Frau werden

1. *Vertrauen Sie einfach darauf:* Sie können viele aufeinander folgende Orgasmen haben. Legen Sie Übungszeiten für Ihre spielerische Orgasmuserkundung fest und halten Sie sich daran!

2. *Nützen Sie Ihre Fantasie:* Sorgen Sie für eine sinnliche Atmosphäre beim Liebesspiel und gebrauchen Sie Ihre Fantasie oder nützen Sie erotische Literatur und Filme zur Anregung Ihres Fantasielebens.

3. *Stimulieren Sie viele Stellen:* Beginnen Sie mit ganzkörperlichen Zärtlichkeiten und nähern Sie sich dann Ihren erogenen Zonen: Hals, Ohren, Brustwarzen.

4. *Gebrauchen Sie die Zunge:* Wenn Sie mit einem Partner zusammen sind, fangen Sie mit Cunnilingus an. Wenn Sie allein sind, benützen Sie einen Vibrator zur Stimulierung Ihrer Klitoris. Stimulieren Sie Ihre anderen erogenen Zonen ebenfalls weiter.

5. *Necken Sie sich:* Nutzen Sie beim Cunnilingus oder bei der Anwendung des Vibrators die Verzögerungsmethode des Stimulierens, Abbrechens und erneuten Stimulierens. Lassen Sie dann einen ersten Orgasmus zu. Setzen Sie im Lauf der nächsten halben Minute die Stimulation fort.

6. *Heran an den Punkt:* Gehen Sie langsam zur Penetration über. Wenn Sie mit einem Partner zusammen sind, nehmen Sie Stellungen ein, bei denen der G-Punkt stimuliert wird (zum Beispiel der Mann von hinten und die Frau auf dem Bauch liegend). Wenn Sie allein sind, benützen Sie zur Stimulierung Ihres G-Punkts einen Vibrator oder Dildo.

7. *Gebrauchen Sie Ihren PC-Muskel:* Kontrahieren Sie Ihren PC-Muskel um den Penis des Partners oder Ihren Vibrator oder Dildo, und wenden Sie dazu Ihre bevorzugte PC-Technik an.

8. *Die Klitoris und Vagina gleichzeitig stimulieren:* Setzen Sie die Stimulierung der Klitoris während der Penetration fort.

9. *Wünsche mitteilen:* Sagen Sie Ihrem Partner, was Ihnen gefällt und was Sie brauchen. Schaukeln Sie nun Ihre Lust zu einer neuen Orgasmuswelle auf. Gratulation! Sie sind eine multiorgasmische Frau.

Probieren Sie jeden der neun Schritte allein oder mit dem Partner aus und wandeln Sie sie dann entsprechend Ihrem eigenen Rhythmus und Ihren eigenen sexuellen Vorlieben ab. In der folgenden Übung sind die neun Schritte zur Übersicht in knapper Form zusammengefasst. Jede Frau hat ihre Vorlieben. Sie sollten die neun Schritte in allen möglichen Kombinationen ausprobieren, wie es Ihrem Geschmack entspricht.

Und schließlich: Machen Sie sich keine Sorgen, wenn Sie nicht gleich beim ersten Anlauf mehrere Orgasmen haben. Streben Sie die Orgasmenfülle spielerisch an, in Form eines Erkundungsprozesses, der an sich schon Genuss genug ist. Beim taoistischen Sex geht es um die Steigerung des Genusses und der Sexualenergie und um eine harmonische Partnerbeziehung, was sich im Lusterleben verwirklicht, ob Sie dabei einen Orgasmus haben oder nicht. Wenn auch Orgasmen etwas Wunderbares sind, so stellen sie lediglich die Gipfel in der Gebirgskette der Lust dar.

Sehnsucht nach dem Big Bang: die Anorgasmie überwinden

Während es dem taoistischen Verständnis von Sexualität zufolge weitaus weniger zielorientiert zugeht als beim westlich geprägten Sex, so wird doch die Bedeutung des Orgasmus sowohl hinsichtlich des Genusses als auch hinsichtlich der Gesundheit gesehen. Dieser Abschnitt ist für jene Frauen gedacht, die selbst nach den Übungen aus den vorigen Kapiteln noch Schwierigkeiten haben, regelmäßig zur vollständigen Befriedigung zu kommen.

Unser sexuelles Verlangen nimmt entsprechend unserem allgemeinen Gesundheitszustand und den Ereignissen in unserem Leben zu und ab. Frauen, die noch nie einen Orgasmus hatten, weder bei der Selbstbefriedigung noch mit einem Partner, werden jedoch als »anorgasmisch« bezeichnet. Die gute Nachricht ist, dass mindestens 90 Prozent der Frauen, die noch niemals einen Orgasmus hatten, einen erleben können.

Die Selbststimulierung und das Erkunden der eigenen erogenen Zonen stellt den Schlüssel zu Orgasmuserfahrung dar. Alle Sexologen empfehlen bei Anorgasmie Körpererkundungs-Übungen wie die zu Beginn des Kapitels beschriebenen. Sie sollten diese Übungen mindestens eine Woche lang ganz entspannt durchführen, ohne sich einen Orgasmus vorzunehmen. Manchen Frauen gelingt es, schon allein dadurch, dass sie sich nicht mehr unter einen Erwartungsdruck setzen, zu einem Orgasmus zu kommen.

Dieser Abschnitt ist für jene Frauen gedacht, die selbst nach den Übungen aus den vorigen Kapiteln noch Schwierigkeiten haben, regelmäßig zur vollständigen Befriedigung zu kommen.

Vergessen Sie nicht, dass eine entspannte und sinnliche Atmosphäre entscheidend zur Luststeigerung beiträgt. Sorgen Sie für Annehmlichkeiten wie Musik, Kerzenlicht, Erotika, Filme oder Lektüre ganz nach Ihrem Geschmack. Wenn Sie nach mehreren Wochen noch immer zu keinem Orgasmus kommen können, erwägen Sie die Anschaffung eines Vibrators. Die Mehrzahl der Frauen finden äußerst leicht zu einem Höhepunkt, wenn sie die Klitoris mit einem Vibrator stimulieren. Sie können es natürlich auch mit der Stimulierung anderer, vaginaler Stellen versuchen, wie oben beschrieben. Probieren Sie auch andere Stimulationsmöglichkeiten aus, etwa Wasserstrahlen aus einem Duschkopf oder den Warmwasserstrahl in der Badewanne.

Bei vielen Frauen ist die Orgasmuserfahrung dadurch blockiert, dass sie sich körperlich nicht entspannen oder ihre sich im Kreis drehenden Gedanken nicht abschalten können. Ein Orgasmus erfordert, dass man seine Absichten aufgibt (nicht unentwegt Pläne schmiedet) und dem Körper erlaubt, sich ungezwungen zu bewegen. Dieser Kontrollverlust fällt vielen Menschen der westlichen Gesellschaft schwer. Die Bauchatmung, die weiter vorn erklärt wurde (Übung 7), hilft Körper und Geist zu entspannen.

Sie sollten die Bauchatmung immer dann anwenden, wenn Sie bei den Selbststimulierungs-Übungen ängstlich werden oder sich verspannen. Mit ihrer Hilfe werden Sie auch leichter lästige Gedanken los, die sie von Ihrer Lustempfindung abhalten.

Die Orgasmuserfahrung mit dem Partner teilen
Die meisten Sextherapeuten empfehlen die Anwendung von Selbststimulierungstechniken, bis man zuverlässig bei sich Orgasmen herbeiführen kann. Gelingt dies, möchte man diese Erfahrung natürlich auch mit seinem Partner teilen. Die meisten Therapeuten raten dann, sich zunächst noch keine Hoffnungen auf einen Orgasmus beim Geschlechtsverkehr zu machen, sondern sich vor dem Partner zu einem Orgasmus zu bringen. Mag das zunächst auch peinlich sein, es ist eine wunderbare Möglichkeit, dem Partner zu zeigen, was man mag. Oft hilft es, wenn der Partner bereit dazu ist, sich auch vor Ihnen zu befriedigen. So können Sie die Techniken kennen lernen, die er anwendet.

Als Nächstes sollten Sie zärtliche Berührungen austauschen, ohne einen Orgasmus bewirken zu wollen. Damit können eine erotische Massage und sexuelle Stimulation verbunden sein, doch unter der Vorgabe, dass Sie entspannt bleiben und die Erfahrung genießen. Nach ein oder zwei Wochen solch stressfreien Genusses lassen Sie sich von Ihrem Partner genau auf Ihre gewohnte Weise zum Orgasmus bringen.

Alle diese Übungen erfordern einen offenen und ehrlichen Umgang miteinander. Wenn Sie wenig Vertrauen zu Ihrem Partner haben oder nicht über Ihre Lust sprechen können, wird sich eine gemeinsame Orgasmuserfahrung schwer erreichen lassen.

Da die meisten Frauen zu einem Orgasmus kommen, wenn der Partner sie ohne Penetration stimuliert, sollten Sie den Liebesakt so lange aufschieben, bis Sie durch andere Berührungsformen regelmäßig zu Orgasmen finden. Denken Sie auch an das oben Gesagte, dass Sie Ihren Orgasmus äußerst beflügeln können, wenn Sie während des Liebesakts sich selbst mit den Fingern stimulieren.

Wenn Sie trotz allem noch keinen Orgasmus erfahren haben, gibt es viele hilfreiche Angebote, auf die Sie zurückgreifen können. Das Buch *Gelöst im Orgasmus* wäre ein guter Einstieg (siehe Anhang). Außerdem würden wir Ihnen sehr empfehlen, sich an einen Sexualtherapeuten zu wenden. Oft gibt es frühkindliche Erfahrungen, die eine volle Orgasmuserfahrung blockieren. Haben Sie keine Angst vor einer Enthüllung negativer sexueller Erlebnisse in der Kindheit oder Jugend. Sobald Licht in diese Sachen kommt, können Sie zu Ihrer sexuellen Freiheit gelangen.

Schließlich können auch noch physiologische Ursachen die Orgasmusfähigkeit einschränken, worauf im nächsten Abschnitt genauer eingegangen wird. Geben Sie die Hoffnung nicht auf! Mit viel Geduld und nicht nachlassendem Bemühen schaffen es die meisten Frauen, zu einer Orgasmuserfahrung zu kommen, und ausnahmslos jede Frau kann die Lust, die sie bei der Selbstbefriedigung und während des Liebesspiels erfährt, steigern.

Heutzutage neigt man dazu, den Orgasmus als das A und O des Sexes anzusehen. Für die Taoisten steht die Kultivierung der Sexualenergie als solche im Vordergrund, sie ist die Basis unserer Vitalität und Gesundheit sowie unseres emotionalen und geistigen Lebens. Sie können auch ohne einen Orgasmus bei der Kultivierung Ihrer Sexualenergie großen Genuss haben, Ihre Gesundheit fördern und die emotionale und geistige Seite Ihrer Beziehung pflegen. Kurz gesagt, obwohl wir sehr viel Zeit damit verbringen, Männern und Frauen zu zeigen, wie sie ihre Orgasmen vervielfachen können, sind bei der Entfaltung Ihres sexuellen, kreativen und vitalen Potenzials Orgasmen nur ein Teil eines umfassenderen Prozesses.

Situative Anorgasmie
Frauen, die bereits orgasmisch waren und aus irgendeinem Grund keinen Orgasmus mehr erfahren können, haben eine situative Anorgasmie. Joy Davidson, eine Expertin der von ihr so genannten »Orgasmusunterbrechung«, sagt: »Die Orgasmusmuster von Frauen sind viel anfälliger als die von Männern ... Männer können häufig allein durch körperliche Stimulierung zum Höhepunkt kommen, während wir dazu neigen, bei jeder sexuellen Begegnung ein komplexes Muster aus Gedanken, körperlichem Vermögen, Fantasie und Gefühl zu weben.«[16]

Das Orgasmusmuster einer Frau kann sich situationsbedingt ändern – etwa durch einen neuen Partner, verstärkten Stress in der Arbeit oder der Familie, neue Medikamente, einen Umzug oder einen neuen Lebensabschnitt. Gewöhnlich spielen mehrere solcher Faktoren eine Rolle.

Wechseljahre
Wenn Frauen in die Wechseljahre kommen, sind sie oft großen hormonellen Schwankungen ausgesetzt. Dabei sinkt nicht nur der Östrogenspiegel – was einen Rückgang der Gleitflüssigkeit im vaginalen Bereich und manchmal eine Abnahme des sexuellen Verlangens bedingt –, sondern auch der Testosteronspiegel. Testosteron scheint einer der Hauptfaktoren der weiblichen Libido und Orgasmusfähigkeit zu sein. (Eine genauere Erklärung der im Klimakterium stattfindenden Veränderungen folgt in Kapitel 8 unter der Überschrift »Gesunde Lust bei älteren Frauen«.)

Wenn Frauen in die Wechseljahre kommen, sind sie oft großen hormonellen Schwankungen ausgesetzt.

Bei Frauen, die zum Zeitpunkt des Klimakteriums eine Hormonsubstitutionstherapie beginnen, scheinen das sexuelle Verlangen und die Sexualfunktion wieder zuzunehmen. Doch reicht das bei den meisten Frauen nicht an die Libido heran, die sie in ihren 30er und 40er Jahren erfuhren. Die ergänzende Einnahme von Testosteron hat erstaunlich positive Auswirkungen auf den Sexualtrieb. Die Testosteronsubstitution befindet sich jedoch noch im experimentellen Stadium, das heißt, ihre Unbedenklichkeit und mögliche Nebenwirkungen sind noch nicht völlig erforscht. Wenn Sie in den Wechseljahren sind und sich für eine Testosteronbehandlung oder andere neue Therapien interessieren, weil Ihr Sexualtrieb oder Ihre Orgasmusfähigkeit nachgelassen haben, sollten Sie sich an Ihren Arzt wenden.

Schwangerschaft und die Zeit nach der Geburt

Frauen, die schwanger sind, gerade geboren haben oder stillen, klagen auch über die Abnahme des sexuellen Verlangens oder der sexuellen Empfindsamkeit. Zwar erfahren manche Frauen während der Schwangerschaft einen Libidoschub, andere hingegen eine Abnahme der Libido. In der Phase nach der Geburt und in der Stillzeit lässt bei fast allen Frauen das sexuelle Verlangen nach, was auf das für die Milchproduktion verantwortliche Hormon Prolaktin zurückzuführen ist. Auch wenn dies für Sie (und Ihren Partner) etwas lästig ist, können Sie davon ausgehen, dass sich Ihr Verlangen nach dem Abstillen wieder normalisiert.

Oft mag zwar der sexuelle Appetit geringer sein, wenn Sie aber trotzdem mit Ihrem Partner sexuell verkehren, werden Sie vielleicht feststellen, dass Ihre Lust und Orgasmusfähigkeit gar nicht nachgelassen haben.

Es muss wohl nicht extra betont werden, dass das Stillen für die Gesundheit des heranwachsenden Babys extrem wichtig und den vorübergehenden Rückgang des sexuellen Verlangens wert ist. Oft mag zwar der sexuelle Appetit geringer sein, wenn Sie aber trotzdem mit Ihrem Partner sexuell verkehren, werden Sie vielleicht feststellen, dass Ihre Lust und Orgasmusfähigkeit gar nicht nachgelassen haben. Die meisten jungen Eltern finden kaum Zeit, um an Sex zu denken, geschweige denn ihn auszuüben. Während dieser Zeit sind Massagen und der Austausch von Zärtlichkeiten für Ihr körperliches sowie auch emotionales Wohlbefinden sehr wichtig. (Wie wichtig Zärtlichkeit für den Hormonhaushalt ist, erfahren Sie in Kapitel 4.) Wenn Sie am Abstillen sind und das Baby (endlich!) besser durchschläft, wird Ihr Verlangen langsam zurückkehren.

Empfängnisverhütung

Die weit verbreitete Antibabypille ist ihrerseits ein Feind des Orgasmus und des sexuellen Verlangens. Obwohl bei manchen Frauen durch die Einnahme der Pille die Libido zunimmt, lässt bei den meisten Frauen das allgemeine Lustempfinden und entsprechend die sexuelle Reaktion nach. Der hohe Östrogen- und Progesterongehalt der Pille überwiegt nämlich oft den natürlichen Testosteronspiegel. Die Einnahme der Pille ist eine äußerst sichere Empfängnisverhütung (wahrscheinlich zum Teil deshalb, weil viele Frauen dadurch weniger Lust auf Sex haben).

Wenn Sie auf eine zuverlässige Empfängnisverhütung angewiesen sind und später noch Kinder haben wollen, sollten Sie keineswegs die Pille absetzen. Nur wenn die Auswirkung auf die Libido zu schwerwiegend ist, empfiehlt sich eine alternative Empfängnisverhütung. Denken Sie daran, dass Verhütungsmittel auf reiner Progesteronbasis sich ebenso libidomindernd auswirken können. Andere Empfängnisverhütungsmethoden, die die Libido nicht schmälern, sind leider umständlicher und unzuverlässiger (Kondome plus Spermizid, Diaphragma, Pessar). Die Spirale (bzw. IUD = *i*ntra*u*terine *d*evice, A. d. Ü.) stellt eine Ausnahme dar, die äußerst sicher ist und nicht in den Hormonhaushalt eingreift.[17] Die modernen Spiralen sind sehr sicher, sie werden aber nur Frauen empfohlen, die bereits eine Geburt hinter sich haben und monogam sind.[18]

Krankheit und Medikamente
Jede chronische Krankheit kann das sexuelle Verlangen und die Orgasmusfähigkeit schmälern. Besonders Diabetes, eine Herzerkrankung oder ein Schlaganfall können den physiologischen Orgasmusverlauf behindern. Starker oder chronischer Bluthochdruck, ein hoher Cholesterinspiegel sowie bestimmte neurologische Beschwerden wirken sich ebenfalls negativ darauf aus. Solche Beschwerden lassen sich manchmal beheben und/oder medikamentös behandeln, wenden Sie sich also an Ihren Arzt.

> *Jede chronische Krankheit kann das sexuelle Verlangen und die Orgasmusfähigkeit schmälern. Besonders Diabetes, eine Herzerkrankung oder ein Schlaganfall können den physiologischen Orgasmusverlauf behindern.*

Medikamente können Ihr sexuelles Verlangen ebenfalls beeinflussen. Weitverbreitete Missetäter sind Antidepressiva und blutdrucksenkende Medikamente. Hier lohnt sich ein Gespräch mit Ihrem Arzt, ob es nicht andere Mittel gibt, sollten die momentan eingenommenen sich negativ auf das Verlangen auswirken. Die meisten Ärzte sprechen dieses Thema nicht an, es sei denn, der Patient fragt ausdrücklich nach. Fragen Sie also Ihren Arzt, in vielen Fällen gibt es alternative Therapien. Es kann jedoch vorkommen, dass die optimale Behandlung leider diejenige ist, die sich negativ auf Ihr sexuelles Verlangen auswirkt. Versuchen Sie in diesem Fall Ihre Sinnenfreude und Sexualität möglichst anderweitig zu optimieren.

Genussmittel oder Entspannungsdrogen können sich ebenfalls negativ auf die Sexualfunktion auswirken. Die Übeltäter sind normalerweise Zigaretten, Alkohol, Marihuana, Opiate (Heroin und andere), Speed und Halluzinogene. Je reiner Körper, Herz und Geist sind, desto besser der Sex (und die Sexualenergie). Heilende Liebe kann ein intensiveres und gesünderes Hochgefühl hervorrufen als jedes Rauschmittel – und man hat obendrein keinen Kater.

Liebesverhältnis und Lebensstil

Wenn sich keine physiologische Ursache für Ihre Orgasmusstörung finden lässt, betrachten Sie einmal Ihr Liebesverhältnis und Ihren Lebensstil. Haben Sie einen neuen Partner? Gibt es emotionale Probleme mit Ihrem gegenwärtigen Partner? Können Sie in Ihrer Beziehung offen miteinander reden? Ist Ihr Partner zu Ihnen zärtlich genug? Werden Sie an den erogenen Zonen (Klitoris, Brüste, hochempfindsame Vaginastellen) so stimuliert, wie Sie es brauchen?

Die sexuelle Erfüllung hängt auch davon ab, ob Sie ein für Körper, Seele und Geist gesundes Leben führen. Haben sich Ihre Lebensumstände geändert, so dass Sie jetzt mehr Stress haben und weniger schlafen? Ein gesundes Sexualleben hängt von einem gesunden Lebensstil ab. Sie brauchen genügend Schlaf und Erholungsphasen, um sexuell aktiv zu sein. Sie sollten Sport treiben, falls Sie es nicht schon tun. Untersuchungen haben gezeigt, dass Frauen, die dreimal in der Woche dreißig Minuten Aerobic machen, leichter zu einem Höhepunkt kommen. Dies mag auf den besseren Kreislauf und die bessere Durchblutung des Genitalbereichs zurückzuführen sein oder auch nur daran liegen, dass sich die Frauen körperlich einfach wohler fühlten.[19]

Die sexuelle Erfüllung hängt auch davon ab, ob Sie ein für Körper, Seele und Geist gesundes Leben führen.

Bedenken Sie, dass Sie sehr wahrscheinlich wieder Orgasmen haben können, wenn Sie schon einmal welche erfahren haben. Seien Sie geduldig. Machen Sie die zu Beginn des Kapitels beschriebenen Erkundungsübungen. Wenn Sie immer noch Schwierigkeiten haben, könnten Sie auch eine Sexualberatungsstelle aufsuchen. Außerdem ist eine verminderte Libido eines der Hauptanzeichen für eine Depression. Wenn Sie das Gefühl haben, dass Ihre sexuellen Schwierigkeiten darauf zurückzuführen sind, ist es noch wichtiger, dass Sie sich an einen Therapeuten oder an Ihren Hausarzt wenden.

Und schließlich umfasst, wie schon gesagt, die heilende Liebe mehr als den Orgasmus. Während Sie sich bei der Lektüre der folgenden Kapitel größerem Wohlbefinden, Heilung, Intimität und spirituellem Wachstum öffnen, werden Sie Quellen der Freude entdecken, die Ihnen die Frage, ob Sie einen Orgasmus hatten oder nicht, unwichtig erscheinen lässt.

3 Besser als Kaffee und Schokolade: die Erweiterung Ihrer Orgasmen und Steigerung Ihrer Energie

In diesem Kapitel erfahren Sie:
- wie Sie Ihre Sexualkraft entfalten und kanalisieren können
- wie Sie sich durch Ihre Sexualenergie revitalisieren können
- wie Sie Ganzkörperorgasmen erleben können

Viele Orgasmen hintereinander sind wunderbar, aber nur der Anfang. Durch die Kultivierung Ihrer Sexualkraft können Sie Ihre Orgasmen auf den ganzen Körper ausdehnen und sich noch Stunden nach dem Liebesakt an Ihrer erzeugten Sexualenergie erfrischen und stärken. Die Taoisten kannten mehrere Orgasmusstufen von jeweils größerer Intensität und Heilkraft.

So funktioniert es

Die Orgasmusstufen erklimmen
Genitaler Orgasmus: Er ist der am häufigsten erfahrene Orgasmus. Genitale Orgasmen finden im Allgemeinen rasch statt und setzen wenig heilende Energie frei.
Ganzkörperorgasmus: Um ihn dreht sich dieses Kapitel. Er ergibt sich aus der Emporleitung der Sexualenergie ins Gehirn und ihrer Zirkulation im ganzen Körper.
Seelischer Orgasmus: Er entsteht aus dem partnerschaftlichen Energieaustausch beziehungsweise dem energetischen Zusammenschluss mit dem Partner, was in Kapitel 7 genauer beschrieben wird.

Wie lassen sich die kurz andauernden orgasmischen Kontraktionen in lang anhaltende Ekstasen verwandeln? Ausgangspunkt ist Ihre Erregung oder sexuelle Energie, die Sie in den ersten beiden Kapiteln differenziert kennen gelernt haben. Alles kommt auf die Erweiterung unserer Sexualenergie an, der Energie, die wir naiv mit Begriffen wie »scharf werden« oder »geil werden« beschreiben. Die Erweiterung dieser Energie ist das Geheimnis unseres Sexuallebens und unseres Lebens überhaupt. Wir werden durch Sexualenergie empfangen, und sie ist die Basis unserer Gesundheit, Kreativität und Freude – sowohl im Bett als auch außerhalb.

Die Taoisten kannten mehrere Orgasmusstufen von jeweils größerer Intensität und Heilkraft.

Durch die schrittweise Entfaltung Ihrer Sexualenergie werden Sie sexuelle Freiheit gewinnen, die nur wenige Menschen haben: Sie werden sinnlich sein können, wann immer Sie wollen, und dann diese heilsame Sexualenergie zu Ihrer Erfrischung zirkulieren lassen können. Michael Winn, der zu den erfahrensten Lehrern des *Universal Tao* bzw. der heilenden Liebe gehört, erklärt, dass die Sexualenergie uns vierundzwanzig Stunden am Tag zur Verfügung steht. Doch die meisten Menschen hungern sich sozusagen selbst aus und glauben, dass man seinen Bedarf an dieser heilsamen Energie durch ein paar Minuten Geschlechtsverkehr decken kann. Für diejenigen, die heilende Liebe praktizieren, ist es meist eine große Erleichterung, wenn sie erkennen, dass sie zu ihrer Sexualenergie ständigen Zugang haben.

Für diejenigen, die heilende Liebe praktizieren, ist es meist eine große Erleichterung, wenn sie erkennen, dass sie zu ihrer Sexualenergie ständigen Zugang haben.

Zunächst muss man wissen, was diese Sexualenergie (außer einer unkontrollierbaren Geilheit oder einer seit langem unerreichbaren Lust, die kommt und geht, wie sie möchte) noch ausmacht. Dann können wir untersuchen, wie sie mit der restlichen Körperenergie und unserem Leben als Ganzes verbunden ist.

Ihre Energie

Wie bereits in der Einleitung erwähnt wurde, gehört die heilende Liebe oder das sexuelle Kung Fu zur chinesischen Medizin, die als eines der ältesten Heilkundesysteme der Welt Therapien wie die Akupunktur, Akupressur und Qi Gong hervorgebracht hat. In der chinesischen Medizin ist seit langem bekannt, dass es neben den Körpergeweben auch eine bioelektrische Energie gibt, *Chi* genannt (»tschi« ausgesprochen), die beständig durch alle Körperzellen fließt. Mittlerweile wird auch in der westlichen Physiologie und Chemie erkannt, dass unser ganzer Körper und das gesamte Universum tatsächlich aus Energie und elektrischen Ladungen aufgebaut sind. Wie Dr. Felice Dunas erklärt: »Das Chi fließt in unterschiedlicher Form beständig durch unseren Körper, erzeugt Gehirnströme, verursacht den Herzschlag, stimuliert das Nervensystem, treibt den Stoffwechsel an ...«[1]

Die Vorstellung von einer körperlichen Energie, Chi, ist nicht nur auf China beschränkt. Tatsächlich ist der Westen eine der wenigen Kulturen, die keinen traditionellen Begriff für diese bioelektrische Energie haben, obwohl davon auch zumindest im normalen Sprachgebrauch die Rede ist, beispielsweise wenn man sagt, man habe viel oder wenig Energie. Am besten lässt sich das Chi jedoch verstehen, wenn man es im eigenen Körper spürt und wahrzunehmen lernt.

Die Entfaltung Ihrer Energie

Während die westliche Wissenschaft die Frage beschäftigt, weshalb diese Energie, oder Chi, in bestimmten Bahnen verläuft, hat die chinesische Medizin diese seit langem kartografiert und nützt sie therapeutisch. Sie selbst brauchen nur die Hauptroute

Die Entfaltung Ihrer Energie

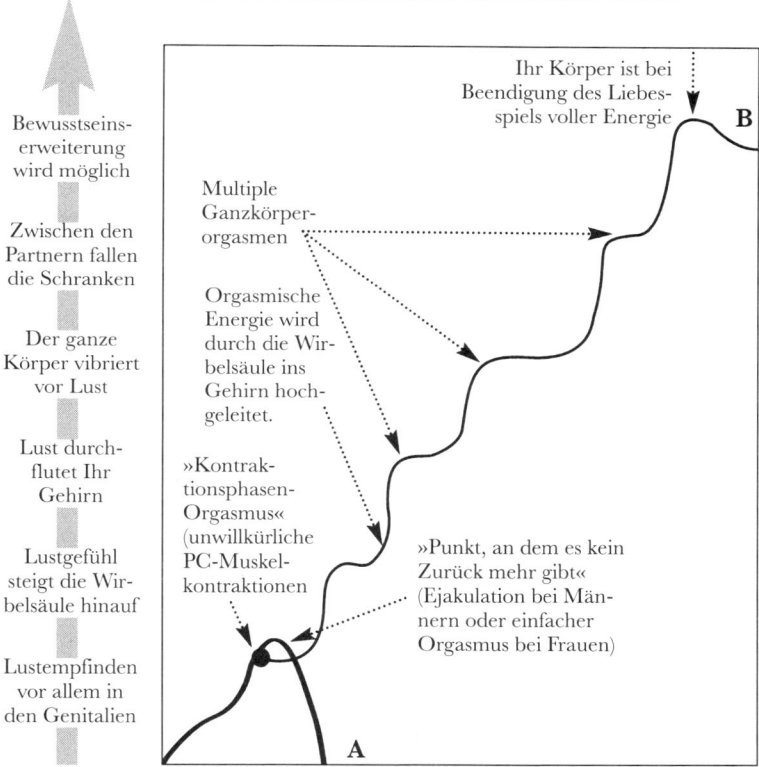

Ihr Orgasmuspotenzial – statt des normalen ejakulatorischen Orgasmus bei Männern oder einem einzigen Orgasmus bei Frauen, können Sie und Ihre Partnerin / Ihr Partner Ihre Orgasmen vervielfachen und auf den ganzen Körper ausdehnen. **A** = Gewöhnlicher Ejakulationsorgasmus (»Big Bang«) bei Männern oder einfacher Orgasmus bei Frauen. **B** = Multiple Ganzkörperorgasmen durch Emporleitung der orgasmischen Energie

zu kennen, die diese Energie in Ihrem Körper nimmt. Sie wird »Kleiner Kreislauf« genannt (siehe Abbildung Seite 124). In ihm steigt die Energie von den Geschlechtsorganen aus die

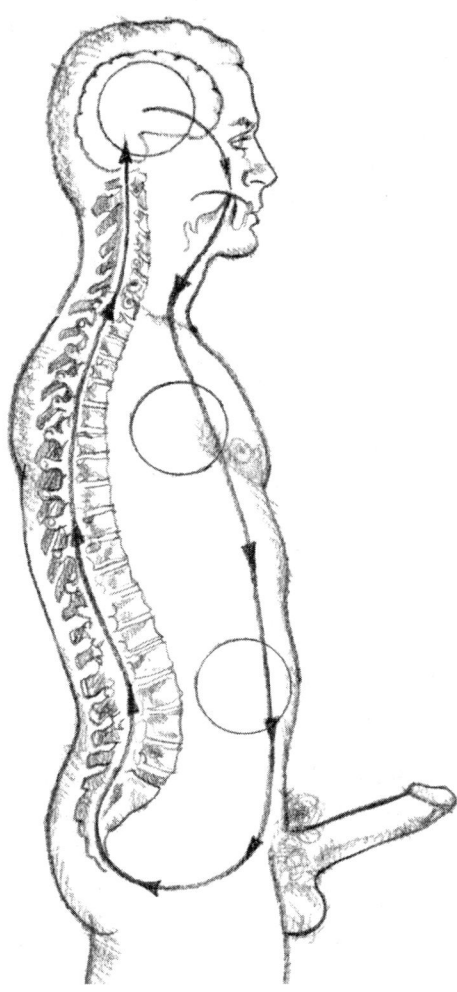

Der Kleine Energiekreislauf – ein natürlicher Stromkreis im Körper. Es gibt drei Energiespeicher, einen im Gehirn, einen im Bereich des Herzens und einen im Bauch.

Wirbelsäule hoch in den Kopf und vorn wieder durch die Zunge, die Brust und den Nabel zu den Geschlechtsorganen hinab.

Diese Umlaufbahn ist nicht willkürlich festgelegt. Sie ergibt sich aus der Frühphase der embryonalen Entwicklung. Wenn sich das befruchtete Ei in der Gebärmutter eingenistet hat, gleicht der Embryo zunächst einer Scheibe, die sich später einfaltet. So entstehen zwei »Nähte« auf der Vorder- und Rückseite des Körpers. Die Rückennaht lässt sich leicht an der Wirbelsäule erkennen. Die Vordernaht ist weniger offensichtlich. Sie wird deutlich, wenn sie sich nicht ganz geschlossen hat, etwa bei Kindern, die mit einer Hasenscharte geboren werden, oder wenn bei schwangeren Frauen eine dunkle Linie, die so genannte *linea nigra*, auf der Bauchmitte sichtbar wird.

Der Kleine Energiekreislauf setzt sich aus zwei Kanälen zusammen: Der eine führt an der Rückseite Ihres Körpers hinauf und der andere an der Vorderseite hinunter. Ihre Zunge ist die Verbindungsstelle zwischen diesen beiden Kanälen, mit ihrer Hilfe wird der Stromkreis geschlossen oder unterbrochen. Es ist deshalb sehr wichtig, dass Sie lernen, den Gaumen mit der Zungenspitze zu berühren (siehe Abbildung rechts). Vor allem durch die kleine Einbuchtung im vorderen Gaumenbereich kann die Energie sehr leicht aus dem Gehirn über Zunge, Hals und Brust in den Bauch hinunterfließen. Wenn Sie Bluthochdruck haben, sollten Sie Ihre Zunge eher im Unterkiefer ruhen lassen, als sie

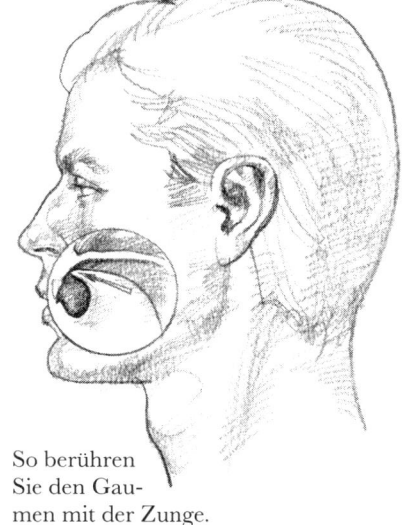

So berühren Sie den Gaumen mit der Zunge.

an den Gaumen zu drücken. Sorgen Sie außerdem dafür, dass Sie die Energie nach unten durch Ihre Fußsohlen ableiten.

Den Energiefluss im Körper wahrnehmen

Viele Menschen sind verblüfft, wenn sie erfahren, dass durch ihren Körper ständig bioelektrischer Strom fließt – unsichtbar zwar, wie die Atomverbindungen, die die Welt zusammenhalten, aber immer vorhanden. Ohne ihn wären wir nicht am Leben. Gewöhnlich sind wir uns dieser Energie nicht bewusst, die in kleinsten Ladungen durch uns fließt, aber wenn wir unsere Aufmerksamkeit auf sie richten, nehmen wir ihre Wärme, ihr Kribbeln, Prickeln und Bitzeln im ganzen Körper wahr und können lernen, sie bewusst zu steuern.

Wie fühlt sich der Energiefluss im Körper an? Viele Menschen sagen, sie empfänden Wärme und eine Art von Kribbeln. Andere sagen Prickeln (wie bei elektrostatischen Phänomenen) dazu oder beschreiben es als Pulsieren, Vibrieren, Surren, Sprudeln, Perlen, Strudeln, Schwirren. Die meisten Menschen nehmen ein langsames Fließen wahr, besonders am Anfang, dem zähen Fließen von Melasse ähnlich. Zwar kann manchmal ein Energieschub mit raschem Fluss auftreten, doch sollte man auf keinen Fall versuchen, diese Energie eigenmächtig zu beschleunigen. Seien Sie nicht überrascht, wenn Sie die Energie an manchen Stellen stärker empfinden als an anderen.

Wie kann ich die Energie leiten? Ein taoistisches Sprichwort lautet: »Der Geist bewegt sich und das Chi folgt.« Das Chi fließt bevorzugt dorthin, wohin man seine Aufmerksamkeit richtet, und sammelt sich dort an. Diese Tatsache scheinen Biofeedback-Experimente zu bestätigen. Denn sie zeigen, dass die Nerven- und Muskelaktivität an den Körperstellen zunimmt, auf die man seine Aufmerksamkeit richtet. Sie können das selbst einmal ausprobieren. Konzentrieren Sie sich dazu auf Ihre Hände, und stellen Sie sich vor, dass sie wärmer werden. Sie werden bald merken, dass Ihre Hände besser durchblutet werden und Chi dorthin fließt. Das Biofeedback-Training baut auf dieser Beeinflussungsmöglichkeit auf. Es hilft scheinbar unbewusste Körperprozesse bewusst zu steuern. (Durch Sichtbarmachung willentlich gesteuerter Aktionen auf das vegetative Nervensystem wird die Eigenkontrolle erleichtert. A. d. Ü.)

Denken Sie daran: Das Chi wird weder geschoben noch gezogen; Sie verlagern einfach Ihre Aufmerksamkeit. Versuchen Sie nichts zu erzwingen, sonst schaden Sie sich nur selbst. Die Energie ist sehr wirksam, und Sie müssen bedachtsam mit ihr umgehen. Tatsächlich lässt sie sich viel leichter lenken, wenn der Körper locker und entspannt ist, als wenn Sie sich steif und verspannt fühlen.

Das Chi wird weder geschoben noch gezogen; Sie verlagern einfach Ihre Aufmerksamkeit im Körper.

Sexuelle Energie

Die sexuelle Energie, oder *Ching-chi* (tsching-tschi ausgesprochen), stellt eine hochwirksame Form bioelektrischer Energie dar. Sie spüren die Verbreitung dieser Energie in Ihrem Körper, wenn Sie in sexuelle Erregung geraten oder »scharf« werden. Wie schon gesagt, geht es bei der heilenden Liebe um die bewusste Entfaltung dieser Sexualenergie zur Steigerung von Lebensfreude und Gesundheit und zur spirituellen Entfaltung. In Übung 15 erfahren Sie, wie Sie die orgasmische Energie aus den Geschlechtsorganen emporleiten und im ganzen Körper zirkulieren lassen können. Da der Mensch durch einen Orgasmus empfangen wird und jede Zelle seines Körpers von orgasmischer Energie durchdrungen ist, hängt seine Gesundheit

Da der Mensch durch einen Orgasmus empfangen wird und jede Zelle seines Körpers von orgasmischer Energie durchdrungen ist, hängt seine Gesundheit von der regelmäßigen – am besten täglichen – Wahrnehmung dieser verjüngenden, orgasmischen Energie ab, sagen die Taoisten.

von der regelmäßigen – am besten täglichen – Wahrnehmung dieser verjüngenden, orgasmischen Energie ab, sagen die Taoisten.

Sobald Sie diese Energie in Ihrem Körper zirkulieren lassen können, wird Ihre Vitalität enorm zunehmen. Sie werden merken, dass es viel belebender ist als Kaffee und wesentlich besser die Müdigkeit vertreibt, wenn Sie Ihre Sexualenergie ins Gehirn hochleiten. Und im Gegensatz zum Kaffee gibt es dabei keine Nebenwirkungen.

Durch den Stress des modernen Alltags, in dem wir mit beruflichen und familiären Pflichten zu jonglieren haben, bleibt uns nur noch wenig Energie zum Liebesakt. Er kann uns jedoch mehr Schwung geben als jedes Genussmittel, vorausgesetzt, man setzt den heilenden Energiekreislauf in Gang.

Die Erzeugung, Umwandlung und Speicherung der sexuellen Energie

Bevor Sie damit anfangen, Ihre Sexualenergie zum Gehirn hochzuleiten, sollten Sie wissen, wie Sie die dort bereits befindliche Energie in Ihren Bauch hinunterleiten können. Wie gesagt, unsere Geschlechtsorgane können sehr viel Energie erzeugen (wie Sie sicher aus eigener Erfahrung wissen), doch sie eignen sich nicht zur Nutzung oder Speicherung der gewonnenen Energie. Unser Gehirn hingegen vermag diese Energie hervorragend umzuwandeln, was uns erlaubt, sie vernünftig und kreativ im Leben einzusetzen. Allerdings ist das Gehirn kein besonders guter Energiespeicher und auch kein guter Energieerzeuger. Aus diesem Grund sollte man die Energie nie sehr lange im Gehirn lassen. Sie sollte immer in den Bauch hinuntergeleitet werden, denn seine Organe sind für die Energiespeicherung ideal geeignet. Sie geben, ähnlich wie Depotpräparate, die gespeicherte Energie dem Körper zurück, sobald sie gebraucht wird. Dies wird in Kapitel 5 genauer erklärt. Die Taoisten erkannten, dass wir unsere Organe mit orgasmischer Energie versorgen müssen, damit wir gesund bleiben.

So funktioniert es

Die Energie im Körper
Geschlechtsorgane: erzeugen Energie
Gehirn: transformiert und projiziert Energie
Bauchorgane: speichern Energie

Aufgestiegene Energie muss hinuntergeleitet werden
Ein Hauptunterschied zwischen den taoistischen Sexualpraktiken und den tantrischen Sexualpraktiken Indiens besteht darin, wie weit die Energie durch den Körper geleitet wird. Im Tantra wird die Sexualenergie vom Wurzelchakra (oder der Energiestelle bei den Genitalien) ins Gehirn hochgeleitet. Das kann tiefgehende Erfahrungen bewirken, ja sogar zu weitreichenden Einsichten führen, allerdings auch eine schmerzhafte, gefährliche Energieansammlung im Gehirn bedingen. Den Taoisten zufolge, die lebensnahe Übungen entwickelten, muss, »was hochsteigt, wieder herunterkommen«. Deshalb achten sie darauf, dass die ins Gehirn hochgeleitete Energie zum Nabel zurückgeführt wird, wo sie gefahrlos aufbewahrt und vom Körper leichter absorbiert werden kann.

Man sollte darauf achten, dass die ins Gehirn hochgeleitete Energie zum Nabel zurückgeführt wird, wo sie gefahrlos aufbewahrt und vom Körper leichter absorbiert werden kann.

Was sagt Ihnen Ihr Bauch?

Moderne Menschen verbrauchen die meiste Energie im Gehirn. Unsere Informationsgesellschaft verlangt Kopfarbeit am laufenden Band, und die Gefahr ist groß, dass man nicht mehr aus seinem Kopf herausfindet. Wenn man die Energie aus dem Kopf in den Bauch leitet, ist diese Energie gut aufgehoben und es steht einem für ein befriedigendes Sexualleben und für das Leben selbst mehr Kraft zur Verfügung.

Es gibt noch einen Grund, weshalb die Energie in den Bauch geleitet werden sollte, der auch den Taoisten sehr wohl bekannt war. In unserem Bauch liegt ein weiteres Intelligenzzentrum, das man unser »zweites Gehirn« oder »emotionale Intelligenz« nennen könnte.

Heutzutage herrscht die Auffassung vor, dass Gedanken und Gefühle reine Kopfsache sind. Die Taoisten sahen in den Gefühlen jedoch Energien, die aus verschiedenen Organen und nicht nur aus dem Gehirn herrühren. Dies ist auch im Westen teilweise bekannt. Beispielsweise assoziiert man das Gefühl der Liebe seit eh und je mit dem Herzen. Und man weiß jetzt, dass es neben dem Gehirn noch am Herzen, am Solarplexus und im Bauch weitere Nervenzentren gibt.

Es gibt verblüffende neue Forschungsergebnisse darüber, dass das Nervengeflecht im Bauch es an Komplexität und Aufgabenfülle durchaus mit dem Gehirn aufnehmen kann. Die Forscher sprechen jetzt vom »Bauchgehirn«. In der Umgangssprache ist davon schon lange die Rede, wenn wir etwa sagen: »Mein Bauch sagt mir ...« oder »Ich habe so ein Gefühl im Bauch, das ...« Dieses Bauchwissen wird oft für intuitiver und akkurater gehalten. Die Taoisten waren vor allem am Potenzial des Bauchgehirns interessiert, weil es beim »Denken« weniger Energie verbraucht als das Gehirn im Kopf.

Im Folgenden erfahren Sie, wie sich die Energie durch das »innere Lächeln« in den Bauch leiten lässt. Ihr Körper kann sie dann bei Bedarf abrufen. Konzentrieren Sie sich auf den Nabel, wenn Sie die Energie in den Bauch leiten. Der Bauchnabel ist mehr als nur eine Narbe, die an die Nabelschnur erinnert, durch die man in der Gebärmutter ernährt wurde. Er ist nach den Taoisten das Energiezentrum des Körpers schlechthin.

Das innere Lächeln ist der erste Schritt zur Emporleitung der orgasmischen Energie. So wie man ein Glas erst austrinken muss, um es wieder füllen zu können, kann sich das Gehirn erst wieder mit frischer, verjüngender Energie aus den Genitalien anfüllen, wenn die in ihm befindliche Energie durch das innere Lächeln in den Bauch geleitet wurde.

Das innere Lächeln

Das innere Lächeln ist eine ganz einfache, doch sehr wirksame Übung. Dass gerade die Taoisten auf etwas so Einfaches und Gewöhnliches wie das Lächeln aufmerksam wurden und seine tiefgreifenden Folgen erkannten, verwundert nicht, haben sie sich doch immer an der Natur orientiert. Wir glauben normalerweise, dass wir lächeln, wenn wir glücklich sind. Aber umfangreiche Studien haben gezeigt, dass auch der umgekehrte Zusammenhang zutrifft. Wir fühlen uns wohler, wenn wir lächeln, auch wenn uns zunächst gar nicht nach Lächeln zumute war. Wir alle kennen die Wirksamkeit des Lächelns, können uns an Augenblicke erinnern, in denen es uns sofort besser ging, weil uns jemand angelächelt hatte, vielleicht sogar ein Fremder, als wir traurig oder krank waren. Den Taoisten ist die enorme Heilkraft des Lächelns seit langem bekannt.

Das Gehirn kann sich erst wieder mit frischer, verjüngender Energie aus den Genitalien anfüllen, wenn die in ihm befindliche Energie durch das innere Lächeln in den Bauch geleitet wurde.

Die Taoisten beschreiben diesen Vorgang wie folgt: Wenn man lächelt, sondern die Organe nährende Substanzen ab, die dem Körper gut tun. Demgegenüber erzeugen sie schädliche

Stoffe, die die Energiekanäle blockieren, wenn man wütend ist, Angst hat oder unter Stress steht. Diese Stoffe lagern sich in den Organen ab, führen zu Appetitverlust, Verdauungsstörungen, erhöhtem Blutdruck, schnellerem Herzschlag, Schlaflosigkeit und zu negativen Gefühlen. Obwohl das Vorhandensein solcher Sekrete noch nicht klinisch nachgewiesen werden konnte, ist man sich in der medizinischen Literatur darüber einig, dass zwischen Krankheiten und Stress ein Zusammenhang besteht. Das Lächeln und die Kultivierung von Freude und Heiterkeit sind für unser allgemeines Wohlbefinden sowie für ein gesundes Sexualleben wichtig.

So funktioniert es

Lächelnde Augen

Die Taoisten stellten am Lächeln ein interessantes Detail fest. Ist es echt, sind sowohl der Mund als auch die Augen beteiligt. Der englische Ausdruck *smiling eyes*, lächelnde Augen, weist auf diesen Zusammenhang hin. Wenn wir wirklich lächeln, bewegen sich Mund und Augen. Versuchen Sie beim Lächeln sowohl den Zug an den Mundwinkeln als auch den an den Augenwinkeln ein wenig zu entspannen und einmal von beiden Punkten aus zu lächeln.

Das innere Lächeln wird auch Ihre Liebe anspornen und Ihr Mitgefühl, das im Umgang mit der Sexualenergie eine wichtige Rolle spielt. In Kapitel 6 wird dies genauer erklärt. Beim heilenden Liebesakt kommt es auf die Verquickung von Lust und Liebe an, oder in anderen Worten: Es kommt darauf an, dass sich die Sexualenergie in unseren Genitalien mit der Energie des Mitgefühls in unserem Herzen verbindet. Da die Sexual-

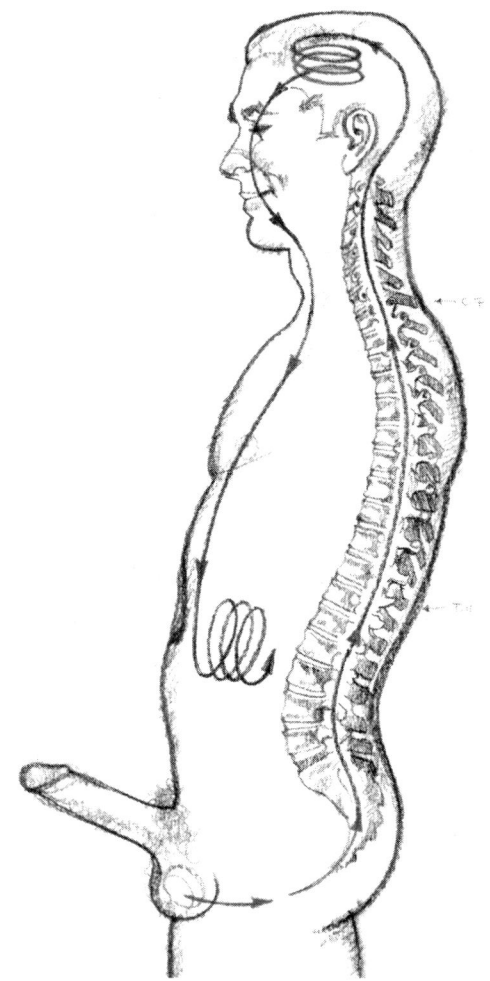

Das innere Lächeln – indem man Energie vom Kopf in den Bauch leitet, wird es möglich, über die Wirbelsäule neue Sexualenergie in den Kopf hinaufzuleiten.

Übung 13
Das innere Lächeln
Die Energie hinunterleiten

1. *Entspannen:* Entspannen Sie sich und atmen Sie dazu tief durch.

2. *Den Nabel berühren:* Berühren Sie mit den Fingerspitzen Ihren Bauchnabel und ziehen Sie ihn sanft auseinander. Das aktiviert Ihren Nabel und hilft Ihnen, die Energie herunterzuführen.

3. *Mit der Zunge den Gaumen berühren:* Berühren Sie mit der Zungenspitze den Gaumen (siehe Abbildung auf Seite 125), um den Vorderseiten- mit dem Rückseitenkanal zu verbinden und die Energie vom Kopf in den Bauch fließen zu lassen.

4. *Lächeln Sie Ihrem Nabel zu:* Lächeln Sie, während Sie sich auf Ihren Bauchnabel konzentrieren. Lassen Sie dann beim Lächeln an den Mund- und Augenwinkeln etwas die Spannung nach. Stellen Sie sich herrlichen Sonnenschein vor und fühlen Sie, wie während des Lächelns warme Energie vom Kopf über die Brust zum Nabel fließt und sich dort ansammelt. Sie können sie sich in einer Spirale ansammeln lassen, dann wird sie besser absorbiert.

5. *Hand aufs Herz:* Berühren Sie nun mit den Fingerspitzen die Herzgegend und lächeln Sie, während Sie sich wohlwollend auf Ihr Herz konzentrieren. Sobald es Ihnen warm ums Herz wird, stellen Sie sich vor, dass es sich wie eine rote Blüte öffnet und Liebe und Mitgefühl ausstrahlt.

6. *Die Energie in den Bauch leiten:* Lächeln Sie weiter und leiten Sie diese Energie der Liebe und Güte hinunter in den Bauch.

energie die jeweils vorhandenen Gefühle lediglich verstärkt, sollten Sie *nicht* üben (oder den Liebesakt begehen), wenn Sie wütend sind oder starke negative Gefühle haben. Wann immer Sie Sex haben, sollten Sie sich selbst und Ihrem Partner gegenüber großzügig und wohlwollend eingestellt sein. Versuchen Sie außerdem zu lächeln und spielerisch zu bleiben, während Sie die Energie zirkulieren lassen.

Wundern Sie sich nicht, wenn es eine Weile dauert, bis Sie Energie in den Bauch fließen fühlen. Männern fällt es oft leichter, Energie hochzuleiten als hinunter. Vielleicht müssen Sie einfach noch mehr Sexualenergie in Umlauf bringen, bevor Sie diese an Ihrer Vorderseite hinunterfließen spüren. Die folgende Übung wird Sie mit reichlich Energie versorgen, mit der Sie arbeiten oder auch spielen können. Genießen Sie es.

Das Emporleiten der Orgasmusenergie

Nachdem Sie Energie mit Hilfe des inneren Lächelns abgeleitet haben, sollten Sie nun orgasmische Energie hinaufleiten. Bei dieser Emporleitung sexueller Energie werden Sie eine erquickende Energiewelle aus den Genitalien über Ihre Wirbelsäule aufsteigen spüren, die unterwegs alle Nervenenden des Körpers anspricht. Während des Liebesaktes können Sie dann durch die Emporleitung sexueller Energie Ihre genitalen Orgasmen zu Ganzkörperorgasmen erweitern. Schließlich werden Sie durch die Praxis der Energiezirkulation diese orgasmische Welle der Lust jederzeit spüren können, ohne sich sexuell zu betätigen. Und das ist wohl nun doch besser als ein Liter Milchkaffee.

Meist dauert es eine Weile, bis man diese Energie zirkulieren lassen kann, geben Sie also nicht gleich auf. Aber vielleicht gelingt Ihnen die Übung ganz spontan, was hauptsächlich von Ihrem Körperbewusstsein und Ihrer Konzentration abhängt.

Die Erweiterung Ihrer Orgasmen

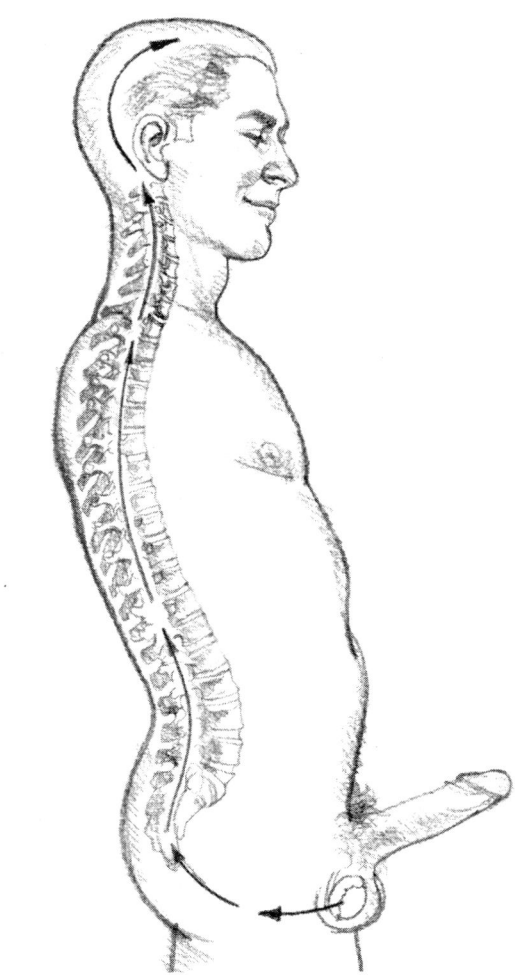

Die Emporleitung der orgasmischen Energie: So wird die Sexualenergie eines Mannes von den Genitalien bis zum Scheitel hochgeleitet.

Das Emporleiten der Orgasmusenergie

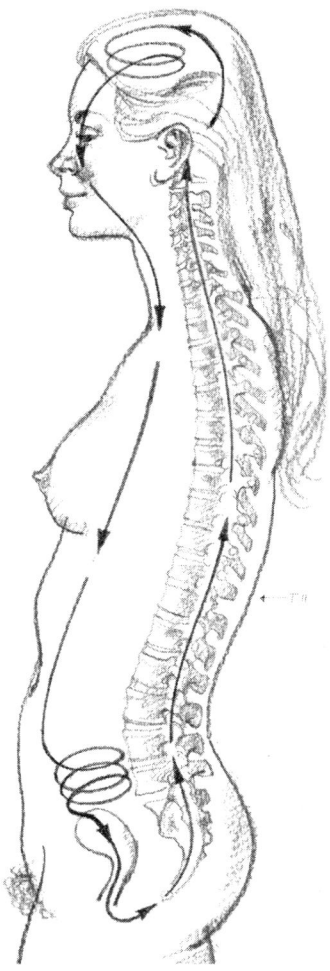

Das innere Lächeln und die Emporleitung der orgasmischen Energie: So leitet eine Frau mit Hilfe des inneren Lächelns Energie hinunter und dann mittels der zweiten Technik wieder neue orgasmische Energie bis zum Scheitel hinauf.

Da die Energie im Körper in natürlichen Bahnen verläuft, wird sie Ihre Aufmerksamkeit führen, auch wenn Sie sie zu leiten versuchen.

Sollten Sie in den ersten Tagen oder Wochen des Übens nicht viel spüren, seien Sie unbesorgt. Wenn Sie Meditation, Yoga oder eine Kampfkunst erlernen, braucht dies auch seine Zeit. Bald werden Sie darüber staunen, wie leicht sich diese Energie leiten lässt. Und da sie im Körper in natürlichen Bahnen verläuft, wird sie Ihre Aufmerksamkeit führen, auch wenn Sie sie zu leiten versuchen.

So funktioniert es

Lassen Sie Vorsicht walten

Die Emporleitung der orgasmischen Energie ist eine sehr wirksame Übung, und deshalb sollten Sie ein paar Sicherheitsregeln beachten.

1. *Lassen Sie niemals für längere Zeit Sexualenergie in Ihrem Kopf:* Denken Sie daran, dass Sie die Energie aus dem Kopf in den Bauch leiten, wo sie sicher aufbewahrt werden kann. In früheren Jahren haben viele Lehrer östlicher Liebeskunst ihre Schüler gelehrt, wie sie Energie in den Kopf leiten können, aber nicht, wie sie wieder hinuntergeleitet wird. Die Folge davon war das so genannte »Kundalini-Syndrom«. Die Taoisten erkannten, wie wichtig ein vollständiger Energiekreislauf war. Leiten Sie mit Hilfe des inneren Lächelns Energie ab, wann immer Sie das Gefühl haben, dass Ihr Kopf überspannt ist. Wenn Sie sich danach immer noch überspannt fühlen, können Sie Übung 16 (Energie nach unten führen, Seite 146) oder Übung 17 (Energie abfließen lassen, Seite 147) machen. Wenn Sie sich auf die Füße konzentrieren, hilft das auch, die Energie hinunterzuleiten.

2. *Vorsicht bei Bluthochdruck:* Wenn Sie Bluthochdruck haben, sollten Sie Ihre Zunge im Unterkiefer ruhen lassen, statt damit den Gaumen zu berühren. Achten Sie auch darauf, dass Sie Energie durch die Fußsohlen ableiten.

3. *Achten Sie darauf, dass Sie gesund sind:* Denken Sie daran, dass die Sexualenergie eine große Kraft darstellt. Bei gesundheitlichen Problemen sollten Sie, bevor Sie mit dem Üben beginnen, mit einem Lehrer des Universalen Tao sprechen (siehe Anhang). Wenn Sie einen akuten Herpesausbruch haben, sollten Sie die folgenden Übungen nicht durchführen. Ist er abgeklungen (das heißt, wenn kein Ausschlag mehr sichtbar ist), können Sie üben.

4. *Bleiben Sie locker:* Ihre Einstellung zum Üben ist entscheidend. Achten Sie darauf, dass Sie mit der Energie entspannt und spielerisch umgehen. Versuchen Sie nichts zu erzwingen.

5. *Bereiten Sie sich vor:* Üben Sie möglichst nüchtern, aber nicht hungrig. Warten Sie nach einer Mahlzeit mindestens eine Stunde. Der Körper braucht Energie, um die Nahrung verdauen zu können, was bedeutet, dass weniger Energie zur Zirkulation da ist. Tragen Sie außerdem bequeme Kleidung. Und das Zimmer sollte zwar gut gelüftet sein, aber es sollte nicht ziehen. Und denken Sie daran, durch die Nase zu atmen.

6. *Übungshaltung:* Legen Sie sich während dieser Übungen zunächst nicht auf den Rücken, da sich die aufsteigende Sexualenergie in Ihrer Brust schmerzhaft aufstauen kann. Sitzen oder stehen Sie anfangs, oder liegen Sie auf der Seite (am besten auf der rechten Seite). Sobald Sie die Übungen beherrschen, können Sie diese in jeder beliebigen Haltung durchführen. Stützen Sie sich beim Üben auch nie ab (etwa mit einem Kissen), wenn Sie auf der Seite liegen, denn ein verkrümmter Energiekanal könnte Schmerzen verursachen.

Übung 14
Die Emporleitung orgasmischer Energie

1. *Den Genitalien Energie zuführen:* Nachdem Sie Energie mit Hilfe des inneren Lächelns nach unten geführt haben, können Sie nun orgasmische Energie hinaufleiten. Nehmen Sie die Hände vom Bauch, und legen Sie sie auf das Becken. Lächeln Sie und leiten Sie die Energie in Ihre Geschlechtsorgane. Stellen Sie sich die Sonne vor, und fühlen Sie, wie ihre Strahlen und Ihr Lächeln die Geschlechtsorgane aufwärmen. Sie können auch Ihre Geschlechtsorgane berühren, oder, wenn Sie in der Öffentlichkeit sind, an etwas Sexuelles denken, um die Sexualenergie zu verstärken.

2. *Kontrahieren Sie PC-Muskel, Damm und Schließmuskel:* Sobald Sie ein Kribbeln oder Erwachen Ihrer Sexualenergie spüren, kontrahieren Sie den PC-Muskel, Damm und Schließmuskel ganz leicht. Dadurch wird Energie ins Kreuzbein und den unteren Teil der Wirbelsäule geleitet.

3. *Energie in den Kopf aufsteigen lassen:* Lassen Sie die Energie über die Wirbelsäule in den Kopf aufsteigen. Dieser Vorgang wird unterstützt, wenn Sie das Kinn leicht einziehen.

4. *Lassen Sie im Kopf eine Energiespirale entstehen:* Wickeln Sie die im Kopf ankommende Energie mit Hilfe Ihrer Fantasie und Ihren Augen spiralförmig auf – jeweils neun Umdrehungen rechts- und neun linksherum. So kann das Gehirn die schöpferische Sexualenergie besser absorbieren.

5. *Speichern Sie Energie im Bauch:* Greifen Sie wieder an Ihren Bauchnabel, berühren Sie mit der Zunge den Gaumen und lächeln Sie Ihrem Nabel, wie gehabt, zu, damit die Energie vom Kopf in den Bauch zurückkehrt, wo sie in den Organen gespeichert werden kann.

Ihre Genitalien sind eine große Energiequelle. Lernen Sie, daraus zu schöpfen, indem Sie sie in den vom Körper vorgegebenen Bahnen zirkulieren lassen. Die Taoisten vergleichen unsere Körperenergie mit dem Wasser. Genitalien und Wirbelsäule entsprechen dabei einem Wasserrad, das die Energie in den Kopf transportiert und dort ausgießt, um das Gehirn mit frischer Kraft zu versorgen. Von dort ergießt die Energie sich wie ein Wasserfall in den Bauch, in dem ein Kräftereservoir angelegt werden kann. Für die Taoisten ist das Wasser die stärkste Kraft in der Natur und die Sexualenergie die stärkste Kraft im Körper. Es ist also wichtig, sorgfältig damit umzugehen.

Zwar helfen alle Schritte in der eben beschriebenen Übung, die orgasmische Energie hochzuleiten, aber am wichtigsten ist die Anspannung des PC-Muskels und des Schließmuskels, weil dadurch buchstäblich Energie die Wirbelsäule hochgepumpt wird. Es wird nicht lange dauern, bis Sie allein durch Ihre Aufmerksamkeit, eventuell noch verbunden mit einer Anspannung des Schließmuskels, Energie bis zum Kopf hochleiten können. Zu Beginn sollten Sie jedoch die Energie langsam, Schritt für Schritt, die Wirbelsäule hinaufleiten. Es kann sein, dass Sie die Energie an manchen Stellen der Wirbelsäule stärker spüren als an anderen. Wenn Ihr Rücken oder Becken verspannt ist, wird es nicht so leicht sein, die Energie emporzuführen.

So funktioniert es

Lockerlassen
Sie können sich im Rücken leicht lockern, wenn Sie auf einer Stuhlkante sitzend das Becken hin und her bewegen. Wiegen Sie sich wie eine Bauchtänzerin in den Hüften. Lächeln Sie, und strecken und dehnen Sie dabei ganz nach Belieben den gesamten Rücken.

Sind Ihnen das innere Lächeln und die Emporleitung orgasmischer Energie einmal in Fleisch und Blut übergegangen, können Sie jederzeit Energie zirkulieren lassen, ob Sie nun spazieren gehen, im Supermarkt in der Schlange stehen, Auto fahren oder im Bett liegen. Während es nach außen hin so aussieht, dass Sie ganz normal ihren alltäglichen Pflichten nachgehen, kultivieren Sie Ihre Sexualenergie und genießen herrliche Wellen orgasmischer Energie.

Ich spüre meine Sexualenergie nicht: Wir haben Ihnen empfohlen, die orgasmische Energie hochzuleiten, wenn Sie nicht allzu erregt sind. Je größer die angesammelte Sexualenergie, desto schwieriger lässt sie sich kontrollieren. Bei Männern heißt das, dass sie ins Ejakulieren kommen und dabei die Energie verlieren, die sie hochzuführen versuchten. Wenn Sie bei sich jedoch zu wenig Sexualenergie wahrnehmen, sollten Sie sich stimulieren und sich etwa zu 50 bis 70 Prozent auf einen Orgasmus zu bewegen. Frauen und die Männer, die zu Orgasmen ohne Ejakulation in der Lage sind, können sich bis zum Orgasmus erregen, bevor sie die Energie zum Gehirn hochleiten. Wenn Sie kurz vor dem Orgasmus sind oder einen Orgasmus haben, stoppen Sie und führen Sie drei- bis neunmal die Emporleitung orgasmischer Energie durch, bzw. so oft, bis das orgasmische Gefühl aufsteigt.

Es gelingt mir nicht, Energie hinaufzuleiten: Wenn Sie Probleme damit haben, Energie die Wirbelsäule hochzuleiten, können Sie die natürlichen Wirbelsäulenpumpen zu Hilfe nehmen. Gehirn und Rückenmark schwimmen in einer Gehirn-Rückenmarksflüssigkeit. Die Pumpen am Kreuzbein (der hintere Teil des Beckens) und an der Schädelbasis unterstützen die Zirkulation dieser Flüssigkeit und können auch Energie hochleiten helfen. Diese Pumpen, die heutzutage auch bei der Osteopathiebehandlung eine Rolle spielen, sind den Taoisten seit langem bekannt. Die folgenden Übungen können im Sitzen oder Stehen durchgeführt werden.

Übung 15
Energie hochpumpen

1. *Das Becken schaukeln:* Aktivieren Sie Ihre Kreuzbeinpumpe, indem Sie Ihren Schließmuskel zum Kreuzbein hin anspannen und Ihr Becken vor und zurück bewegen, als würden Sie ein Pferd reiten.

2. *Das Kinn einziehen:* Aktivieren Sie Ihre Schädelbasispumpe, indem Sie Ihr Kinn in einem leichten Kreisen ein- und hochziehen und abwärts wieder vorschieben. Kiefer- und Halsmuskeln bleiben dabei entspannt.

3. *Energie die Wirbelsäule hochleiten:* Nachdem Sie die Kreuzbein- und Schädelbasispumpe betätigt haben, machen Sie eine Pause und führen Sie durch die Wirbelsäule Energie zu Ihrem Gehirn hoch. Schauen Sie dabei zu Ihrem Scheitel auf, was ebenfalls Energie hinaufleiten hilft.

Wiederholen Sie die Aktivierung dieser Pumpen, bis Sie Energie aufsteigen spüren.

Der Rücken schmerzt: Manchmal findet die Energie nicht ganz so leicht durch die Wirbelsäulenbasis, so dass es zu leichten Schmerzempfindungen kommt. Manche Menschen verspüren ein Kribbeln ähnlich Nadelstichen, wenn diese Energie zum ersten Mal in die Wirbelsäule eintritt. Erschrecken Sie nicht, wenn dies bei Ihnen der Fall sein sollte. Sie können das Hindurchfließen der Energie erleichtern, indem Sie die Stelle mit den Fingern sanft massieren.

Die Erweiterung Ihrer Orgasmen

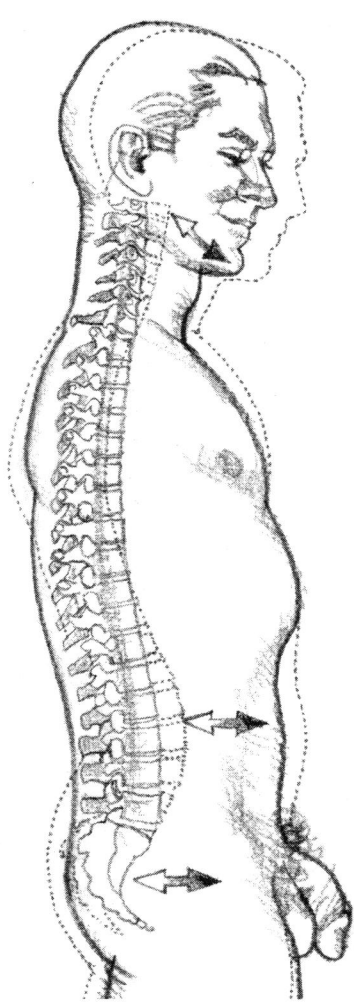

Kreuzbein- und Schädelbasispumpen: Sie können das Aufsteigen der Energie dadurch erleichtern, dass Sie das Becken vor und zurück bewegen und das Kinn abwechselnd vorschieben und einziehen.

Die Augen tun weh: Wenn Sie die Augen rollen, um die Energie zirkulieren zu lassen, kann es sein, dass die Augen- oder Kopfmuskulatur schmerzt. Dies ist ein typisches Zeichen eines Muskelkaters (wir gebrauchen unsere Augenmuskulatur selten bewusst) und kein Grund zur Sorge. Sollte das Problem anhalten, rollen Sie die Augen weniger heftig und konzentrieren Sie sich stärker auf die Energiezirkulation.

Kopfschmerzen: Wenn Sie Kopfschmerzen haben, unruhig sind oder schlecht schlafen, hat sich wahrscheinlich zu viel Energie in Ihrem Kopf angestaut. Stagnierende Energie kann überhitzen – ein Problem, das sich leicht dadurch beseitigen lässt, dass man sie in Umlauf hält. Achten Sie darauf, dass Sie die Energie in Ihrem Kopf neun-, achtzehn- oder sechsunddreißigmal in eine Richtung herumwickeln und dann in die andere. Wenn Sie die Energie im Kopf aufgewickelt haben, lassen Sie sie in den Bauch abfließen.

Was tun, wenn es einem nicht gelingt, die Energie nach unten zu führen? Manchmal fällt es Menschen, die viel Zeit »im Kopf« verbringen, schwer, die Energie abzuleiten. Das hat zur Folge, dass sie schlecht schlafen oder nervös und zittrig sind, als hätten sie zu viel Kaffee getrunken. Denken Sie daran, dass das Gehirn zwar ausgezeichnet Energie transformieren und verwenden kann, aber kein guter Energiespeicher ist. Überschüssige Energie sollte stets in den Bauch geleitet werden. Die Übung 16 (Die Energie nach unten führen, Seite 146) hilft dabei. Sollten Sie noch immer Probleme beim Ableiten der Energie haben, machen Sie Übung 17 (Energie abfließen lassen, Seite 147) aus.

Wenn Gereiztheit und Ärger auftreten: Die neue Energie verstärkt nicht nur vorhandenen Ärger, sondern kann auch zu Überreiztheit führen und negative Gefühle wie Wut oder Ungeduld

> **Übung 16**
> **Die Energie nach unten führen**
>
> **1.** *Hände auf den Bauch:* Legen Sie die Hände auf den Bauch.
>
> **2.** *Zunge an den Gaumen:* Berühren Sie mit der Zunge den Gaumen, wie die Abbildung auf Seite 125 zeigt.
>
> **3.** *Lächeln:* Lächeln Sie, indem Sie Mund- und Augenwinkel leicht nach oben ziehen.
>
> **4.** *Entspannen:* Entspannen Sie sich und lockern Sie alle wahrgenommenen Verspannungen oder Blockaden.
>
> **5.** *Konzentrieren Sie sich auf den Bauch:* Richten Sie Ihre Aufmerksamkeit auf den Nabel (denken Sie daran, die Energie folgt Ihrer Aufmerksamkeit).
>
> **6.** *Die Energie ableiten:* Stellen Sie sich vor, dass die Energie wie ein Wasserfall an Ihrer Vorderseite herunterströmt und sich in Ihrem Bauch zu einem See ansammelt. Legen Sie die linke Hand in die rechte und halten Sie beide Hände wie ein Gefäß unter den Nabel, so als würden Sie damit den energetischen Wasserfall auffangen. Stellen Sie sich alternativ vor, dass die Energie wie Melasse oder Honig herunterfließt und sich beim Nabel spiralförmig ansammelt.
>
> **7.** *Schlucken Sie Speichel:* Das Hinunterschlucken von Speichel kann auch beim Ableiten der Energie helfen.

hervorrufen, wenn sie nicht genügend zirkuliert wird. Konzentrieren Sie sich in so einem Fall auf eine Umwandlung der negativen Gefühle in Herzensgüte (siehe Übung 24: Negative Gefühle recyceln, Seite 253). Sie sollten vor allem auch ans Lächeln denken und die Energie nach unten führen. Wenn Sie merken, dass Sie zu bestimmten negativen Gefühlen neigen,

> ### Übung 17
> **Energie abfließen lassen**
>
> **1.** Setzen Sie sich auf einen Stuhl oder legen Sie sich auf den Rücken. Wenn Sie sich auf den Rücken legen, stützen Sie die Knie mit einem Kissen ab, falls Sie leichte Schmerzen im Kreuz oder Lendenwirbelbereich verspüren.
>
> **2.** Heben Sie die aufeinander gelegten Hände in Mundhöhe, die Handflächen zeigen nach unten.
>
> **3.** Schließen Sie die Augen und atmen Sie tief ein. Spüren Sie, wie sich Brust und Bauch leicht aufdehnen.
>
> **4.** Atmen Sie mit einem Lächeln langsam aus, während Sie »hiiiiiiiii« sagen und die Hände langsam nach unten führen. Stellen Sie sich Ihren Körper mit blauem Licht angefüllt vor, das Sie durch die Fußsohlen abfließen lassen, während Ihre Hände den sinkenden Spiegel vom Kopf über Brust und Bauch bis zu den Beinen anzeigen.
>
> **5.** Wiederholen Sie den Übungszyklus drei-, sechs- oder neunmal. Sollte es Ihnen noch immer nicht gelingen, Energie abfließen zu lassen, wenden Sie sich an einen Universal-Tao-Lehrer (siehe Anhang) oder an einen Akupunkteur.

können Sie diese auch mit Hilfe der sechs Heilklänge, die in Mantak Chias Buch *Taoist Secrets for Transforming Stress into Vitality* erklärt werden, zur Energieumwandlung nutzen.

Weitere Nebenwirkungen

Sehr selten kommt es zu einem Energiestau im Oberkörper. Die Symptome variieren von Person zu Person, schließen jedoch oft Schlaflosigkeit, Ohrensausen, Herzklopfen oder Span-

Die Erweiterung Ihrer Orgasmen

So lassen Sie Energie durch die Fußsohlen abfließen

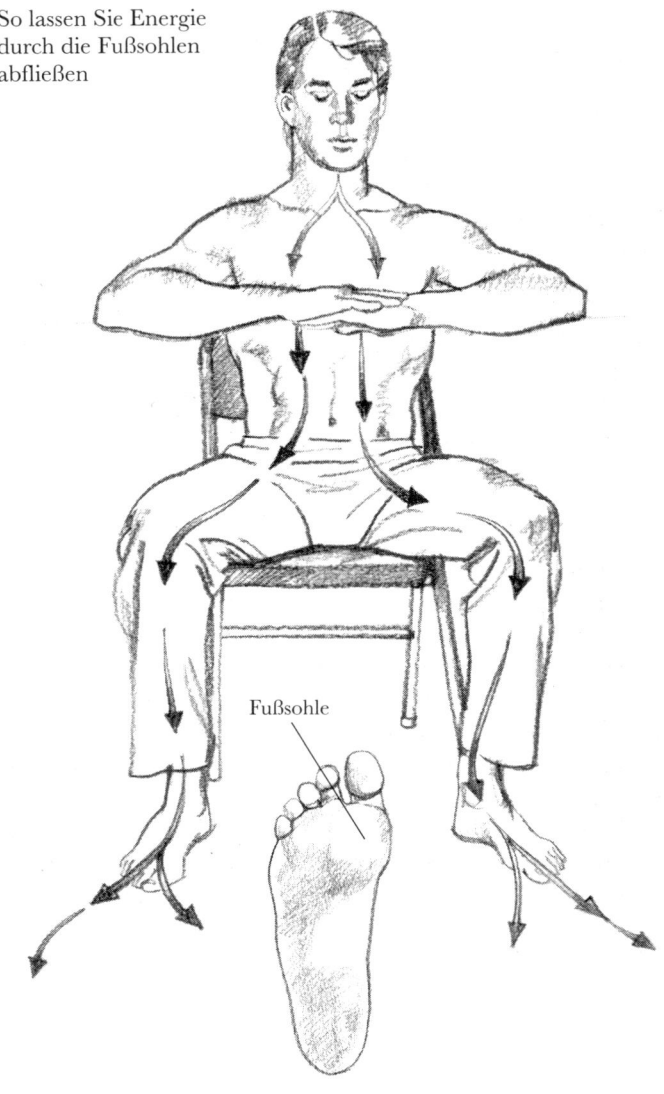

Fußsohle

nungskopfschmerzen ein, die mehrere Tage dauern können. Wenn eines dieser Symptome auftritt, sollten Sie nicht mehr weiterüben und die Übung zum Abfließen der Energie machen. Bleiben sie bestehen, sollten Sie einen Lehrer des Universalen Tao (siehe Anhang) oder einen Akupunkteur aufsuchen. Die meisten westlichen Ärzte können solche Beschwerden nicht richtig diagnostizieren und behandeln, da sie mit dem Energiekreislauf im Körper und dessen körperlichen Auswirkungen nicht vertraut sind. Es sei hier erwähnt, dass die Beschwerden nicht von der zirkulierenden Sexualenergie hervorgerufen werden, sondern von vorher dagewesenen Gefühlsspannungen und körperlichen Verspannungen im Oberkörper. Die Sexualenergie verstärkt solche vorhandenen Beschwerden nur, weshalb Sie sich mit diesen tiefer liegenden Ursachen auseinander setzen sollten, bevor Sie Ihre Sexualpraxis fortsetzen.

Energieaufnahme
Damit die Sexualenergie leichter absorbiert werden kann, die beim Emporleiten orgasmischer Energie unten verblieben ist, empfiehlt sich eine sanfte Massage des Genitalbereichs. Dadurch lässt die dort wahrgenommene Spannung nach. Solche Stauungen treten bei Männern besonders häufig auf. Wenn sie die Sexualenergie nicht vollständig in Umlauf gesetzt haben, spüren sie oft einen Druck in den Hoden. Diese Spannungsgefühle verschwinden meist, wenn man die Hoden zwischen Daumen und Fingern sowie den Damm und das Kreuzbein sanft massiert. Wenn Sie das Gefühl haben, dass sich die Energie irgendwo im Körper staut, können Sie durch ein Streicheln oder Massieren dieser Körperstellen die Absorption und Zirkulation der Energie erleichtern.

Nach einem oder mehreren Monaten des Übens werden Sie eventuell einen Druck im Kopf wahrnehmen, der eine Folge der erhöhten Energie in Ihrem Körper ist. Dies ist ein Zeichen des Fortschritts, dass sich in Ihrem Körper mehr Energie befindet als zuvor. Die meisten Menschen nehmen dies als ein angenehmes Kribbeln wahr. Sollte die zusätzliche Energie unangenehm werden, denken Sie daran, sie in den Bauch zu leiten. Sport, Fußmassagen und Vollkornkost helfen ebenfalls, die Energie zu erden. Auch lässt sie sich durch einen Orgasmus ohne Energiezirkulation – und bei Männern durch einen Orgasmus mit Ejakulation – reduzieren.

Sie werden jedoch feststellen, dass Sie durch diese Energie weniger Schlaf brauchen, so dass Ihnen mehr Zeit in Ihrem Leben zur Verfügung steht – für Ihre Partnerschaft und für Ihre persönliche Entfaltung, die das eigentliche Ziel des Taoismus ist. Sie ist das echte Geschenk der heilenden Liebe in körperlicher, emotionaler, intellektueller und spiritueller Hinsicht.

Die Funktion der Sexualkraft

Man sollte unbedingt wissen, dass die Sexualkraft sehr viel bewirkt und dass es daher sehr wichtig ist, sie auf die richtige Weise zu pflegen und zu verfeinern. Vor allem sollte man auch wissen, dass die Anhebung der Sexualkraft lediglich die im Körper herrschenden Emotionen und Energien verstärkt – seien sie nun positiv oder negativ, und deshalb werden wir dies in diesem Buch öfters betonen. Wenn Sie Liebe empfinden, wird die anwachsende Sexualkraft diese Liebe verstärken. Wenn Sie jedoch voller Wut oder gar Hass sind, wird die Sexualenergie auch diese Emotionen verstärken.

Dies ist zweifellos ein Hauptgrund dafür, warum die Techniken zur Anhebung der Sexualkraft stark gehütete Geheimnisse waren und weshalb so viele Religionen die Macht der Sexualität fürchten. Im Tao vertraut man nicht auf die Kontrolle dieser mächtigen Energie durch Scham oder Verleugnung. Vielmehr vertraut man auf die Bewusstmachung dieser Kraft, so dass sie zum eigenen Wohl und zum Wohl der anderen kultiviert werden kann.

Wenn Sie sich an die Steigerung Ihrer Sexualkraft machen, sollten Sie dringend die Kapitel 5, 6 und 7 lesen, in denen beschrieben wird, wie sich diese Energie so kultivieren lässt, dass Ihr Sexualleben von Liebe, Mitgefühl und Heilung erfüllt ist. Und vor allem, vergessen Sie nicht die Durchführung der Übungen 24 (Negative Gefühle recyceln, Seite 253) und 27 (Der Zyklus des Mitgefühls, Seite 266f.).

Für die Taoisten steht jedoch das Physische stets an erster Stelle. Beginnen wir daher mit unserem Körper und seinem außergewöhnlichen Lustpotenzial. Nachdem Sie nun erfahren haben, wie jeder für sich seine Orgasmen vervielfachen und erweitern kann, geht es im Folgenden darum, wie Sie diese orgasmische Lust mit Ihrem Partner teilen und Ihrer beider Verlangen in Einklang bringen können.

Teil II
Duo: Heilung, Leidenschaft und Nähe mit Ihrem Partner teilen

4 Gegenseitige Befriedigung

In diesem Kapitel entdecken Sie:
- wie sich männliches und weibliches Verlangen so in Einklang bringen lassen, dass beide Partner einander vollständig befriedigen
- die Fingertechnik und die Kunst des Streichelns
- die Lage des G-Punkts und anderer besonderer vaginaler Stellen
- die Kunst des Cunnilingus und die Kunst der Fellatio
- taoistische Stoßtechniken

In diesem Kapitel erfahren Sie, wie Sie durch eine harmonische gegenseitige Befriedigung zu einem tiefer befriedigenden Liebesakt kommen können. Die Taoisten wussten, dass sich das männliche und das weibliche Sexualleben oft grundlegend unterscheiden. Sie wussten auch, dass die Harmonie im Schlafzimmer und eine glückliche Beziehung davon abhingen, ob jeder Partner die Bedürfnisse des anderen kannte. Die taoistischen Ärzte waren frühe Sexualforscher, und sie untersuchten das männliche und weibliche Sexualleben in allen Aspekten, um hinter die Geheimnisse der Befriedigung zu kommen.

Bevor auf diese üblichen Unterschiede eingegangen wird, sei jedoch betont, dass jeder ein einzigartiges Verlangen hat. Die Verallgemeinerungen, die über die Lust folgen, müssen von Ihnen und Ihrem Partner oder Ihrer Partnerin durch eigene Erfahrungen überprüft werden. Denken Sie daran, dass Sie nicht der beste Liebhaber der Welt zu werden brauchen, nur der beste Liebhaber Ihrer Partnerin und vice versa. Lassen Sie sich von dem Verlangen und der Lust Ihres Partners oder Ihrer Partnerin leiten.

Sie brauchen nicht der beste Liebhaber der Welt zu werden, nur der beste Liebhaber Ihrer Partnerin und umgekehrt.

Feuer und Wasser

Die Taoisten verglichen die männliche Sexualität mit dem Feuer und die weibliche Sexualität mit dem Wasser. Zwar ist die männliche Lust rasch entfacht (Männer werden schnell erregt), doch erlischt sie ebenso schnell (Männer ejakulieren rasch). Die weibliche Lust hingegen kommt langsam in Wallung (Frauen brauchen länger, bis sie erregt sind), sie ist aber die ausdauerndere von beiden (Frauen kommen mit keiner Ejakulation zum Schluss und ihre Erregung lässt langsamer nach).

Den Taoisten war bewusst, dass diese Unterschiede der männlichen und weiblichen Lust im Schlafzimmer große Unzufriedenheit hervorrufen konnten, also suchten sie nach Techniken der Harmonisierung. Indem sie die Männer lehrten, wie sie vor und während des Geschlechtsverkehrs die Lust der Frau beflügeln konnten, machten sie einen gleichzeitigen Höhepunkt beider Partner wahrscheinlicher. Und indem sie Männern ein Hinauszögern der Ejakulation zugunsten vielfacher Orgasmen beibrachten,

Die Taoisten verglichen die männliche Sexualität mit dem Feuer und die weibliche Sexualität mit dem Wasser.

ermöglichten sie Mann und Frau einen höchst befriedigenden und heilsamen Liebesakt, durch viele gemeinsam nacheinander erlebte Höhepunkte.

Männer verkörpern Yang, Frauen Yin

Um die männliche und weibliche Lust miteinander vereinbaren zu können, muss man zunächst nach der Ursache der oft so unterschiedlichen sexuellen Bedürfnisse von Männern und Frauen fragen. Dem Tao zufolge verkörpern Männer hauptsächlich *yang*, das heißt, sie leben zum Großteil Yang oder männliche Energie aus. Diese Energie ist eine der beiden Urkräfte des Universums und mit vielen Eigenschaften verbunden. Eine davon ist Schnelligkeit, in diesem Fall also schnelle Erregung. Frauen verkörpern hauptsächlich *yin*, das heißt, sie leben hauptsächlich Yin oder die weibliche Energie aus. Sie ist die andere Urkraft des Universums und ebenfalls mit vielen Eigenschaften verbunden. Eine davon ist Langsamkeit, in diesem Fall also langsame Erregung.

Im Tao sind Yin und Yang die beiden komplementären Kräfte des Universums, die die weibliche und männliche Energie darstellen.

Der Taomeister Wu Hsien formulierte es vor zweitausend Jahren so:

> Der Mann neigt zu Yang.
> Yang zeichnet sich durch schnelles Erregtwerden aus,
> Geht aber auch schnell wieder zurück.
>
> Die Frau neigt zu Yin.
> Yin zeichnet sich durch langsames Erregtwerden aus,
> Klingt aber auch langsam aus.

Jeder Mensch verfügt über männliche und weibliche Energie, und Yin und Yang können sich ineinander verwandeln.

Yin und Yang sind für die Taoisten die zwei komplementären, zyklischen Kräfte im Universum, die alles hervorbringen. Beide sind notwendig und in ihrer negativen und positiven Ladung voneinander abhängig. Jeder Mensch verfügt über männliche und weibliche Energie, und Yin und Yang können sich ineinander verwandeln. Daraus erklärt sich die Komplexität und Verschiedenheit unseres individuellen Verlangens.

Man darf auch nicht vergessen, dass es Frauen gibt, die eher Yang als Yin verkörpern, die wir »yangbetonte Frauen« nennen. Umgekehrt gibt es »yinbetonte Männer«, die mehr Yin als Yang haben. Außerdem wirken sich die Arbeit, die Ernährung und der Lebensstil überhaupt auf das energetische Gleichgewicht aus. In unserer Darlegung greifen wir notgedrungen auf Verallgemeinerungen zurück, aber Sie sollten diese entsprechend Ihrer eigenen Sexualität und der Ihres Partners deuten.

Wenn Sie eine yangbetonte Frau sind, werden Sie vielleicht feststellen, dass Ihre eigene Erfahrung eher derjenigen der meisten Männer gleicht. Und als yinbetonter Mann werden Ihre Erfahrungen eher denen der meisten Frauen gleichen. Während wir der Einfachheit halber hier eine grobe Zweieraufteilung vornehmen, deckt unsere Sexualkraft und Sexualität in Wirklichkeit ein ganzes Spektrum ab.

Trotz aller individuellen Unterschiede verfügen Männer durchschnittlich über mehr Yang- und Frauen über mehr Yin-Energie. Durch die Wandlung der Geschlechterrollen in den letzten fünfzig Jahren hat sich dies ein wenig geändert, aber so wie grundlegende hormonelle Unterschiede zwischen Mann und Frau bestehen geblieben sind, so auch die unterschiedlichen Yin-Yang-Energiegewichtungen. Tatsächlich scheint durch die Hormonforschung des letzten Jahrzehnts diese Jahrtausende alte taoistische Auffassung bestätigt zu werden.[1]

Sexuelle Erregung: Das Feuer anzünden und das Wasser zum Wallen bringen

Die Unterschiede der männlichen und weiblichen sexuellen Erregung lassen sich aus den unterschiedlichen Funktionsweisen von Yin und Yang in unserem Körper erklären. Wie die Akupunkteurin Felice Dunas in ihrem ausgezeichneten Buch *Passion Play* darlegt, bewegt sich Yin abwärts und rinnt – wie Wasser – im Körper der Frau vom Kopf zum Herzen und weiter in die Genitalien. Deshalb funktioniere die sexuelle Erregung der Frau meistens nur über Kopf und Herz, die sich zunächst öffnen müssten, erklärt sie. Dieser langsame Energiefluss durch den Körper mache auch verständlich, weshalb eine Frau eines längeren Vorspiels und mehr Zärtlichkeiten bedarf, bis sie ihre Energie von ablenkenden Gedanken und Gefühlen weg zu ihren Genitalien geleitet hat.

Yin bewegt sich abwärts und rinnt – wie Wasser – im Körper der Frau vom Kopf zum Herzen und weiter in die Genitalien.

Yang hingegen steigt von den Genitalien des Mannes – wie Feuer – in Herz und Kopf hinauf. Deshalb sind Männer viel schneller als Frauen erregt und brauchen kein so ausgiebiges Vorspiel. Die meisten Männer sind folglich auf direktem Weg genital erregbar. Das *ist* für sie das Vorspiel.

Yang steigt von den Genitalien des Mannes – wie Feuer – in Herz und Kopf hinauf.

Wenn es also üblicherweise heißt, Männer seien viel stärker »genital ausgerichtet«, liegt das an der Tatsache, dass ihre Sexualenergie in ihren Genitalien anhebt. Wenn diese während des Liebesakts aufsteigt und sich im ganzen Körper ausbreitet, wird ihr Herz für die Liebe der Partnerin wesentlich empfänglicher. Wenn ein Mann jedoch schnell ejakuliert, verströmt sich seine ganze Sexualenergie, ohne in seinem Körper aufgestiegen zu sein. Die Sexualenergie erreicht dann nie sein Herz, und der Sex wird für ihn niemals wirklich zum »Liebesspiel«. Lernt der Mann jedoch, wie er durch ganzkörperliche Orgasmen seine Energie zirkulieren lassen kann, steigt sie in sein Herz und weiter in sein Gehirn auf und erlaubt ihm, seine Liebe auf seine Partnerin auszudehnen. Darin besteht für den Mann das wirkliche Geheimnis des Liebesspiels.

Dieser Unterschied in der sexuellen Erregung hat bei zahllosen Generationen zu sexueller Disharmonie und Missverständnissen im Schlafzimmer geführt. Man mag das bedauern oder sich darüber ärgern, doch führt Aufklärung am ehesten zur gegenseitigen Befriedigung.

Im Folgenden werden wir Sie in einige Geheimnisse zur Harmonisierung des männlichen und weiblichen Begehrens einweihen. Sollten Sie bereits ein harmonisches Sexualleben führen, dürfte Ihnen vieles von dem wohlbekannt sein. Selbstverständlich braucht man nicht jedes Mal alle Schritte einzuhalten.

Die Harmonisierung partnerschaftlichen Begehrens

Der erste Schritt zur Harmonisierung partnerschaftlichen Begehrens besteht darin, sich gegenseitige Unterschiede klar zu machen, egal, worin diese bestehen. Der Mann muss im Allgemeinen seine Flamme zügeln, damit er mit seiner Partnerin Schritt hält, während er durch ein gekonntes sexuelles Vorspiel ihre Säfte zum Überwallen bringt. Die Frau trägt am meisten bei, wenn sie ihre eigene Lust entfacht. Die Taoisten empfahlen Paaren, sich zuerst auf die Erregung der Frau zu konzentrieren und ihre Lust zum Wallen zu bringen. Die Erregung (beider Partner) beginnt jedoch lange bevor sie das Schlafzimmer betreten.

Wärmen Sie Ihren Partner vor

Genauso wie ein vorgeheizter Ofen schneller heiß wird, entfacht sich auch unsere Lust leichter, wenn man sich darauf einstimmt. Denkt man ans Liebesspiel, bevor man zu Bett geht, fällt man sich denn auch eher in die Arme, als dass man in den Schlaf fällt. So bringt ein Anruf tagsüber, bei dem man sich sagt, wie sehr man sich auf das nächtliche Liebeslager freut, die Sinnlichkeit wunderbar in Gang. Und verwöhnt man sich im Laufe des Abends mit Liebesbotschaften und Zärtlichkeiten, wird die Flamme der Leidenschaft sicherlich lodern, wenn es an der Zeit ist, ins Bett zu gehen.

Verwöhnt man sich im Laufe des Abends mit Liebesbotschaften und Zärtlichkeiten, wird die Flamme der Leidenschaft sicherlich lodern, wenn es an der Zeit ist, ins Bett zu gehen.

Auch wenn dies für beide Partner gilt, spielt es für Frauen meist eine entscheidende Rolle. Es gibt das alte Klischee, dass Frauen die Romanze wollen und Männer den Sex. Aber Männer wie Frauen wollen Sex; die Frauen brauchen vorher meist nur mehr Romantik, um ihre Sexualenergie zu wecken und in ihre Genitalien hinunterzuleiten. Bei Männern muss zwar auch die Leidenschaft entfacht werden, doch gleicht ihre feurige Sexualenergie einer Zündflamme, die normalerweise schneller da ist. Die Taoisten bewerten diese Unterschiede nicht. Im Tao geht es um ein Verstehen des Lebens und nicht um moralisierende Wertungen.

Den geheiligten Raum vorbereiten

Sex in verschiedenen Räumen des Hauses oder an verschiedenen Orten macht Spaß und bringt Abwechslung und größere Spontaneität mit sich. Die Taoisten waren große Fans von Liebesspielen in der freien Natur, die sie verehrten und der sie nacheiferten. Am häufigsten spielt sich Sex jedoch im Schlafzimmer ab, so dass Sie dort für eine sexfreundliche Atmosphäre sorgen sollten.

Unser Körper wird stark davon beeinflusst, was wir sehen, hören und riechen.

Unser Körper wird stark von dem beeinflusst, was wir sehen, hören und riechen. Strahlt die Einrichtung eines Raums Geborgenheit und Sinnlichkeit aus, stellt sich unser Körper automatisch auf das Liebesspiel ein. Es gibt einen alten Witz, dass Frauen stets einen Grund brauchen und Männer nur einen Ort. Der Ort, so die Anspielung, kann überall sein. Aber sowohl der Körper der Frau als auch der des Mannes werden von der unmittelbaren Umgebung beeinflusst und reagieren auf vertraute romantische Rituale.

Wie romantisch ist Ihr Schlafzimmer? Stimmt es Sie und Ihren Partner auf das Liebesspiel ein? Sie fragen sich vielleicht, wie ein Raum auf das Liebesspiel einstimmen kann. Ähnlich wie ein gutes Restaurant seine Gäste durch eine geschmackvolle Einrichtung und gedämpftes Licht auf ein romantisches Essen vorbereitet. Jeder hat seinen eigenen Geschmack, was die Romantik betrifft, sorgen Sie aber auf jeden Fall für Bequemlichkeit.

Begrenzen Sie im Schlafzimmer ablenkende Dinge wie Bücher, Zeitschriften und Fernseher auf ein Minimum. Schlafforscher empfehlen Menschen mit Schlafstörungen, im Bett nicht fernzusehen oder zu lesen. In einem Zimmer, in dem wir das Lesen und Fernsehen gewöhnt sind, stellt sich unser Körper eher auf diese Aktivitäten ein als auf das Schlafen oder, in unserem Fall, den Sex. Steht in Ihrem Schlafzimmer der Fernseher im Mittelpunkt, werden Sie wahrscheinlich eher fernsehen als sich

Wie romantisch ist Ihr Schlafzimmer? Stimmt es Sie und Ihren Partner auf das Liebesspiel ein?

dem Sex zu widmen. Kurzum, platzieren Sie Ihren Fernseher möglichst außerhalb des Schlafzimmers.

Die Beleuchtung ist auch entscheidend. Viele Menschen machen zwar bevorzugt im Dunkeln Sex, aber heilende Liebe lässt sich besonders gut bei gedämpftem Licht erfahren. Ein Paar ist während der heilenden Liebe visuell und körperlich völlig aufeinander konzentriert. Die individuelle Konzentration auf den Partner fällt wesentlich schwerer, wenn man im Dunkeln nacheinander tasten muss.

Das Anzünden einer Kerze stellt ein einfaches und beliebtes Ritual zur Einstimmung auf das Liebesspiel dar. Man kann im Kerzenlicht einander sehr gut in die Augen sehen und sich wunderbar an den Körperlinien und -kurven erfreuen. Es bringt unsere Figur vorteilhaft zur Geltung und verbirgt kleine Unvollkommenheiten, die jeder Körper aufweist. Bei der heilenden Liebe konzentriert man sich auf einen subtilen Energieaustausch; sie reicht über jene Schönheitsideale hinaus, von denen die meisten modernen Menschen besessen sind. Jeder Körper ist, unabhängig von seiner Form und Größe, für ein ekstatisches, energiegeladenes Liebesspiel geeignet.

Jeder Körper ist, unabhängig von seiner Form und Größe, für ein ekstatisches, energiegeladenes Liebesspiel geeignet.

Physiologische Zyklen

Zu einem befriedigenden, harmonischen Liebesleben gehört ein gegenseitiges Berühren – im Bett und außerhalb des Bettes. Natürlich laufen Berührungen instinktiv ab, aber die meisten Menschen wissen nicht, warum diese so wichtig sind, und meistens berührt man sich gegenseitig viel zu wenig.

Wenn wir uns berühren, wird das Hormon Oxytocin ins Blut ausgeschüttet, das die gegenseitige Zuneigung erhöht,

Ohne regelmäßige zärtliche Berührung neigen Frauen zu Depressionen und sexuellem Desinteresse, während Männer eher aggressiv werden und eine Abneigung gegenüber nicht sexuellen Berührungen entwickeln – ein Rezept für Eheschwierigkeiten schlechthin.

Stress abbaut und die Produktion der Sexualhormone fördert. Bei Frauen steigert es die sexuelle Bereitschaft und bei Männern erhöht es die Empfindsamkeit und Erektion des Penis.[2]

Ohne regelmäßige zärtliche Berührung neigen Frauen zu Depressionen und sexuellem Desinteresse, während Männer eher aggressiv werden und eine Abneigung gegenüber nicht sexuellen Berührungen entwickeln – ein Rezept für Eheschwierigkeiten schlechthin. Es ist also physiologisch entscheidend und dient nicht nur der emotionalen Befriedigung, wenn man sich bei der Hand fasst und sich umarmt.

Außerdem erzeugen unsere Hormone eine positive Feedbackschlaufe, was bedeutet, dass man umso mehr Berührung wünscht, je mehr Berührung da ist. Deshalb sind wir für Berührungen umso empfänglicher, je mehr Berührung wir erhalten, und für Sex umso offener, je aktiver wir sexuell sind.

Leider ist die negative Feedbackschlaufe ebenso wirksam, weshalb Paare in den Teufelskreis der Trennung geraten, indem sie sich nicht berühren und nicht miteinander schlafen.

Es ist also gut, sich in Richtung aktiven Sex zu bewegen, solange nichts dagegen spricht (Müdigkeit zählt nicht). Der Mensch ist ein Gewohnheitstier, wie man so schön sagt, das heißt, was wir heute tun, sind wir geneigt, auch morgen zu tun. Was den Sex betrifft, werden wir sowohl durch die Gewohnheit als auch durch die Hormone dazu ermutigt. Halten Sie das Feedback in der richtigen Richtung am Laufen.

Elektrisierende Berührung

Für die Taoisten stellt Berührung mehr als nur eine Sache physischen Kontakts oder chemischer Reaktionen dar. Wie wir in Kapitel 3 erklärt haben, durchflutet uns elektromagnetische

Physiologische Zyklen

Energie, die durch besondere, in der chinesischen Medizin Meridiane genannte Kanäle in jeden Winkel unseres Körpers geleitet wird. Durch Berührung können wir diese Energie mit unserem Partner teilen. Unsere Fingerspitzen, unsere Lippen und Zungen und unsere Genitalien sind für diesen Energieaustausch besonders gut geeignet.

Konzentrieren Sie sich auf Ihre Hände, wenn Sie Ihren Partner berühren, und stellen Sie sich vor, dass durch Ihre Finger Liebesenergie in den Körper Ihres Partners fließt. Denken Sie daran,

Berührung erfordert liebende Aufmerksamkeit, wenn sie ekstatische Heilung sein soll.

dass unser Chi, unsere Energie, unserem Geist folgt. Zur Berührung gehört liebende Aufmerksamkeit, wenn sie nicht nur berühren, sondern ekstatisch heilen soll.

Durch Berührung wird ein Hormon ausgeschüttet, das unsere Zuneigung verstärkt und uns sinnlicher macht.

Leicht wie eine Feder

Beim Streicheln wird die Hautoberfläche der Partnerin oder des Partners sensibilisiert und Energie an die betreffenden Stellen geleitet. Anders als bei einer Massage, die durch stär-

Gegenseitige Befriedigung

Will ein Mann eine Frau streicheln, sollte er beachten, dass ihre Sexualenergie von ihren Extremitäten in ihre Genitalien geleitet werden muss.

kere Druckanwendung muskuläre Verspannungen löst, wird die Empfindsamkeit der Nervenenden geweckt.

Will ein Mann eine Frau streicheln, sollte er beachten, dass ihre Sexualenergie von ihren Extremitäten in ihre Genitalien geleitet werden muss. Genügend Zeit vorausgesetzt, sollte er bei ihren Händen und Füßen, Armen und Beinen beginnen und dann das Streicheln vom Kopf über den Oberkörper nach unten fortsetzen. Er sollte die Genitalien erst dann direkt berühren, wenn er sie umkreist hat. In der Bildsprache des Taos gleicht das Yin dem Wasser, das über die Hügel und Schluchten des kurvenreichen weiblichen Körpers zu seiner tiefsten Stelle, der Vagina, hinunterfließen muss. Wasser sammelt sich immer an der tiefsten Stelle an.

Will eine Frau einen Mann streicheln, sollte sie daran denken, dass seine Sexualenergie aus seinem Penis in den übrigen Körper geleitet werden muss.

Will eine Frau einen Mann streicheln, sollte sie daran denken, dass seine Sexualenergie aus seinem Penis in den übrigen Körper geleitet werden muss. Deshalb beginnt sie mit leichten Berührungen des Penis, ohne diesen direkt zu stimulieren. Sie versucht nicht, sein Feuer zu schüren, sondern es auf kleiner Flamme zu halten. Zu sehr erregt, würde er das nicht aushalten und ejakulieren. Die Partnerin kann die Sexualenergie vom Penis aus weiterleiten, durch die Arme und Beine zu den Händen und Füßen und dann den Oberkörper hinauf in den Kopf. Diese Energieableitung ermöglicht ihm eine größere ejakulatorische Kontrolle und hilft dem Mann dabei, einen ganzkörperlichen Orgasmus zu erfahren.

Natürlich sollte die Energie *in* seinen Penis geleitet werden, wenn ein Mann Erektionsprobleme hat. Denken Sie daran, dass das Blut aufgrund der Schwerkraft aus dem Penis fließt, wenn der Mann auf dem Rücken liegt. Bei Erektionsproblemen sollte er daher besser nicht auf dem Rücken liegen, damit das Blut durch die Schwerkraft in seinen Penis geleitet statt diesem entzogen wird. Stehen, Sitzen, Knien oder das Liegen auf der Partnerin sind der Erektion eines Mannes förderlicher.

Körperpartien

Im Westen neigt man dazu, den menschlichen Körper für eine Art Auto zu halten, das nur viel komplizierter konstruiert ist. Wenn Sie den Körper Ihrer Partnerin oder Ihres Partners streicheln, sollten Sie unbedingt daran denken, dass die Energiekanäle (Meridiane) den ganzen Körper durchziehen und dass Sie die Sexualenergie Ihrer Partnerin oder Ihres Partners

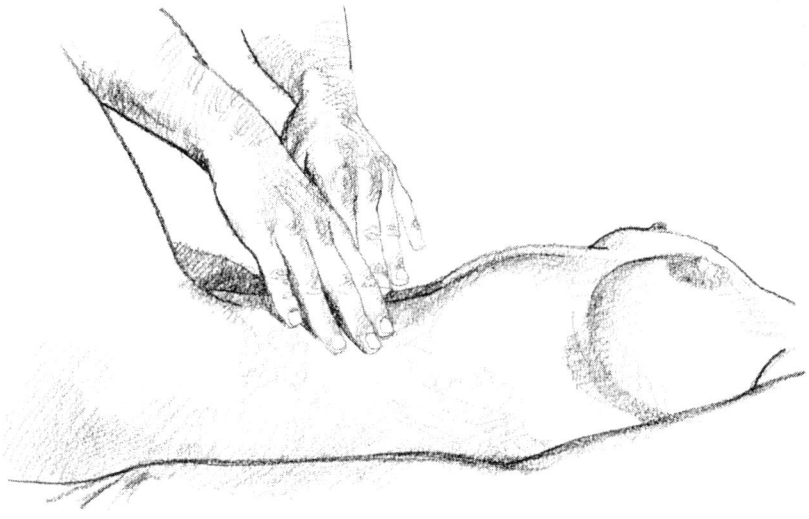

Beim Streicheln wird die Hautoberfläche der Partnerin bzw. des Partners sensibilisiert und Energie an die betreffenden Stellen geleitet.

wecken und nicht nur einen bestimmten Körperteil stimulieren wollen. Anders ausgedrückt, durch die Berührung diverser Nervenenden an Händen und Füßen oder Brustwarzen und Genitalien können Sie große Lustempfindungen hervorrufen, aber diese Nerven stehen über ein kompliziertes Geflecht mit dem übrigen Körper in Verbindung.

Versuchen Sie den Körper Ihres Partners und dessen Energiehaushalt ganzheitlich zu sehen, selbst wenn Sie Ihre speziellen Grifftechniken verfeinern. Bei der heilenden Liebe zählt jede zarte Berührung als Beitrag der Harmonisierung; sich an den Händen zu fassen oder zu küssen ist genauso wichtig wie der Liebesakt.

Die folgenden Anregungen basieren zwar auf traditioneller Beobachtung und moderner Forschung, aber natürlich handelt es sich nur um Verallgemeinerungen. Sie und Ihr Partner oder Ihre Partnerin haben Ihre eigenen Vorlieben und Methoden der Befriedigung. Wir empfehlen Ihnen, die folgenden Abschnitte gemeinsam zu lesen und Ihre eigenen individuellen Vorstellungen und Wünsche zu diskutieren.

Außerdem ist jede sexuelle Begegnung anders. Bei einem Mittagsquickie sind Sie wahrscheinlich beide eher genital ausgerichtet, während ein geruhsamer Abend am Wochenende genügend Zeit lässt, Ihre erotischen Landschaften bis ins Kleinste zu erkunden. Am besten ist es, wenn man ein paar Lieblingslieder kennt, aber auch wie gute Jazzmusiker gemeinsam zu improvisieren versteht.

Beginnen wir von oben, mit einigen Freuden, die man sich nicht entgehen lassen sollte.

Zunge und Lippen

Die meisten Menschen beginnen beim intimen Sich-Näherkommen instinktiv mit dem Küssen. Beim Küssen können die Lippen und Zungen beinahe endlose Freuden bieten.

Nach den Taoisten tragen Zunge und Lippen wesentlich zum Energieaustausch bei.

Den Taoisten zufolge tragen Zunge und Lippen hauptsächlich zum Energieaustausch bei, deshalb empfahlen sie ein ausgedehntes Küssen und Zungenküssen (das sie unabhängig von den Franzosen entdeckten). Senden Sie Ihrem Partner oder Ihrer Partnerin beim Lippen- und Zungenberühren Ihre Energie und trinken Sie die seine/ihre.

Die Taoisten betrachteten den Speichel als höchstes Elixier und vitalisierenden Cocktail, aber beide Partner sollten vereinbaren, wie viel sie davon schlucken möchten. Männer mögen es häufiger nasser als Frauen. Lassen Sie sich doch einfach von Ihrem Partner oder Ihrer Partnerin zeigen, wie er oder sie gerne geküsst werden möchte.

Kopfhaut
Die Kopfhaut stellt die Krone des Körpers und auch seinen Energiegipfel dar. Tragen Sie zur Stimulierung des Scheitels Ihres Partners oder Ihrer Partnerin bei, indem Sie ihn oder sie wie ein Kätzchen am Kopf kraulen. Leiten Sie dann die Energie durch Streicheln und Küssen über den Vorderkanal den Körper Ihres Partners oder Ihrer Partnerin hinunter.

Ohren
Laut chinesischer Medizin sind die Ohren von Akupunkturpunkten übersät und äußerst aufnahmefähig für Berührungen, seien es Hände, die Zunge oder sogar der Atem.

Wirbelsäule
Die Wirbelsäule ist vom Hals bis zum Steißbein äußerst empfindsam. Wie wir bereits dargelegt haben, wird die Energie von den Genitalien hauptsächlich durch die Wirbelsäule in den Kopf hochgeleitet, ein Vorgang, den Sie unterstützen können, wenn Sie Ihrem Partner oder Ihrer Partnerin beim Umarmen die Wirbelsäule streicheln.

Hände und Füße
Unsere Hände und Füße zählen mit zu den empfindsamsten und sexuell aufregendsten Körperteilen. Finger und Zehen bieten sich förmlich zum Lecken und Saugen an, wodurch man seinem Partner oder seiner Partnerin Freudenschauder vermitteln kann. Besonders reizvoll ist das Küssen und Lecken an den Handflächen und Handgelenken.

Arme und Beine

Arme und Beine sprechen gut auf zärtliche Berührungen an, besonders die Innenseiten der Schenkel, wenn Sie auf dem Weg zu den Genitalien Ihres Partners oder Ihrer Partnerin zärtlich darüber streifen und lecken.

Brüste

Wenn Sie die Brüste im abnehmenden Umfang umkreisen, leiten Sie Energie in die Brustwarzen. Noch mehr stimulierendes Chi steht Ihnen zur Verfügung, wenn Sie Finger und Daumen vor dem Berühren der Brustwarzen aneinander reiben. Nehmen Sie schließlich die Brustwarzen Ihres Partners oder Ihrer Partnerin zwischen Daumen und Finger und rollen Sie sie zart hin und her. (Vielleicht möchten Sie mit einer Brustwarze beginnen.)

Natürlich sind die Brustwarzen der empfindsamste Teil der weiblichen Brust, aber die meisten Frauen bevorzugen es, wenn ihr Partner die Brust insgesamt streichelt und massiert, bevor er die Brustwarzen berührt.

Nicht alle Frauen möchten ihre Brüste und Brustwarzen gleich stark gedrückt und gekost haben. Je stärker eine Frau erregt ist, desto heftiger darf die Stimulierung im Allgemeinen sein, weshalb Frauen beim fortgeschrittenen Vorspiel oder beim Geschlechtsverkehr oft eine kräftigere Brustwarzenstimulation schätzen.

Je stärker eine Frau erregt ist, desto heftiger darf die Stimulierung im Allgemeinen sein, weshalb Frauen beim fortgeschrittenen Vorspiel oder beim Geschlechtsverkehr oft eine kräftigere Brustwarzenstimulation schätzen.

Die Brustwarzen des Mannes sind zwar wesentlich kleiner und relativ unempfindlicher als die der Frau, doch ist es falsch, anzunehmen, dass Männer dort überhaupt nichts spüren. Viele Männer genießen die Stimulierung ihrer Brustwarzen, die sich dabei ebenfalls vergrößern und fester werden. Einige Männer können sich allerdings kaum für eine Brustwarzenstimulierung erwärmen oder ziehen es vor, wenn die Partnerin gleich zu noch empfindsameren Stellen übergeht.

Wie schon gesagt, ist die Zunge eine hervorragende Chi-Vermittlerin, und durch nichts lassen sich die Brustwarzen der Partnerin oder des Partners besser stimulieren als durch die Zunge.

Brustwarzen und Genitalien bilden (sowohl bei Frauen als auch bei Männern) ein Erregungsdreieck. Wenn man die Brustwarzen einer Frau (oder eines Mannes) stimuliert, erregt das gleichzeitig die Genitalien oder führt zumindest zu einem unterschwelligen Kitzel, der weiter geweckt werden will.

Weibliche Genitalien
Die Klitoris einer Frau ist die Körperstelle mit der größten Dichte an Nervenenden, und aufgrund dieser extremen Empfindsamkeit muss sie wirklich mit Vorsicht und echtem Sachverstand berührt werden. So wie bei den Brustwarzen ist auch die Klitoris, je stärker erigiert sie ist, desto empfänglicher für intensivere Stimulierung. Wenn man die Klitoris umkreist, leitet ihr das Energie zu. Es stellt, wie bei den Brustwarzen, eine gute Vorbereitung auf die direkte Stimulierung dar. Dieses Umkreisen trägt entscheidend zur Entfachung der weiblichen Lust bei und bringt sie in Wallung.

Ein Mann sollte grundsätzlich mit dem Streicheln oder Umkreisen der weniger empfindsamen Klitorisseiten beginnen. Er kann auch die Klitoris zwischen den kleinen Schamlippen hin und her rollen. Versuchen Sie dann die Klitorishaube zart zu umkreisen und zu klopfen, bevor Sie die extrem empfindsame Klitoris selbst berühren. Manchen Frauen ist die direkte Stimulierung der Klitoris grundsätzlich zu intensiv, so dass sich der Mann hier von der Partnerin leiten lassen sollte (von ihrem Stöhnen, Schnaufen, Schwitzen oder sprachlichen Hinweisen).

Körperpartien

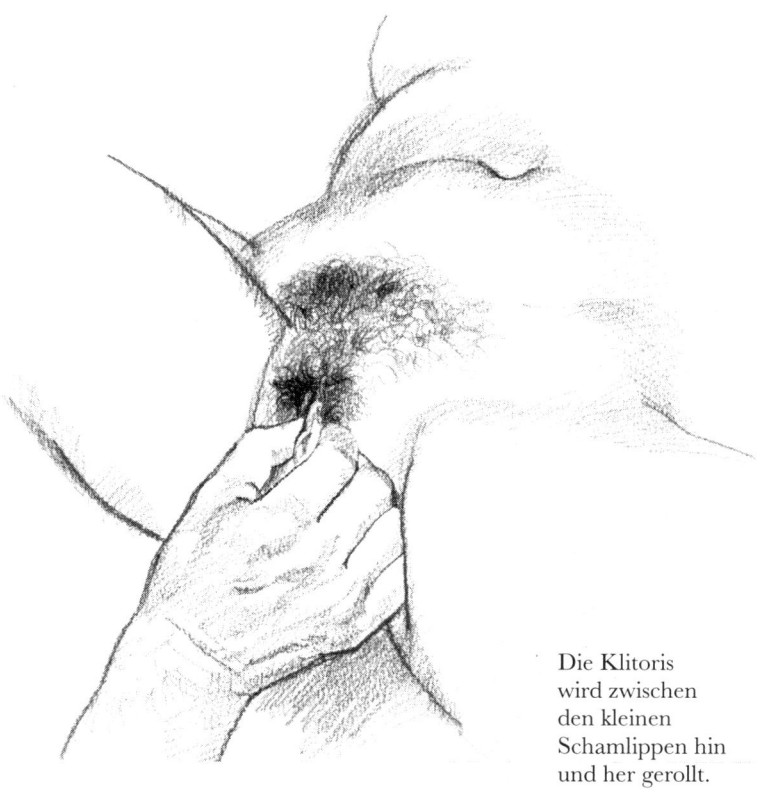

Die Klitoris wird zwischen den kleinen Schamlippen hin und her gerollt.

Die klitorale Stimulierung ist für die meisten Frauen orgasmusentscheidend. Viele Frauen brauchen beim Geschlechtsverkehr länger zum Orgasmus, weil ihre Klitoris dabei nicht direkt stimuliert wird. Stellen Sie sich vor, ein Mann würde versuchen, zu einem Orgasmus zu kommen, indem er sich nur über den Penisschaft oder die Hoden streicht, aber nicht über die Eichel! Wäre dies der Fall, gäbe es sicher viele Bücher über Orgasmusschwierigkeiten von Männern.

Gegenseitige Befriedigung

Es hat sich wiederholt gezeigt, dass Frauen während der Selbstbefriedigung (wenn sie ihre Klitoris stimulieren) genauso schnell zum Orgasmus kommen wie Männer. Viele Paare sind irrtümlich der Meinung, dass sich eine Frau während des Liebesspiels nicht selbst berühren sollte oder dass die Klitoris während des Geschlechtsverkehrs nicht stimuliert zu werden braucht.

Die klitorale Stimulierung ist für die meisten Frauen orgasmusentscheidend. Viele Frauen brauchen beim Geschlechtsverkehr länger zum Orgasmus, weil ihre Klitoris dabei nicht direkt stimuliert wird.

Ein Mann kann eine Menge darüber lernen, wie eine Frau ihre Klitoris stimuliert haben möchte, wenn sie bereit ist, es ihm zu zeigen. Sie kann sich zunächst selbst streicheln, während die Fingerspitzen ihres Partners die ihren berühren, so dass er spürt, an welchen Stellen sie welchen Druck gern hat. Umgekehrt kann sie ihre Finger auf die seinen legen und ihn mit dem gewünschten Druck an die bevorzugten Stellen führen. Während des Geschlechtsverkehrs kann er (oder sie sich) zur weiteren Stimulierung und Steigerung der Erregung an die Klitoris fassen. Hat ein Paar diese Stimulierungsmöglichkeit während des Geschlechtsverkehrs einmal begriffen, stellt die Befriedigung der Frau kein Problem mehr dar und die Unsicherheit des Mannes, ob es »gut für sie« war, verschwindet.

Selbstbefriedigung in Anwesenheit des Partners

Viele Menschen schämen sich ihrer Selbstbefriedigung und schrecken erst recht davor zurück, sich in Anwesenheit ihres Partners sinnlich zu berühren. Ihnen wurde beigebracht, dass Selbstbefriedigung Sünde ist oder zumindest ein Grund, sich zu schämen, und so ist ihnen die Vorstellung, dies vor dem Geliebten zu tun, peinlich, wenn nicht gar entsetzlich. Es ist schwierig, die oft jahrelange soziale Konditionierung bezüglich der Masturbation zu überwinden. Wenn Sie sich ihrer schämen, sollten Sie sich als Erstes bewusst machen, dass es vielen Menschen genauso geht. Zweitens sollten Sie sich klar machen, dass es unnatürlich ist, sich seiner Selbstbefriedigung zu schämen. Es gibt noch andere Einstellungen zur Sexualität als die puritanische. Bei den Taoisten, die Sex für äußerst gesund halten, wird die Masturbation erotische Selbstpflege und Genitaltraining genannt. Sie raten dringend zu diesem Training, der Gesundheit zuliebe.

Die Masturbation oder Selbstbefriedigung ist auch nicht nur etwas für Teenager oder Singles. Die *American Medical Association* erklärte in dem Buch *Human Sexuality,* dass die Masturbation von Männern und Frauen jeden Alters gepflegt wird, und dass Frauen meist häufiger masturbieren, wenn sie älter werden. Man schätzt, dass 70 Prozent der verheirateten Männer und Frauen sich selbst befriedigen.[3]

Viele Menschen empfinden es als eine Art Kritik und glauben, nicht attraktiv genug zu sein, wenn ihr Partner sich selbst befriedigt. Die Selbstbefriedigung ersetzt keinen Partnersex, vielmehr stellt sie eine wertvolle Ergänzung dar. Eine von der Universität Chicago durchgeführte Sexstudie ergab, dass Menschen, die mit ihrem Partner regelmäßig sexuell verkehren, sich tatsächlich auch häufiger selbst befriedigen als Menschen, auf die Ersteres nicht zutrifft.[4]

Doch selbst diejenigen, die sich privat ohne schlechtes Gewissen selbst streicheln, scheuen oft davor zurück, dies vor ihrem Partner zu tun. Oft fühlen wir uns hilflos ausgeliefert, wenn wir unsere Lust zeigen und uns in Anwesenheit unseres Partners selbst befriedigen. Auch wenn einem dies schrecklich vorkommt, echte Intimität (sei sie sexuell oder anders geartet) beruht auf Verletzlichkeit. Gelingt es Ihnen, sich im Schlafzimmer Ihrer Verletzlichkeit zu stellen und Ihre Lust zu zeigen, werden Sie auch im übrigen Zusammensein einander eher Ihre Verletzlichkeit offenbaren und offenherziger miteinander umgehen.

Gegenseitige Befriedigung

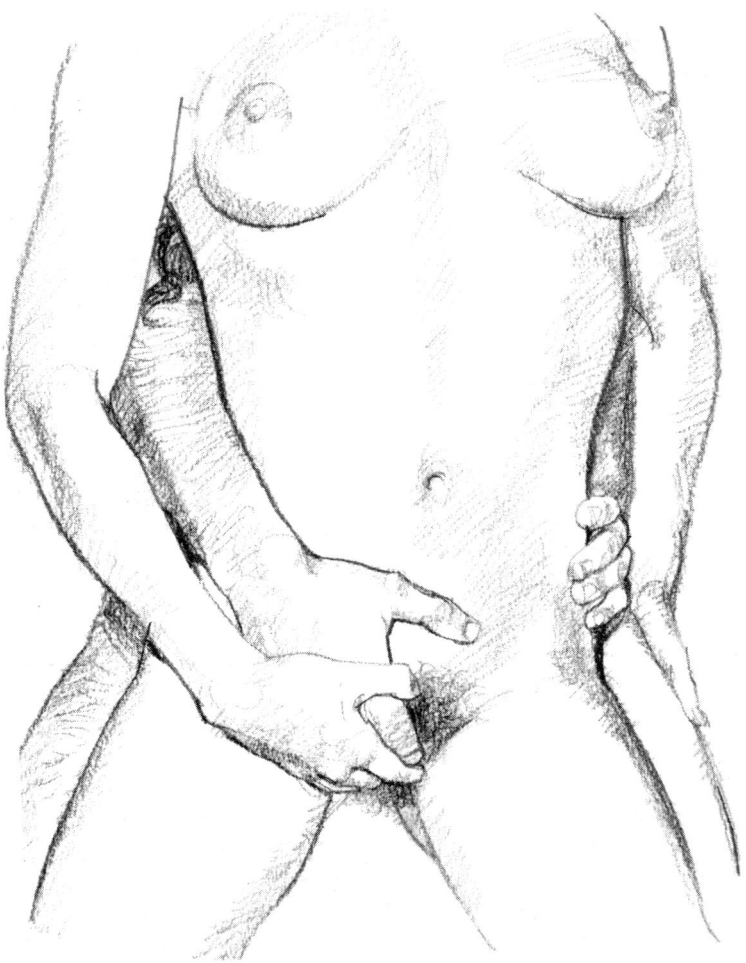

Die Frau kann ihre Finger auf die ihres Partners legen und ihn mit dem gewünschten Druck an die bevorzugten Stellen führen.

Wenn Sie die Hand Ihres Partners oder Ihrer Partnerin während des Geschlechtsverkehrs an seine/ihre Genitalien führen, ist das eine Möglichkeit, sie zum Eingestehen ihrer Lust zu ermutigen. Drängen Sie aber nicht. Niemand kann zur Offenheit gezwungen werden. Das Vertrauen ineinander wächst am ehesten, wenn man sich um gegenseitiges Verständnis und eine liebevolle, intime sexuelle und emotionale Beziehung bemüht.

Manche Menschen fühlen sich durch die Selbstberührung ihres Partners oder ihrer Partnerin während des Liebesspiels bedroht. Sie halten es für ihre Pflicht, den Partner zu befriedigen, und fühlen sich unwohl, wenn diese Rolle in Frage gestellt ist. Der Wunsch, den Partner zu befriedigen, mag zwar edel sein, Tatsache ist jedoch, dass jeder für seinen Orgasmus selbst zuständig ist. Ein Orgasmus lässt sich nicht verschenken, aus dem einfachen Grund, weil er im eigenen Kopf stattfindet.

Der Wunsch, den Partner zu befriedigen, mag zwar edel sein, Fakt ist jedoch, dass jeder für seinen Orgasmus selbst zuständig ist. Ein Orgasmus lässt sich nicht verschenken, aus dem einfachen Grund, weil er im eigenen Kopf stattfindet.

Fingertechniken

Wenn ein Mann mit den Fingern in seine Partnerin eindringt, kann er ihren G-Punkt und andere empfindsame Stellen präziser angehen, als es mit dem Penis möglich ist. Bevor er seine Finger einführt, sollte er jedoch bei den Schamlippen verweilen und mit ihnen und der Klitoris spielen, bis seine Partnerin ganz nass und erregt ist. Je gleitfähiger und erregter sie ist, desto lustvoller wird sein Fingerspiel für sie sein.

Reicht die Gleitflüssigkeit nicht aus, kann er seine Finger mit Speichel oder Öl gleitfähig machen oder es mit Oralsex versuchen (siehe unten), der per se für Gleitsubstanz sorgt. Außer Speichel eignen sich natürliche Öle oder wasserlösliche Gleitcremes am besten. Auf keinen Fall sollten Sie Vaseline, parfümierte Öle oder Lotionen verwenden, die die Vagina reizen können. Denken Sie daran, dass Öle Latex angreifen und deshalb nicht in Verbindung mit Kondomen verwendet werden sollten. Wie dem auch sei, auf die Gleitflüssigkeit kommt es an. Wenn eine Frau trocken ist, können die bestgemeinten Erkundungen unangenehm und oft sogar schmerzhaft sein.

Doch nicht nur wegen des Nasswerdens sollte der Mann sich mit dem Eindringen Zeit lassen, sondern auch um die Erwartung anzuheizen. Wie gesagt, das Yin ist langsamer als das Yang, und versteht es ein Mann, langsam vorzugehen, wird er die Lust seiner Partnerin immens steigern. Wenn er dann in sie eindringt, wird ihr sein Fingerspiel den ersehnten Hochgenuss bereiten. Außerdem lassen sich der G-Punkt und die anderen Stellen wesentlich leichter finden, wenn sie dem Orgasmus nahe ist oder ihn erfährt.

Der G-Punkt

Der G-Punkt ist eine äußerst empfindsame Stelle der vorderen Scheidenwand in etwa vier bis sechs Zentimeter Tiefe (Richtung Bauch), direkt hinter dem Schambein. Wenn Sie die Vulva ansehen und sich eine Uhr vorstellen, auf der die Klitoris 12 Uhr darstellt, liegt der G-Punkt gewöhnlich irgendwo zwischen Elf und Eins.

Dieser Punkt ist nach Dr. Ernst Gräfenberg benannt, der ihn als erster westlicher Arzt beschrieb. Es ist überflüssig zu sagen, dass Frauen (und viele Männer) diesen Punkt schon seit langem kennen. Die Taoisten nannten ihn Schwarze Perle. Noch steht zur Debatte, ob alle Frauen einen solchen Punkt haben, denn einige Frauen finden ihn bei sich und andere nicht.

Bevor ein Mann (oder eine Frau) diesen Punkt erkundet, sollten sie einiges Grundsätzliche darüber wissen (siehe Seite 180).

Der G-Punkt ist das bekannteste Lustzentrum in der Vagina, doch hat jede Frau ihre eigenen empfindsamen Stellen. Der

Körperpartien

Eine Frau wird am ehesten multiorgasmisch, wenn ihre Klitoris während des Geschlechtsverkehrs stimuliert wird.

G-Punkt scheint einfach ein erigibles Gewebe zu sein, das bei einer Stimulierung anschwillt.

Doch lassen sich noch andere empfindsame Stellen finden. Kürzlich wurden rechts und links neben dem G-Punkt zwei weitere Punkte entdeckt, der X- und der Y-Punkt (in ungefähr fünf Zentimeter Tiefe). Neuere Studien lassen vermuten, dass die Klitoris, die man einst als ein winziges Körperglied ansah, in Wirklichkeit weit größer ist und ihre Nerven tief in die Scheidewand hinein verlaufen.

Wenn der Mann mit einem oder zwei Fingern die Scheide rundum erkundet, werden Sie einmalige Stellen der Lust miteinander entdecken.

Die Taoisten wussten, dass die Stimulierung dieses Scheidenbereichs wichtig war, und beschrieben in der Scheide, etwa in derselben Tiefe, einen Ring der Lust. Darum empfahlen sie die flachen Stöße nach links, rechts, oben und unten (siehe »Buchstäblich schrauben«, Seite 198).

Einige Frauen berichten von sexuell sehr empfindsamen Stellen in der Scheidenrückwand, etwa in der Position von vier und acht Uhr. Andere Frauen berichten von großen Lustempfindungen im Scheidengewölbe, das über dem Muttermund und (beim Liegen) darunter liegt. Wenn der Mann mit einem oder zwei Fingern die Scheide rundum erkundet, werden Sie Ihre individuellen Stellen der Lust miteinander entdecken.

So funktioniert es

Entdecken Sie den G-Punkt

Furchen der Lust: Der G-Punkt lässt sich schwer finden, wenn eine Frau nicht sexuell erregt ist, doch lässt sich oft eine unebene oder furchige Stelle ertasten.

Wechselgeld: Der Punkt schwillt bei sexueller Erregung auf eine Zehnpfennigstückgröße und mehr an.

Schon erregt: Der beste Zeitpunkt zur Stimulierung des

G-Punkts ist, wenn eine Frau schon erregt und dem Orgasmus nahe ist.

Druck auf der Blase: Einige Frauen spüren einen Druck auf der Blase oder haben sogar den Drang zu urinieren, wenn der G-Punkt berührt wird. Das ist ganz normal, bedenkt man, dass dieser Punkt in der Nähe von Harnleiter und Blase liegt. Stimuliert der Partner den Punkt etwas weniger heftig weiter, wird sich das unangenehme Gefühl in eine Lustempfindung wandeln. Fürchtet die Frau ein eventuelles Urinieren-Müssen, kann sie die Blase vorsorglich entleeren oder auch in der Stille des Badezimmers den Punkt zunächst selbst suchen.

Zwei Nerven sind besser als einer: Physiologische Untersuchungen weisen auf unterschiedliche Nervenbahnen der Klitoris und Vagina hin. Wenn ein Mann den G-Punkt und die Klitoris seiner Partnerin gleichzeitig zu stimulieren versucht, kann das sehr intensive, plötzliche Orgasmen ermöglichen.

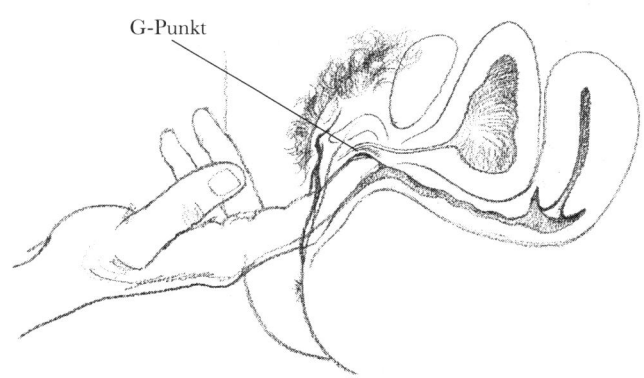

Der G-Punkt ist ein Lustzentrum in der Scheide, normalerweise ein bis zwei Drittel Finger tief gelegen, direkt hinter dem Schambein.

Die Kunst des Fingerspiels

Gepflegte Fingernägel: Männer sollten auf stumpf geschnittene, gepflegte Fingernägel achten. Jede scharfe Kante stellt für die hochempfindliche Haut der Klitoris und Vagina eine große Verletzungsgefahr dar.

Von hinten: Das Liegen vor der Vagina einer Frau mag für den Oralverkehr geeignet sein, für das Fingerspiel eignet es sich jedoch gar nicht. Besser ist es, wenn der Mann die Frau von hinten zu befriedigen versucht, wodurch er ihre Klitoris und Vagina im gleichen Winkel erreicht wie sie bei der Selbstbefriedigung (siehe Abbildung auf Seite 174).

Mit sachter Hand: Nach dem Tao ist es ein grober Fehler, in eine Frau einzudringen, bevor sie bereit dazu ist. Ein Mann sollte mit seinen Fingern (oder seinem Penis) zurückhaltend sein und vor der Vagina seiner Partnerin verweilen. Der berühmte sexuelle Berater des Gelben Kaisers, Su Nu, erklärte, dass sich eine Frau zurückbeugt und ihre Genitalien den Fingern oder dem Penis des Mannes entgegenhebt, wenn sie zu seinem Eindringen bereit ist.

Spiralen ziehen: Streichen Sie kreisend um und über die Klitoris. Vermeiden Sie sprunghafte oder fahrige Bewegungen. Halten Sie sich die Dichte der Nervenenden vor Augen.

Zwischen den Schamlippen: Versuchen Sie die Klitoris Ihrer Partnerin zwischen den kleinen Schamlippen zu rollen und diese selbst zu reiben.

G-Punkt aufsuchen: Ein Mann sollte an die Erkundung des G-Punktes denken, der sich etwa fünf Zentimeter vom Scheideneingang entfernt in der oberen Wand befindet

> (wenn die Frau auf dem Rücken liegt. Siehe Abbildung auf Seite 179). Natürlich kann er seine Rundumerkundung fortsetzen. Hebt die Frau ihre Beine hoch, verkürzt sich der Scheidenkanal. Dies erlaubt ihrem Partner, die Tiefen ihrer Vagina zu erkunden.
>
> *Der Führung folgen:* Wenn eine Frau dies möchte, kann der Mann seine Finger auf ihre legen, während sie sich selbst befriedigt. Ähnlich kann sie sich mit seinem Penis selbst stimulieren.

An dieser Stelle sei erwähnt, dass sich manche Frauen mit dem Auffinden speziell empfindsamer Stellen schwer tun. Sie sollten sich dabei nicht unter Erfolgsdruck setzen. Auch wenn eine gründliche Erkundung keine speziellen Lustbarkeiten enthüllt, ist doch die Vagina den meisten Frauen ein Schatzkästlein der Lust. Außerdem sollte ein Mann während seines Fingerspiels (wie auch beim Stoßen) wissen, dass manche Frauen am Muttermund sehr druckempfindlich sind. Dieser befindet sich normalerweise tief in der Vagina, aber seine Lage variiert von Frau zu Frau, ja selbst im Lauf des Zyklus. Schreiben Sie deshalb Einfühlsamkeit groß. Mit sachter Hand fährt man am besten.

Männliche Genitalien

Wie Sie bereits wissen, steigt die Yang-Energie von den Genitalien auf, deren Verteilung im ganzen Körper wünschenswert ist. Umfassen und streicheln Sie also den Schritt Ihres Partners, und leiten Sie dann die Sexualenergie durch den Körper, indem Sie mit Ihren Fingerspitzen leicht über seinen Bauch oder Rücken streichen. Die meisten Männer spüren ihre Sexualenergie und Orgasmen fast ausschließlich zwischen den Beinen. Zu ihrer umfassenden Heilung und Sensibilisierung muss diese vitalisierende Energie jedoch im ganzen Körper verteilt werden.

Weil das männliche Geschlecht so leicht Feuer fängt, wünschen viele Männer die sofortige genitale Stimulierung. Die Berücksichtigung dieses natürlichen Wunsches ist zwar wichtig, aber eine Frau kann ihrem Mann zu einer wesentlich befriedigenderen und ausgedehnteren orgasmischen Erfahrung verhelfen, wenn sie die Sexualenergie zunächst aus seinen Genitalien herausleitet. Die Yang-Energie ist explosiv, und einmal erweckt, treibt sie mit aller Kraft aus dem Penis heraus und damit zur Ejakulation. Verteilt also die Frau diese Sexualenergie zunächst im Körper ihres Partners, erleichtert sie ihm die Kontrolle über seine Ejakulation und damit die Erfahrung von ganzkörperlichen Orgasmen.

Die Yang-Energie ist explosiv, und einmal erweckt, treibt sie mit aller Kraft aus dem Penis heraus und damit zur Ejakulation. Verteilt also die Frau diese Sexualenergie zunächst im Körper ihres Partners, erleichtert sie ihm die Kontrolle über seine Ejakulation und damit die Erfahrung von ganzkörperlichen Orgasmen.

Die meisten Männer und Frauen messen die Erregung eines Mannes am Grad seiner Erektion. Um also unnötige Befürchtungen auszuschließen, sei hier erwähnt, dass ein Mann möglicherweise keine Erektion bekommt oder seine bestehende verliert, wenn die Frau seine Sexualenergie über den Körper verteilt oder andere Geschlechtsteile stimuliert, wie zum Beispiel die Hoden oder die Dammgegend, was jedoch nicht heißt, dass der Partner keine intensiven Lustempfindungen hat. Erektionen kommen und gehen mit dem Einströmen der Sexualenergie und des Blutes in den Penis.

Denken Sie auch daran, dass die Schwerkraft dem Penis das Blut entzieht, wenn ein Mann auf dem Rücken liegt. Außerdem geht die Erektion bei vielen Männern zurück, wenn sie die Empfangenden sind. Die Taoisten erklären dies durch die aktive Natur des Yang, das im Mann abnimmt, wenn er passiv

Körperpartien

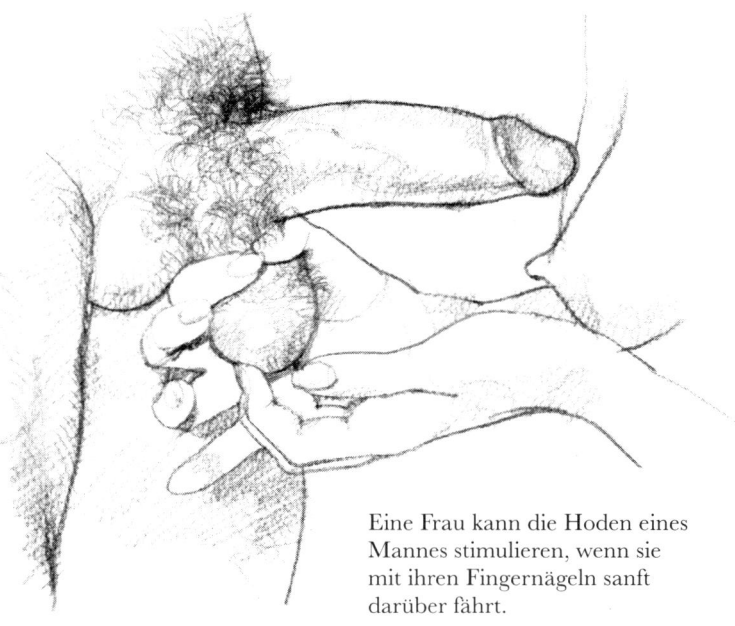

Eine Frau kann die Hoden eines Mannes stimulieren, wenn sie mit ihren Fingernägeln sanft darüber fährt.

ist. Die Erektion kehrt jedoch rasch wieder zurück, sobald der Mann wieder die Initiative ergreift und seiner Partnerin aktiv Lust bereitet.

Bei den folgenden Streicheltechniken braucht der Mann keine Erektion zu haben, um intensive Lust zu erfahren. Wünschen beide die Erektion für die Penetration, kann die Frau sein Penisende mit den Händen oder dem Mund stimulieren oder er ergreift selbst wieder mehr die Initiative. Genauso wie die Klitoris die empfindsamste Stelle des weiblichen Körpers ist, ist das Penisende die empfindsamste Stelle des männlichen Körpers. Wie wir im nächsten Kapitel sehen werden, hielten die Taoisten die Stimulation sämtlicher männlicher Geschlechtsorgane für wichtig.

Die Kunst des Streichelns

Mach ihn gleitfähig: Gleitmittel, ob ölige oder wasserlösliche, sind ganz wichtig, sollen die Geschlechtsorgane des Mannes länger gestreichelt werden. Öl ist für eine länger dauernde Stimulierung eindeutig am besten geeignet. Während Frauen schließlich eine eigene Gleitflüssigkeit erzeugen, sind Männer völlig auf eine äußere Lubrikation angewiesen. Das Gleitmittel steigert zudem seine Empfindsamkeit.

Denken Sie jedoch daran, dass ölige Substanzen Kondome und Pessare bzw. Diaphragmen angreifen. Verwenden Sie in solchen Fällen ein wasserlösliches Gleitmittel.

Lichtgeschwindigkeit: Die meisten Männer streicheln sich bei der Selbstbefriedigung möglichst schnell zu einem Orgasmus (normalerweise in Form einer Ejakulation). Das mag die althergebrachte Methode einer Zeit sein, in der man heimlich und möglichst schnell masturbierte, aus Angst, erwischt zu werden. Das Bedürfnis nach Aktivität, ja rasender Aktivität, entspricht zudem dem Wesen des Yang.

Beim taoistischen Sex ist die Ejakulation jedoch nicht mehr das alleinige Ziel. Man zieht die langsamere Stimulierung und das Genießen des Wegs vor, das beides den schließlichen Orgasmus (bzw. die folgenden Orgasmen) intensivieren und zu einer größeren Ejakulations-Kontrolle führen kann. Die meisten Männer ziehen auch dann noch einen kräftigen Druck vor.

Gleichmäßig streicheln: Eine Frau sollte den Penis nicht ruckartig, sondern in fließenden Bewegungen streicheln. Wie bei einer hydraulischen Pumpe sollten der Druck und die Geschwindigkeit beim Richtungswechsel nicht abnehmen.

Seine Hoden necken: Die Hoden sind bei den meisten Männern sehr empfindlich, oft zu empfindlich, als dass sie mehr vertrügen als eine zarte Berührung. Sie können seine Hoden stimulieren, indem Sie mit Ihren Fingernägeln oder -kuppen über sie streichen. Manchen Männern gefällt ein sanftes Ziehen am Hodensack (aufpassen, dass Sie nicht versehentlich in die Drüsen kneifen).

Sie genießen es manchmal auch, wenn ihre Hoden, von Daumen und Zeigefinger umfasst, leicht nach unten gezogen werden. Bilden Daumen und Zeigefinger einen knapp sitzenden Ring, spannt dies den Hodensack und macht ihn für eine leichte Fingerspitzen und Fingernagelstimulierung empfänglicher (siehe Abbildung auf Seite 183).

Zwischen den Eiern: Viele Männer haben an der Unterseite ihres Penis zwischen ihren Hoden einen hochempfindsamen Punkt, der große Lust vermitteln kann (siehe Abbildung auf Seite 187).

Der männliche G-Punkt: Oft verbindet man mit dem männlichen Geschlecht einfach nur Penis und Hoden. Aber viele Männer haben große Lustempfindungen, wenn ihre Prostata stimuliert wird, und dieses Tiefenzentrum der Lust wird oft mit dem G-Punkt der Frau verglichen. Die Prostata kann von außen über den Damm oder von innen durch den Schließmuskel stimuliert werden (siehe Abbildung auf Seite 33).

Zungen-Kung-Fu: Oralsex für die Frau

Eine Umfrage ergab, dass die Beziehungen der meisten Paare glücklicher verlaufen, wenn sie Oralsex haben.[5] Für die neuzeitlichen Paare bis in die sechziger Jahre ein Tabu, spielt nun der Oralsex im Sexualleben vieler Menschen eine wichtige Rolle. Aber die meisten vertrauen noch zu wenig auf seine harmonisierende Kraft.

Der an Frauen vollzogene Oralsex, den die Taoisten Zungen-Kung-Fu nannten, ist die schnellste Methode, sie nass werden zu lassen und in höchstes Entzücken zu versetzen.

Der an Frauen vollzogene Oralsex, den die Taoisten Zungen-Kung-Fu nannten, ist die schnellste Methode, sie nass werden zu lassen und in höchstes Entzücken zu versetzen. Obwohl Finger, sensibel und sachkundig eingesetzt, Wunder bewirken können, sind sie für die Klitoris einer Frau zu hart, um ihr wirklich delikat den Hof zu machen. Lippen und Zunge eines Mannes sind flexibler und für die äußerst empfindsame Klitoris und kleinen Schamlippen wesentlich besser geeignet.

Hier ist die Anmerkung angebracht, dass die Pornoindustrie eine kameraorientierte Oralsex-Version entwickelt hat (bei der der Mann den Kopf vor und zurück bewegt), die mit dem tatsächlichen Oralsex wenig gemein hat. Wer jemals in einem Pornofilm Oralsex gesehen hat, weiß, wie komisch diese Darstellung der feinfühligen und subtilen Kunst des Cunnilingus ist.

Mund-Kung-Fu: Oralsex für den Mann

Für einen Mann ist der an ihm vollzogene Oralsex ein solcher Genuss, dass manche Männer ihn dem Geschlechtsverkehr vorziehen. Der entschiedene Druck und die gezielte Lust, die eine Frau ihrem Partner mit Mund und Zunge bereiten kann, wird während des Geschlechtsverkehrs selten erreicht. (Die

Oralsex für den Mann

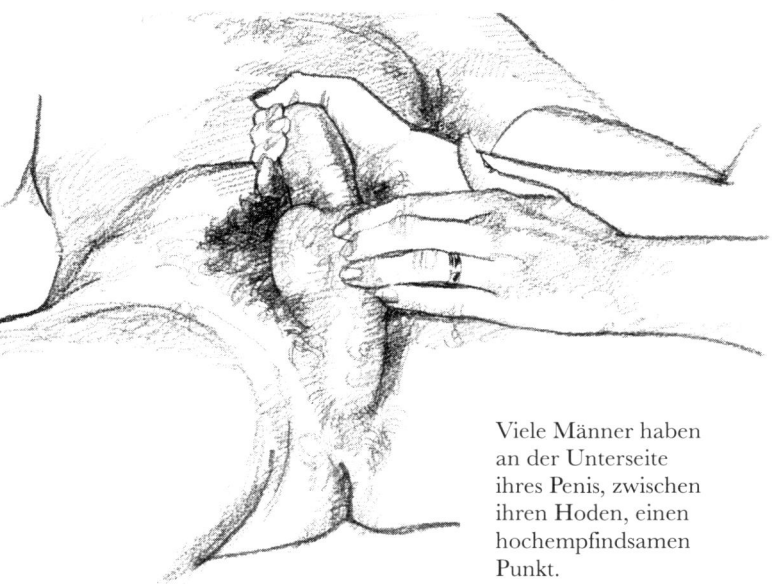

Viele Männer haben an der Unterseite ihres Penis, zwischen ihren Hoden, einen hochempfindsamen Punkt.

PC-Muskelübungen, die wir im Kapitel für die Frau vorgestellt haben und weiter unten noch einmal besprechen werden, erlauben es einer Frau, ähnliche Fertigkeiten und Erfolge mit ihrer Vagina zu erzielen.) Wie bei der Frau, stellt der Oralsex auch beim Mann den schnellsten Weg dar, sein Verlangen zu wecken oder wiederaufzuerstehen zu lassen, wenn der Wille zwar da, aber der Körper noch nicht ganz zur Stelle ist.

Vielleicht geht man den Oralsex am besten als eine Mischung aus Handarbeit und Saugen und Lecken an. In anderen Worten, während der Mund der Frau für die Stimulierung der Eichel ideal ist, sind ihre Hände für die Stimulierung des Penisschaftes und der Hoden meist besser geeignet. Ein zärtliches Saugen und Lecken in Verbindung mit einem ebensolchen Händespiel vermag zweifelsohne größte Lust zu bereiten.

Gegenseitige Befriedigung

Die Kunst des Cunnilingus
Kräftigen Sie Ihre Zunge: Ein erfolgreiches »Erschmecken« einer Frau hängt sehr von der Zungenkraft ab. Die Taoisten erkannten dies und entwickelten Zungenübungen, damit dieser wichtige Muskel der Aufgabe gewachsen ist, eine Frau ausführlich zu befriedigen. Die taoistischen Übungen sind kompliziert, aber zunächst kann ein Mann seine Zunge einfach dadurch kräftigen, dass er sie (wie eine Schlange) ein bis zwei Minuten lang wiederholt herausstreckt und wieder zurückzieht.
Für die fortgeschrittenere Praxis siehe Anhang, *Tao Yoga der Liebe*.
Nur oberflächlich: Selbst eine kräftige Zunge kann nie so tief in eine Frau eindringen wie ein Finger oder Penis, deshalb sollte sich ein Mann auf ihre Schamlippen und Klitoris konzentrieren.
Lecken: Der Mann kann am Ende der Vagina anfangen und sich über die kleinen Schamlippen zur Klitoris vorarbeiten. An der Klitoris kann er versuchen, mit seiner Zunge um ihre Haube zu kreisen, Spiralen zu zeichnen und tändelnd an der Klitoris selbst zu lecken.
Saugen: Außer zum Lecken eignet sich der Mund hervorragend zum zarten Saugen an den weiblichen Schamlippen und/oder der Klitoris.
Fingern und lecken: Beim Erschmecken seiner Partnerin kann ein Mann einen Finger in ihre Vagina einführen und damit gleichzeitig ihre Klitoris und ihren G-Punkt oder andere Stellen in ihrer Vagina stimulieren. Diese sehr intensive Stimulierung kann Frauen zum Stöhnen bringen und zu vielfachen Orgasmen führen.
Das Bermudadreieck: Die Brüste einer Frau und ihre Vagi-

na bilden meist ein intensives Erregungsdreieck. Stimuliert der Mann auch die Brust seiner Partnerin, während er ihre Klitoris stimuliert, kann er ihre Lustempfindung extrem steigern.

Trinken: Für die Taoisten gehörten die Scheidensekrete zu den großen Elixieren und so ermunterten sie die Männer, aus der Scheide ihrer Partnerin, die sie Jadekammer nannten, das Chi zu trinken. Vergessen Sie aber nicht, genügend Gleitflüssigkeit übrig zu lassen (seien es ihre Sekrete oder Ihr Speichel), wenn Sie noch einen Geschlechtsverkehr vorhaben.

Essen, essen, essen: Die Taoisten betonten unermüdlich den Wert des Oralsexes, wenn es darum ging, die Säfte der Frauen zum Überwallen zu bringen, und ermutigten die Männer, ihre Partnerinnen so lange zu essen, bis sie den Geschlechtsverkehr erbaten.

Die Kunst der Fellatio

Klein anfangen: Eine Frau kann den Penis ihres Partners in den Mund nehmen, wenn er klein und noch nicht hart ist. Seine Sexualenergie lässt sich damit sehr gut erwecken, wenn er langsam erigiert oder in späteren Phasen des Liebesspiels. Es ist wahrscheinlich der schnellste Weg zur Erektion (siehe auch in Kapitel 8, Die Technik des weichen Eindringens, auf die die Taoisten schworen). Für Frauen, die ihren Partnern nur ungern einen blasen oder von einem harten Penis eingeschüchtert sind, ist dies auch ein guter Start, da der schlaffe Penis keine Angst macht.

Da bläst kein Wind: Die meisten Frauen wissen natürlich, dass beim so genannten Blasen nicht geblasen wird. Es ist fast ausschließlich ein Saugen und Lecken. Und tatsächlich ist ein abwechselndes Lecken und Saugen ideal.

Lecken: Der Zunge gegenüber wohl am empfindsamsten ist das Frenulum präputii, das Hautbändchen zwischen der Unterseite der Eichel und der Vorhaut. Doch sollte die Partnerin die Genitalien des Mannes von vorn bis hinten erkunden. Vergessen Sie nicht, an seinen Hoden zu lecken. Sie können auch den »männlichen G-Punkt« (siehe Seite 185) stimulieren, indem Sie unter den Hoden mit der Zunge gegen die Peniswurzel drücken.

Saugen: Beim Saugen ist natürlich die Eichel des Mannes die empfindsamste Stelle, und das Saugen und Lecken an ihr vermag Wunder zu wirken. Selbstverständlich kann beim Saugen auch der Penisschaft des Mannes einbezogen werden. Dieses umfassendere Saugen fühlt sich am Penisschaft gut an, und das Anstoßen an der Mundhöhle entzückt die delikate Eichel. In Verbindung mit einem leichten Angesaugtwerden, kommt Letzteres, so schwören manche Männer, dem Himmel auf Erden am nächsten. Erfahrenere Frauen können ihren Partner sehr tief in ihre Mundhöhle lassen, sogar bis in den Rachen. Dies erfordert einige Übung, und am besten ist es, wenn die Frau den Rhythmus und die Tiefe der Penetration bestimmt.

Den Brechreiz vermeiden: Viele Frauen fürchten, erbrechen zu müssen, wenn sie ihren Partner tiefer in ihre Mundhöhle oder in den Rachen lassen. Frauen können über die Kaumuskulatur im Allgemeinen die Tiefe bestimmen, indem sie den Penis einklemmen (besser zwischen den Lippen als zwischen den Zähnen, obwohl sie ihn, wenn er nicht hören will, sehr wohl mit den Zähnen aufmerksam machen kann). Sie kann die Tiefe auch mit der Hand kontrollieren, und wenn sie den Penis umfasst, was wir sehr empfehlen (siehe unten), behält sie sicher das Steuer in der Hand. Die größte Kontrolle über die Situation hat die Frau dann, wenn der Mann auf dem Rücken liegt. Viele Männer lieben es, oben zu sein oder in den Mund ihrer Partnerin zu stoßen, was dem Geschlechtsakt am nächsten kommt. Dies erfordert allerdings eine gründliche Absprache, um sicherzustellen, dass er nicht zu tief eindringt.

Lippen und Zähne: Zwar kann hin und wieder ein neckender Biss in die Eichel sehr erregend sein, doch sind beim Oralsex, wenn mit dem Mund am Penis gesaugt wird, die Lippen den Zähnen grundsätzlich vorzuziehen.

Hinunterschlucken oder nicht: Das ist die Frage. Ob Frauen den Samen ihres Partners hinunterschlucken wollen oder nicht, bleibt natürlich ihnen überlassen. Es ist Geschmackssache und bei vielen Frauen von der Ästhetik und Tiefe der Beziehung abhängig. Manche Frauen schlucken von einem Partner das Ejakulat hinunter und vom anderen nicht, oder tun dies einmal und das andere Mal nicht. Hier ist anzumerken, dass, so wie der Geschmack und der Geruch der Scheidensekrete einer Frau entsprechend ihrem Zyklus und ihrer Ernährung variieren, auch der Samen des Mannes in Geschmack und Geruch variiert. Sobald ein Mann Orgasmus und Ejakulation zu unterscheiden gelernt hat, dürfte dies kein Problem mehr darstellen.

Chi trinken: Obwohl die Taoisten das Hinunterschlucken des Samens als einen Weg ansahen, auf dem Frauen von ihren Partnern Energie empfangen können, empfahlen sie es nicht weiter, denn sie ermutigten die Männer ja zu Orgasmen ohne Ejakulation.

Sie glaubten außerdem, dass die meisten Männer beim Ejakulieren mehr Energie verlieren, als ihre Partnerinnen aufnehmen können. Genauso wie ein Mann beim Cunnilingus sehr wohl die Energie seiner Partnerin empfängt, tut dies auch eine Frau ohne die Ejakulation ihres Partners bei der Fellatio.

Cool bleiben: Wie wir in den folgenden Kapiteln näher erklären werden, empfahlen die Taoisten zur Harmonisierung und Entspannung die Paarung ähnlicher Körperteile (Mund zu Mund, Genitalien zu Genitalien), und zur Stimulierung und Erregung die Paarung unähnlicher Körperpartien (wie zum Beispiel Mund zu Genitalien). Außerdem wird die Yang-Energie des Mannes beim Geschlechtsverkehr vom Yin seiner Partnerin abgekühlt, was ihm die Kontrolle über seine Ejakulation erleichtert. Weil der Oralsex, ohne den kühlenden Yin-Einfluss des Geschlechtsverkehrs, sehr erregend ist, fällt es den meisten Männern schwer, nicht zu ejakulieren. So sollte eine Frau ihren Partner, wenn er nicht ejakulieren möchte, durch den Oralsex zwar heiß machen, aber besser nicht zum Orgasmus führen. Oder, wenn ihr Partner in der Unterscheidung zwischen Orgasmus und Ejakulation schon einige Erfahrung gesammelt hat, kann er die Führung übernehmen oder sich sogar mit stimulieren, sobald er dem entscheidenden Punkt näher kommt. Wenn sich ein Mann streichelt, während er Oralsex empfängt, kann dies für beide Partner sehr erregend sein und ihm zudem eine bessere Kontrolle über seinen Erregungsgrad geben.

Flach und Tief

Wenn in den Medien Geschlechtsverkehr dargestellt wird, dann fast immer in einer zur Ejakulation führenden Rein-und-Raus-Form, die das Bett zwar quietschen lässt, aber den Partnern wenig Befriedigung bringt. Die Taoisten wussten, dass es sowohl für einen genussvollen Geschlechtsverkehr als auch für die ejakulatorische Kontrolle und die Heilkraft der Sexualität auf die richtige Art des Stoßens ankam. Sie rieten Paaren eindringlich, mit dem Geschlechtsverkehr so lange zu warten, bis die Frau sexuell hoch erregt ist. Mit den Worten der Taoisten: Ein Paar sollte warten, bis bei ihr das Wasser im Kessel kocht, bevor er seine Karotte und Erbsen hineinwirft. Andernfalls kommt chaotischer Sex heraus, und seine Karotte wird rasch weich werden.

Die meisten Menschen stellen sich den Geschlechtsverkehr als ein »Rein und Raus« vor. Für die Taoisten, die die Lust- und Reflexzentren des Penis und der Vagina kartografierten, gab es viele verschiedene Stoßtiefen und -richtungen, durch die ein Mann sich selbst und, noch entscheidender, seine Partnerin befriedigen konnte. Diese Punkte korrespondieren mit den Körperorganen und -drüsen, die durch das Reiben angeregt und geheilt werden, siehe auch nächstes Kapitel.

Obwohl Sie unterschiedliche Tiefen und Richtungen ausprobieren sollten, seien hier der Einfachheit halber zunächst drei Grundtypen vorgestellt: flache Stöße, tiefe lange Stöße und tiefe kurze Stöße (siehe Abbildung auf Seite 195).

Den für beide passenden Rhythmus finden

Die Taoisten empfahlen sehr, dass Männer (oder Frauen, wenn sie oben sind) die Stoßtechniken variieren. Nacheinander ausgeführte lange Stöße pumpen die Luft aus der Vagina der Partnerin und erzeugen ein Vakuum, das sich durch flache Stöße erhöhen lässt. Solange der Penis nicht völlig austritt, bleibt der Vakuumeffekt erhalten.

So funktioniert es

Drei Stoßtechniken

Flache Stöße: Diese stimulieren die hochempfindsamen ersten sechs Zentimeter der Vagina einer Frau und, je nach Lage, ihren G-Punkt.

Tiefe lange Stöße: Dies sind die tiefen Stöße, bei denen sich der Mann zwischen den Stößen fast ganz aus der Vagina der Frau zurückzieht. Sie sind es auch, die in den Medien und in der Pornografie gezeigt werden. Sie sind für beide Partner sehr erregend, da der Mann die Vagina seiner Partnerin mit seiner Eichel vollständig durchstreift.

Tiefe kurze Stöße: Dies sind die tiefen Stöße, bei denen der Mann tief in der Frau bleibt und auf und ab stößt. Dies stimuliert ihre Klitoris (durch den Druck seines Schambeins) und das Scheidengewölbe, während die Eichel wesentlich weniger stimuliert wird.

Die Taoisten rieten zu einem Grundrhythmus von neun flachen Stößen und einem tiefen langen Stoß oder neun tiefen kurzen Stößen und einem tiefen langen, damit die Partner ihre Erregung aufeinander abstimmen können. Die tiefen langen Stöße sind für den Mann zwar äußerst lustvoll, erschweren ihm aber die Kontrolle über die Ejakulation, während die tiefen kurzen Stöße für die Frau sehr befriedigend sind, ohne den Mann zu sehr zu erregen.

Je besser ein Mann seine Ejakulation unter Kontrolle hat

Den passenden Rhythmus finden

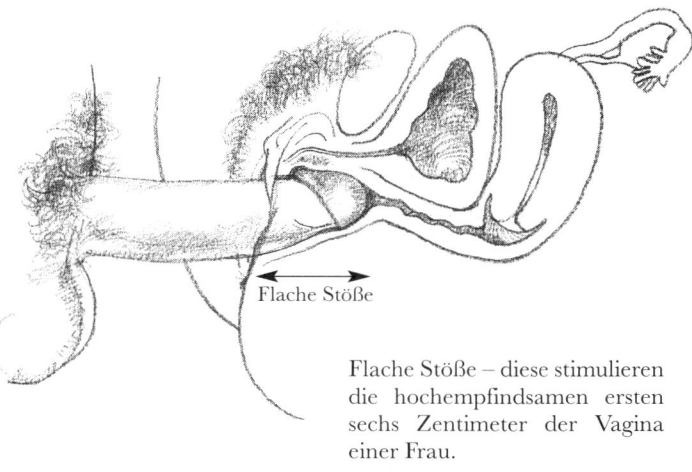

Flache Stöße

Flache Stöße – diese stimulieren die hochempfindsamen ersten sechs Zentimeter der Vagina einer Frau.

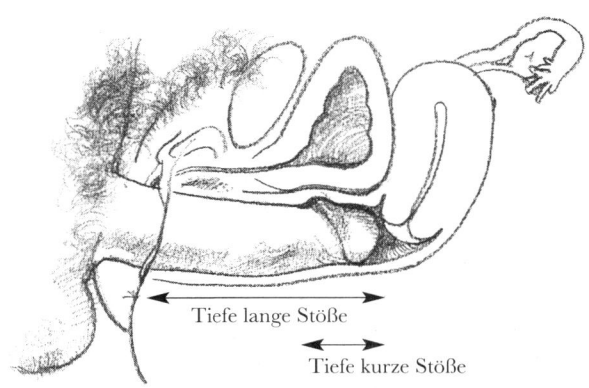

Tiefe lange Stöße

Tiefe kurze Stöße

Tiefe Stöße – diese füllen eine Frau ganz aus. Bei tiefen *langen* Stößen zieht sich der Mann immer wieder fast ganz aus der Vagina der Frau zurück und reibt seine Eichel über die gesamte Länge der Vagina. Bei tiefen *kurzen* Stößen bleibt der Mann tief in der Frau und führt nur kurze Stoßbewegungen aus.

Gegenseitige Befriedigung

Ganz entscheidend ist, dass Sie auf einen regelmäßigen Rhythmus kommen, den Sie genießen, bevor Sie bezüglich Tiefe, Richtung und Geschwindigkeit experimentieren.

und je multiorgasmischer er ist, desto häufiger kann er tiefe lange Stöße wagen, etwa nach je sechs oder sogar drei flachen oder tiefen kurzen Stößen. Ganz entscheidend ist, dass Sie auf einen regelmäßigen Rhythmus kommen, den Sie genießen, bevor Sie bezüglich Tiefe, Richtung und Geschwindigkeit experimentieren.

Wenn der Mann Schwierigkeiten hat, eine Erektion zu bekommen oder sie zu halten, sind die tiefen langen Stöße natürlich eine gute Abhilfe. Die Taoisten wussten, dass jeder Mann hin und wieder gewisse Erektionsprobleme hat. Die Sextherapeuten nennen dies »psychogene Impotenz«. In solchen Situationen empfehlen die Taoisten die Technik des weichen Eindringens (siehe Kapitel 8). Beim gewöhnlichen ejakulatorischen Sex dringt der Mann hart ein und zieht sich weich zurück. Bei der Taomethode kann der Mann hart oder weich eindringen und sich hart zurückziehen.

Die tiefen kurzen Stöße, die wir in *Öfter, länger, besser* als »von oben nach unten geführte tiefe Stöße« beschrieben, sind zur ejakulatorischen Kontrolle hervorragend geeignet und sollten durchgeführt werden, wenn die Frau zum Orgasmus kommt und den Penis ihres Partners tief in sich spüren möchte. Mit diesen Stößen kann der Mann ihren Wunsch erfüllen, ohne die ejakulatorische Klippe hinabzustürzen.

Tiefe, Richtung und Geschwindigkeit

Die Taoisten lehrten Paare, außer der Tiefe auch die Richtung und Geschwindigkeit der Stöße zu variieren. Die folgenden Techniken sind für den Mann gedacht, doch können sie ebenso gut von der Frau genutzt werden, wenn sie oben ist. Und noch etwas: So wunderbar Romantik und Abwechslung auch sein mögen, beim Liebesakt kommt es vor allem auf Ihre körperliche Präsenz an. Passen Sie also auf, dass Sie sich nicht übermäßig mit den Stoßtechniken beschäftigen und darüber vergessen, das Stoßen selbst zu genießen.

So funktioniert es

Neun taoistische Stöße

Li Tung-hsuan Tzu, ein Arzt aus dem siebzehnten Jahrhundert, riet mit folgenden Metaphern zu Stößen verschiedener Tiefe, Richtung und Geschwindigkeit:

1. Sei ein tapferer General, der nach rechts und links in die feindlichen Reihen stößt. (Die Vorstellung vom Kampf der Geschlechter war auch der taoistischen Sexuallehre nicht völlig fremd.)

2. Bocke wie ein Wildpferd, das einen Bergfluss durchquert.

3. Stürze dich wie eine Schar Möwen immer wieder in die Wellen und tändle mit ihnen.

4. Wage dich weit vor und nähere dich dann wieder kokett, wie ein Sperling, der Reiskörner aufpickt.

5. Gehe von flachen Stößen langsam zu immer tieferen Stößen über (nach rechts und links), wie ein im Meer versinkender Fels.

6. Dringe langsam ein wie eine Schlange in ihr Nest.

7. Sei wie eine ängstliche Maus, die ins Mauseloch huscht.

8. Kreise und stoße dann zu, so wie ein Adler einen Haken schlagenden Hasen fängt.

9. Hebe und senke dich wie ein großes Segelboot im Sturm.

Buchstäblich schrauben

Im Englischen nennt man den Geschlechtsverkehr zwar *screwing*, »Schrauben«, doch tun dies viele Paare in Wirklichkeit überhaupt nicht; das heißt, sie kreisen nicht mit ihrem Kreuzbein. Obgleich dem Ausdruck der Ruch des Vulgären anhaftet, handelt es sich tatsächlich um eine sublime Praxis. Anstatt nur rein und raus zu gleiten, können Sie mit Ihren Hüften oder am besten mit Ihrem Kreuzbein »schrauben«, einen Halbkreis jeweils in eine Richtung. Erfahrenere Liebhaber auf der ganzen Welt wissen um den Wert dieser Hüft- und, im Idealfall, Kreuzbeinschwünge während des Liebesaktes. Die Hüften sind gut, aber nach dem Tao steuert eigentlich das Kreuzbein den Penis des Mannes. Sie finden Ihr Kreuzbein, wenn Sie Ihre Handfläche auf das Ende Ihrer Wirbelsäule legen, die Mittelfingerspitze in der Gesäßeinbuchtung. Das Kreuzbein liegt jetzt unter Ihrer Handfläche. Dieses Schrauben kann lange Freuden bescheren. Mit den Worten des Tao: Ein (gerade) eingeschlagener Nagel ist schnell heraus, aber eine Schraube braucht lange (viele Umdrehungen).

So funktioniert es

Das Kreuzbein kreisen lassen
Zunächst werden Sie wahrscheinlich mit den Hüften kreisen, da Sie das Kreisen mit dem Kreuzbein nicht gewohnt sein dürften, es sei denn, Sie sind ein leidenschaftlicher Anhänger des lateinamerikanischen oder afrikanischen Tanzes. Doch im Laufe der Zeit werden Sie schließlich in der Lage sein, kleine Kreuzbeinschwünge auszuführen und zu »schrauben«. Um Ihr Kreuzbein zu isolieren, können Sie eine Hand auf Ihr Schambein und die andere auf Ihr Kreuzbein legen (die Wirbelsäulen-

stelle unmittelbar über dem Gesäß). Versuchen Sie jetzt kleine Schwünge rechts- und linksherum. Versuchen Sie als Nächstes, das Steißbein (das Wirbelsäulenende) vorzudrücken und gleichzeitig das Schambein nach oben zu kippen (so dass sich das Kreuz leicht nach außen krümmt). Machen Sie dann die Gegenbewegung und versuchen Sie den Penis nach unten zu kippen und Ihr Steißbein hochzuziehen (Sie gehen dabei ganz leicht ins Hohlkreuz). Sobald Sie Ihr Kreuzbein einmal separat bewegen können, können Sie wirklich »schrauben«.

Wirklich in Hitze kommen

Wenn der Mann ganz heiß ist und kurz vor der Ejakulation steht, kann ihn seine Partnerin und er sich selbst zum Langsamwerden ermutigen (oder nötigenfalls innehalten), damit er die Ejakulation durch tiefes Durchatmen und die Anspannung des PC-Muskels verhindert. Dies mag zwar zunächst lästig erscheinen, wird aber bald vergessen sein, da seine ejakulatorische Kontrolle und die damit verbundenen vielfachen Orgasmen einen wesentlich längeren und viel befriedigenderen Liebesakt ermöglichen. Und je mehr der Mann seine Atmung und seinen PC-Muskel im Griff hat, desto weniger muss er pausieren und desto unauffälliger sind diese Pausen. Außerdem können beide Partner die Energie aus ihren Genitalien leiten und durch den Körper fließen lassen wie im vorigen Kapitel beschrieben.

Die vielfachen Orgasmen werden dem Mann sehr viel Kraft geben und durch den Ejakulationsverzicht bleibt er mehr Yang. Er wird seine Partnerin weiter begehren und schneller erregt sein. Wenn ein Mann vor Yang-Energie birst und beide Partner schlafen wollen, kann er natürlich immer ejakulieren.

Außerdem können beide Partner ihre Energie aus den Genitalien ableiten und im Körper zirkulieren lassen.

Im folgenden Kapitel schildern wir mehrere Techniken und Positionen, durch die Sie für Ihre Gesundheit ebenso viel tun können wie für Ihren Genuss. Doch zunächst noch eine Zusammenfassung der eben besprochenen Techniken:

> ### Die Kunst des Liebesaktes
>
> *Verweilen:* Die Taoisten empfahlen ausdrücklich, dass ein Paar mit dem Liebesakt so lange wartet, bis die Frau wirklich nass ist und danach verlangt. Sie glaubten, dass beim zu frühen Eindringen die Sexualenergie nicht in ihre Genitalien gelangt und somit der wirklich heilende und belebende Effekt des Liebesakts ausbleibt. Bekannt ist auch, dass beim vorschnellen Geschlechtsverkehr die Frau wesentlich weniger empfindet, da ihre Genitalien noch nicht den nötigen Grad der Anschwellung erreicht haben. Das Verweilen schließt jedoch keineswegs Quickies aus; es bedeutet einfach, dass der Mann stets darauf achten sollte, dass seine Partnerin wirklich erregt und nass ist und den Geschlechtsverkehr herbeiwünscht. Sein Mund kann die Erfüllung dieser Bedingungen sehr beschleunigen.
>
> *Flach und tief:* Die Abwechslung der Stoßtiefe gehört mit zu den wichtigsten taoistischen Techniken. Die Taoisten wussten, dass ein Paar damit verschiedene Stellen des Penis und der Vagina stimulieren kann. Sie empfahlen die Abwechslung von flachen und tiefen Stößen auch als eine Methode der Ejakulationskontrolle für den Mann, so dass er viele Orgasmen hintereinander erfahren und seiner Partnerin ebenso dazu verhelfen kann. Die tiefen

langen Stöße sind für den Mann meist äußerst erregend, da er mit der Eichel ganz durch die Vagina der Frau gleitet und ans Scheidengewölbe stößt. Die flachen Stöße sind für ihn meist weniger stimulierend als für die Frau.

Tiefe kurze Stöße: Sie sind das wirkliche Geheimnis der taoistischen Ejakulationskontrolle zur Befriedigung der Frau während des Geschlechtsverkehrs. Bei ihnen bleibt der Mann tief in seiner Partnerin, während er durch sanfte Stöße sowohl die tiefen Scheidenwände mit seinem Penis als auch die Klitoris durch sein Schambein stimuliert. Da er sich wenig hin und her bewegt, stimuliert dies ihn relativ wenig, bringt seiner Partnerin aber große Lust. Diese Stoßtechnik ist besonders günstig, wenn er dem Punkt der Ejakulation nah ist und sie nach tiefen Stößen verlangt.

Vakuumverpackt: Ein Paar kann auch mit Hilfe zunächst tiefer und dann flacher Stöße ein starkes Vakuum erzeugen, das für die Frau besonders reizvoll ist. Dringt ein Mann schließlich in eine Frau mit einem tiefen langen Stoß ein, pumpt sein Penis die Luft aus ihrer Vagina heraus. Schließt er eine Reihe flacher Stöße an, ohne den Verschluss zu öffnen (das heißt die Vagina zu verlassen), erzeugt er ein Vakuum, das äußerst lustvoll sein kann.

Im Bett tanzen: Die Taoisten empfahlen, dass ein Paar, und besonders der Mann, die Hüften (idealerweise das Kreuzbein) schwingen und buchstäblich »schrauben« soll. Beim Schrauben regt der Mann die Scheidenwände der Frau rundum an. Durch das Wiegen in den Hüften oder im Kreuzbein lässt sich auch ausgezeichnet die Energie die Wirbelsäule hochleiten.

5 Sexuelles Heilen

In diesem Kapitel entdecken Sie:
- wie Sex uns heilt und jung erhält
- die Kunst des sexuellen Heilens
- die Reflexpunkte an den Genitalien
- die Kunst der taoistischen Genitalmassage
- sexuelle Stellungen zur Harmonisierung und Heilung
- wie Sie während des Liebesaktes die Sexualenergie zirkulieren lassen können
- die Auswirkung der Ejakulation auf Gesundheit und Kräftehaushalt des Mannes
- wie sich Ihre Sexualorgane kräftigen lassen
- wie heilende Liebe zum Safer Sex beitragen kann

Die meisten modernen Menschen sind der Auffassung, Sex sei nur zum Vergnügen und/oder zur Fortpflanzung da. Die öffentlichen Diskussionen über Sex drehen sich fast ausschließlich um Fragen der Lust und Perversion: mit wem man sexuell verkehren darf und mit wem nicht, was man tun soll im Falle des Unvermögens und was nicht. Dieser verengte Blick lenkt vom umfassenderen Wert der Sexualität und der Sexualenergie in unserem Leben ab. Für die Taoisten hat Sex genauso viel mit Gesundheit zu tun wie mit Lust und Fortpflanzung. Heilende Liebe wurde aus der traditionellen chinesischen Medizin entwickelt, und die Taoisten wissen seit langem, dass Sex für unser allgemeines Wohlbefinden ebenso notwendig ist wie Essen und körperliche Bewegung. Orgasmen sind nicht nur kleine Entspannungsmomente, sondern tragen entscheidend zu unserer Gesundheit und Langlebigkeit bei.

Orgasmen sind nicht nur kleine Entspannungsmomente, sondern tragen entscheidend zu unserer Gesundheit und Langlebigkeit bei.

Ein echter Jungbrunnen

Den Taoisten zufolge sollten wir so oft wie möglich unsere Sexualenergie spüren und Orgasmen haben – idealerweise jeden Tag. (Wie mittlerweile klar geworden sein dürfte, meinten die Taoisten Orgasmen ohne Ejakulation, was Männer betrifft.) Bei der sexuellen Erregung und beim Orgasmus schüttet unser Körper Sexualhormone aus, die die Taoisten für einen echten Jungbrunnen halten. Auch die moderne medizinische Forschung bestätigt mehr und mehr, wie extrem gesund Sex und Orgasmen sein können.

Eine kürzlich durchgeführte Studie ergab, dass Frauen, die beim Geschlechtsverkehr oder bei der Selbstbefriedigung Orgasmen hatten, sich nach einer Brustkrebsbehandlung schneller erholten als diejenigen, die keine hatten.[1] Doch am meisten erstaunt vielleicht jenes Untersuchungsergebnis, das besagt, dass Sex und insbesondere Orgasmen offenbar unser Leben verlängern. Das *British Medical Journal* berichtete, dass Männer weniger schnell sterben, je mehr Orgasmen sie haben. Unter den in einer Studie befragten 918 Männern zwischen 45 und 59 Jahren war die Sterblichkeitsziffer bei den Männern, die häufig Orgasmen hatten (was als zweimal in der Woche und mehr definiert wurde), um 50 Prozent geringer als bei denjenigen, die selten Orgasmen hatten (was als einmal im Monat und weniger definiert wurde). Diese niedrigere Sterblichkeitsziffer betraf Todesfälle aller Art, den Tod durch koronare Herzerkrankung eingeschlossen, in den USA die häufigste Todesursache. Außerdem gab es eine »Mengenrelation« – je häufiger ein Mann Sex hatte, desto mehr stieg seine Lebenserwartung.[2]

Chemisch weiß man nun, dass sowohl das Hormon Oxytocin, dessen Nutzen im vorigen Kapitel besprochen wurde, als auch das bisweilen Liebesmolekül genannte PEA, ein amphetaminähnlicher Wachmacher, beim Orgasmus Spitzenwerte erreichen.³ Regelmäßiger Sex erhöht auch den Testosteronspiegel sowohl im männlichen wie im weiblichen Körper – Testosteron steigert die Denkleistung und wirkt als Antidepressivum.

Außerdem sind Sportmediziner mehr und mehr der Auffassung, dass selbst relativ kurze körperliche Betätigungen sich äußerst positiv auf unsere Gesundheit und unser Immunsystem auswirken. Es braucht also nicht immer gleich ein Marathonsex zu sein, damit wir Entscheidendes für unsere Gesundheit tun.

Die Abendländer suchen schon seit Jahrtausenden nach dem legendären Jungbrunnen. Ihre Suche führte sie um die ganze Welt. Die Taoisten haben immer schon gewusst, dass dieser Jungbrunnen in unserem eigenen Schlafzimmer zu finden ist.

Wenn die Funken fliegen: mit Sexualenergie heilen

Die Taoisten glaubten auch, dass die heilende Liebe sich nicht nur auf rein physischer oder biochemischer Ebene auswirkt. In der chinesischen Medizin hat die Kanalisierung heilender Energie durch den Körper auch noch andere therapeutische Effekte. Wie der Autor Daniel Reid betont:

> Nach dem Tao tritt ein intensiver Energieschub auf, wenn ein Mann oder eine Frau einen Orgasmus hat. Und man hat bereits wissenschaftlich nachgewiesen, dass es im Augenblick des Orgasmus zu einer radikalen Änderung der Wellenmuster des menschlichen Gehirns kommt, wodurch die Person buchstäblich in einen »veränderten Bewusstseinszustand« gerät. Während des Orgasmus kommt es also tatsächlich zu einem Energieausbruch mit weitreichenden physiologischen und elektrischen Veränderungen im Körper.⁴

Durch die Praxis der heilenden Liebe können Sie und Ihr Partner diese heilende Energie durch Ihren eigenen Körper und gegenseitig durch den Körper des Partners zirkulieren lassen.

Die Taoisten haben immer schon gewusst, dass der Jungbrunnen in unserem eigenen Schlafzimmer zu finden ist.

Die Kanalisierung multiorgasmischer Energie aus Ihren Genitalien zu Ihrem Kopf und dann hinunter in Ihren Bauch hat, wie in Kapitel 3 beschrieben, großen gesundheitlichen Wert. Denn diese multiorgasmische Energie, die bis zu vierzehn Stunden nach dem Liebesakt erhalten bleiben kann, belebt den Körper und lädt Ihr Gehirn auf, ist Treibstoff für Körper und Geist.

Sie mussten wahrscheinlich nicht erst über den hormonellen und energetischen Nutzen des Sex lesen, um zu erkennen, dass Ihnen Sex sowohl körperlich als auch seelisch gut tut. Intuitiv wussten Sie das vielleicht schon immer. Nach dem Tao liegt das nicht nur daran, dass Sex sich gut *anfühlt*, sondern auch daran, dass Sex Ihnen tatsächlich gut *tut*.

Sie haben vielleicht auch schon festgestellt, dass Sie sich nach dem Geschlechtsverkehr manchmal erfrischter fühlen als andere Male. Genauso wie wir uns mehr oder weniger gesund ernähren können, können wir auch mehr oder weniger gesunden Sex betreiben, glauben die Taoisten. Es gibt mehrere Techniken, durch die Sie den Geschlechtsverkehr äußerst heilsam gestalten können.

Kartografierung der Genitalien

Die Taoisten entdeckten, dass es an den Genitalien ebenso wie an den Füßen Reflexzonen gibt, durch die sie mit den anderen Körperpartien in Verbindung stehen. Durch manuelle Stimulation, Oralsex und Geschlechtsverkehr wird der ganze Körper gekräftigt und belebt. Die Heilwirkung soll beträchtlich

Die Kunst des sexuellen Heilens

Liebe ist heilsam: Unsere Gefühle entscheiden stark darüber, wie heilsam der Sex für uns und unseren Partner ist. Wenn wir voller Liebe sind, lässt sich die heilende Energie viel leichter kanalisieren und auf den Partner oder die Partnerin übertragen. Sind beim Liebesakt jedoch negative Emotionen wie Ärger oder Frustration im Spiel, können wir die heilende Energie nicht zirkulieren lassen oder sie unserem Partner übertragen.

Die Ejakulationen einschränken: Wie schon gesagt, war den Taoisten bewusst, dass Ejakulationen fast immer erschöpfen, weshalb sie älteren Männern eine schrittweise Einschränkung der Ejakulationen empfahlen. Kranken und müden Männern rieten sie ebenfalls, von Ejakulationen Abstand zu nehmen. Da sie zeigten, wie sich Orgasmen von Ejakulationen trennen lassen, konnten Männer selbst viele Orgasmen hintereinander erfahren ohne zu ejakulieren.

Viele Orgasmen hintereinander: Wenn Paare die Orgasmenzahl steigern, nimmt nicht nur ihre Lust, sondern auch die heilsame Energie zu. Hat ein Mann mehrere Orgasmen, bevor er ejakuliert, wird sein Energiehaushalt trotz Ejakulation ausgeglichener bleiben (siehe unten).

Energie zirkulieren lassen: Je mehr Energie der Einzelne zirkulieren lassen (siehe Kapitel 3) oder ein Paar untereinander austauschen kann, desto heilsamer ist der Liebesakt. Zunächst sollten Sie und Ihr Partner oder Ihre Partnerin sich auf die Energiezirkulation im eigenen Körper konzentrieren, bevor Sie Energie untereinander austauschen.

Heiltechniken: Die Taoisten empfahlen Paaren verschiede-

> ne Heiltechniken, wie die Genitalmassage (siehe unten) und heilende Liebesstellungen, damit sie den Liebesakt noch gesünder gestalten konnten. Wählen Sie diese Techniken je nach Bedarf und Lust und Laune aus.
> *Lassen Sie sich Zeit:* Damit sich die volle Heilkraft des Liebesaktes entfalten kann, sollten Paare sich laut dem Tao mindestens eine halbe Stunde lang durch Umarmungen, Küsse und Berührungen im Vorspiel erregen und dann eine weitere halbe Stunde lang multiorgasmischen Geschlechtsverkehr haben.

sein, und deshalb rieten die Taoisten Liebespaaren zu einer Gesamtstimulierung des Penis und der Vagina, insbesondere des Penisschafts und des Eingangsbereichs der Vagina.

Bei der heilenden Liebe versucht man diese Reflexzonen des Penisschafts und der Scheidenwand zu stimulieren. Die Taoisten glaubten, dass die Reflexzonen der Geschlechtsorgane wirksamer sind als die an Händen und Füßen und sogar wirksamer als die Akupunkturpunkte an Ohren und Nase. Die Genitalien stehen direkt mit unseren inneren Organen in Verbindung, so dass sich diese unmittelbar kräftigen lassen, wenn sie schwach und angeschlagen sind. So empfahlen die Taoisten die Versorgung der einzelnen Organe mit Sexualenergie sowohl zu deren Kräftigung und Heilung als auch für einen intensiveren ganzkörperlichen Orgasmus.

An den Genitalien gibt es Reflexzonen, durch die sie mit den anderen Körperpartien in Verbindung stehen. Durch manuelle Stimulation, Oralsex und Geschlechtsverkehr wird der ganze Körper gekräftigt und belebt.

Wie unten in Übung 18 (»In einer Nacht rund um die Welt«) genauer erklärt werden wird, bereitet es einem Paar großen

Sexuelles Heilen

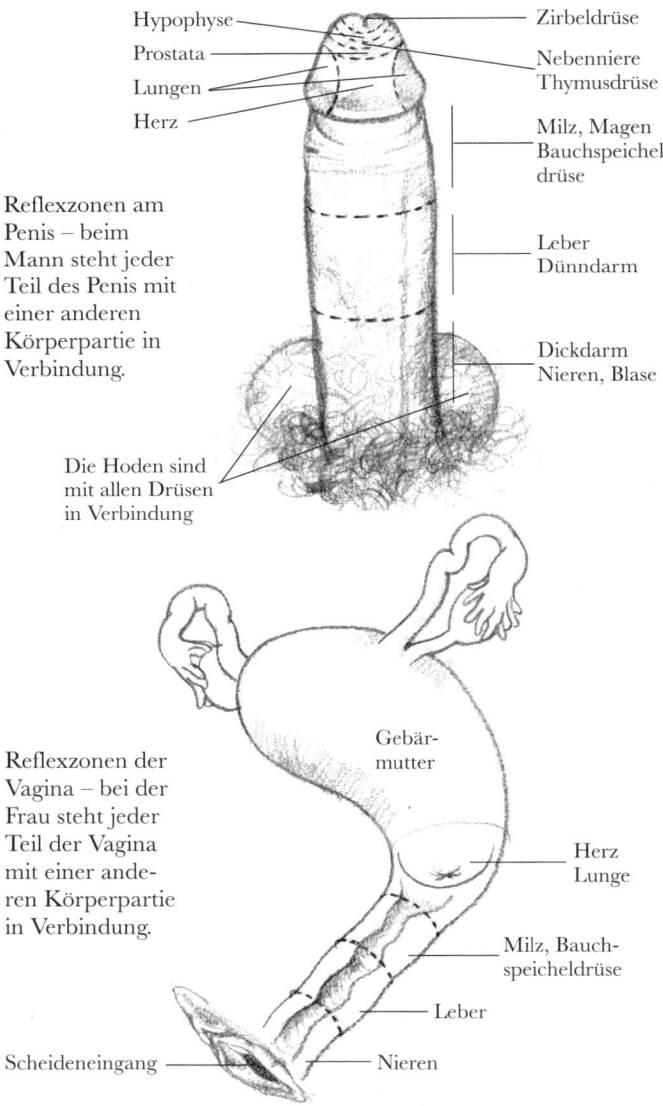

Hypophyse
Prostata
Lungen
Herz

Zirbeldrüse
Nebenniere
Thymusdrüse
Milz, Magen
Bauchspeicheldrüse
Leber
Dünndarm
Dickdarm
Nieren, Blase

Reflexzonen am Penis – beim Mann steht jeder Teil des Penis mit einer anderen Körperpartie in Verbindung.

Die Hoden sind mit allen Drüsen in Verbindung

Reflexzonen der Vagina – bei der Frau steht jeder Teil der Vagina mit einer anderen Körperpartie in Verbindung.

Gebärmutter

Herz
Lunge

Milz, Bauchspeicheldrüse

Leber

Scheideneingang

Nieren

Genuss, ohne dass der Mann gleich ejakulieren muss, wenn die Frau den Penisschaft des Mannes vaginal umgreift (was eine übermäßige Stimulierung der Eichel verhindert). Hat ein Paar einmal die Reflexzonen der Genitalien gelernt, kann es nicht nur geschlechtlichen Genuss erfahren, sondern auch äußerst belebende »Organ-Orgasmen«, die über zehn Stunden dauern können. »Organ-Orgasmen« zählen zu den großen Geheimnissen der heilenden Liebe. Eine Schritt-für-Schritt-Anleitung finden Sie in Mantak und Maneewan Chias Buch *Tao Yoga der heilenden Liebe* (siehe Anhang).

Um Penis und Vagina ganz zu stimulieren, dachten sich die Taoisten auch viele Liebesstellungen aus, die lustvoll und gesund sind. Beginnen wir aber zuerst mit einer zuverlässigen Handarbeit.

Taoistische Vaginalmassage

Die taoistische Vaginalmassage unterscheidet sich von der Kunst des Fingerspiels (siehe voriges Kapitel), die eine Frau in höchste Erregung und darüber hinaus versetzen soll. Sie dient wie eine gute Körpermassage mehr der Gesundheit als der Lust. Doch auch wenn sie nicht auf Erregung aus ist, bietet sie großen Genuss und eignet sich prima zur Auffindung vaginaler Lustpunkte für zukünftige Fingerspiele oder Liebesakte.

Während der Genitalmassage kann eine Frau ihre Sexualenergie auf wohltuende Weise zirkulieren lassen, so dass der ganze Körper profitiert.

Taoistische Penismassage

Wie die Vaginalmassage dient auch die Penismassage mehr der Gesundheit als der Lust. Doch kann die Frau selbstverständlich auf die bei der Massage gefundenen Lustpunkte und ihre Techniken jederzeit zurückgreifen, wenn sie ihren Partner sexuell befriedigen will.

Die Kunst der taoistischen Vaginalmassage

Nass werden: Die Vaginalmassage erfordert viel Gleitflüssigkeit, mehr noch als das Fingerspiel. Die natürliche Gleitsubstanz der Frau ist am besten, aber lieber sollte man für zu viel als für zu wenig Feuchtigkeit sorgen.

Angeschwollen: Je erregter eine Frau ist, desto empfindsamer wird ihre Vagina sein. Deshalb liegt es nahe, die Vaginalmassage beim Liebesspiel auf einen späteren Zeitpunkt zu verlegen.

Schamlippen: Der Partner kann die kleinen Schamlippen massieren und sie dabei von der Scheide wegziehen. Er kann auch versuchen, sie aneinander zu reiben.

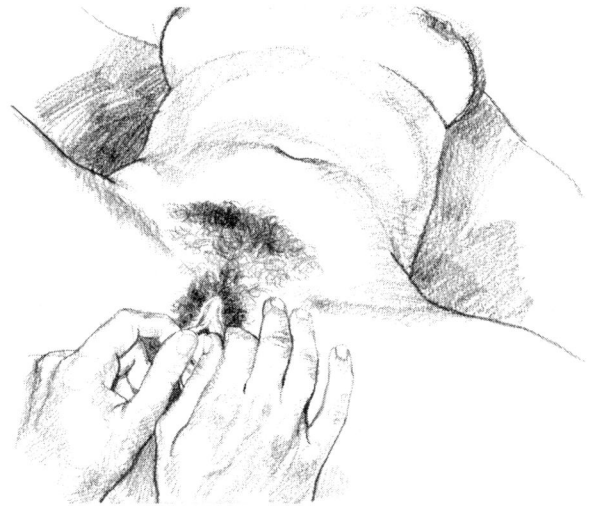

Die Jadekammer betreten: Indem der Partner einen oder zwei Finger in ihre Scheide einführt, die die Taoisten zärtlich Jadekammer nannten, kann er versuchen, ver-

Kartografierung der Genitalien

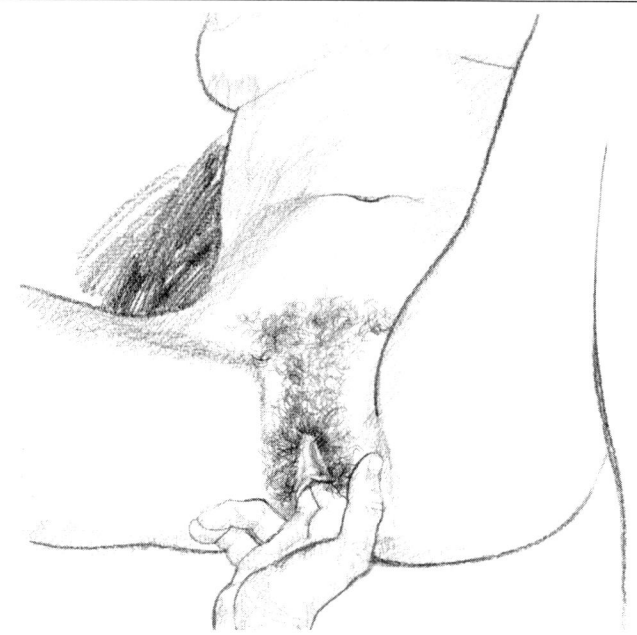

schiedene Scheidenbereiche zu stimulieren. Er sollte darauf achten, dass seine Finger die Vaginawände in alle Richtungen auskundschaften. Wenn er einen Lustpunkt aufspürt, kann er diesem natürlich gründlicher nachgehen. Denken Sie jedoch daran, dass bei der Vaginalmassage die Partnerin nicht zum Orgasmus geführt werden soll. Ziel ist, sie ohne Höhepunkt erregt zu halten.
Heilen: Die auf Seite 208 abgebildeten Reflexzonen zeigen, mit welchen Vaginabereichen die Taoisten welche Organe verbinden. Die Massage dieser verschiedenen Abschnitte hat demnach auf die entsprechenden Körperteile therapeutische Auswirkungen.

Sexuelles Heilen

Die Kunst der taoistischen Penismassage

Machen Sie ihn gleitfähig: Wie bei jeder Handarbeit ist auch hier die Gleitsubstanz entscheidend.

Erektionsschwankungen: Ein Mann braucht bei einer Genitalmassage keine vollständige Erektion zu haben, und in der Tat wird sein Penis entsprechend der zunehmenden und abnehmenden Stimulierung reagieren. Wenn der Mann auf dem Rücken liegt, bedeutet das außerdem, dass die Schwerkraft der Erektion entgegenwirkt und das Blut aus dem Penis zieht. Er kann intensive Lust empfinden, ob er erigiert ist oder nicht.

Druck: Hier muss die Frau auf das richtige Maß achten. Übt sie mit der Hand einen zu großen oder zu geringen Druck auf den Penis aus, wird der Mann weniger spüren. Wie bei jeder Massage sollten Sie den richtigen Druck durch Ausprobieren herausfinden.

Streicheltechniken: Es gibt viele traditionelle Genitalmassagegriffe, und die Anzahl der Streichelarten ist Ihrer Fantasie überlassen. Wunderbare Anregungen bietet das Video von Joe Kramer (siehe Anhang). Es folgen einige Techniken, die Sie sich nicht entgehen lassen sollten.

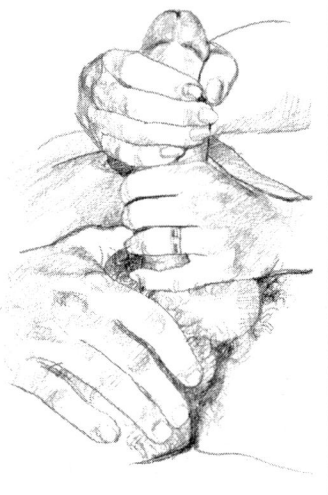

Beim Korkenziehergriff wird der Penisschaft spiralförmig gestreichelt.

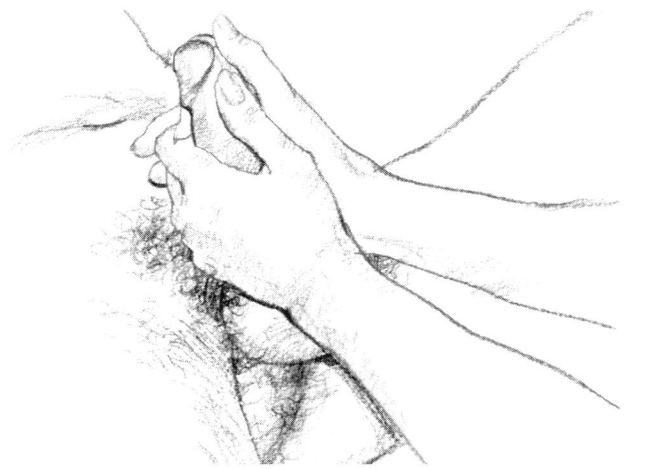

Die Unterseite der Eichel (Frenulum genannt) ist vielleicht der empfindsamste Teil des männlichen Glieds. Ihn kann die Partnerin mit ihren Daumen in laufender Reihenfolge hinaufstreichen.

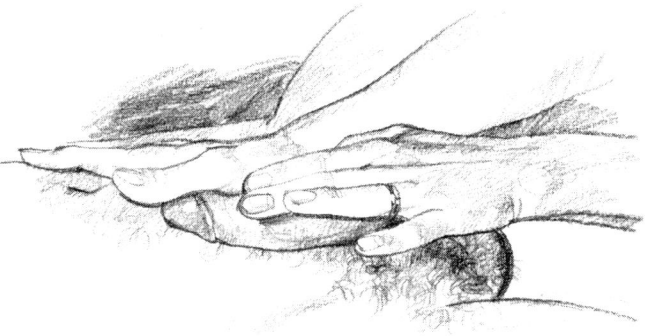

Indem die Partnerin den auf den Bauch gelegten Penis streichelt, kann sie sowohl seine empfindsame Unterseite massieren als auch die Sexualenergie im Körper verteilen helfen.

Bis ein Mann gelernt hat, multiorgasmisch zu sein, sollte seine Partnerin ihn nicht an den Rand der Ejakulation bringen. Wenn bei einer Erregungsskala von 1 bis 10 die 10 die Ejakulation darstellt und 9,8 den Orgasmus, dann sollte bei der Genitalmassage auf einer Erregungsebene von 7 bis 9 verweilt werden.

Ist ein Mann einmal multiorgasmisch geworden und in der Lage, sich körperlich und verbal deutlich mitzuteilen, kann seine Partnerin ihn mehrere Male zum Höhepunkt und wieder zurück führen. Doch sollte auch hier das eigentliche therapeutische Ziel nie aus den Augen verloren werden.

Während der Massage kann ein Mann die Sexualenergie durch seinen Körper leiten, wodurch er seine Erregung leichter beherrscht und sein gesamtes Wohlbefinden steigert. Wenn ein Mann zu heiß wird, kann er seine Sexualenergie nicht mehr zirkulieren, was ein weiterer Grund ist, weshalb er am besten auf kleiner Erregungsstufe bleiben sollte.

Die Taoisten glaubten, durch Sex ausgedrückte Liebe sei die beste Medizin überhaupt und bezeichneten ihn als »menschliches Heilkraut«. Häufig verschrieb ein taoistischer Arzt eine mehrere Wochen lang durchzuführende Liebesstellung je nach Art der Beschwerden.

Heilsame Liebesstellungen

Die Taoisten glaubten, durch Sex ausgedrückte Liebe sei die beste Medizin überhaupt und bezeichneten ihn als »menschliches Heilkraut«. Häufig verschrieb ein taoistischer Arzt eine mehrere Wochen lang durchzuführende Liebesstellung je nach Art der Beschwerden.

Bevor hier jedoch eine Reihe heilsamer Liebesstellungen vorgestellt werden, einige grundsätzliche Ausführungen darüber, wie sich jeder Liebesakt heilsamer und befriedigender gestalten lässt.

So funktioniert es

Harmonisierung und Heilung

Harmonisierung: Bringen Sie ähnliche Körperteile miteinander in Kontakt, wenn Sie Entspannung und Harmonisierung wünschen: Lippen auf Lippen, Hände auf Hände und Genitalien auf Genitalien.

Stimulierung: Bringen Sie ungleiche Körperteile miteinander in Kontakt, wenn Sie Stimulierung und Erregung wünschen: Lippen auf Ohr, Mund auf Genitalien, Genitalien auf Anus.

Positionswechsel: Ein Paar sollte die Stellung wechseln, wenn der Mann den Drang zur Ejakulation verspürt, so dass er durch die veränderte Penisstimulation die Ejakulation leichter umgehen kann. Versteht es der Mann, nicht zu schnell zu ejakulieren, hat das Paar umso mehr Zeit, heilende Energie zu erzeugen.

Heilung: Denken Sie beim heilenden Liebesspiel daran, dass derjenige Partner mehr Energie gibt, der sich bewegt (meistens die Person oben). Mit anderen Worten: Wenn Ihr Partner oder Ihre Partnerin müde oder nicht ganz auf der Höhe ist, können Sie ihm oder ihr Kraft geben, indem Sie während des Liebesaktes oben sind und die aktivere Rolle spielen. Der untere Partner kann sich natürlich ebenfalls in Ergänzung dazu bewegen.

Im Westen geht man meist davon aus, dass, wer oben ist, das Sagen hat. Dieses Dominanzdenken pflegen die Taoisten nicht. Bei ihnen ist die Person, die oben (und von daher meist auch aktiver) ist, diejenige, die heilt und dem unteren Partner gibt (der dann eher empfängt).

Diese Stellung, die die Missionare berühmt gemacht haben, eignet sich sehr gut zur Harmonisierung, da sich dabei ähnliche Körperpartien berühren.

Hier nun die vier Grundstellungen, aus denen heraus sich alle anderen Stellungen ergeben. Vergessen Sie nicht, auch wenn das Ausprobieren neuer Stellungen amüsant ist und zur Stimulierung verschiedener Genitalpartien beiträgt, hängt ein befriedigender Liebesakt vor allem von der Berührungsqualität, nicht von der Ausgefallenheit der Stellung ab.

Der Mann oben
In dieser Stellung, die die Missionare berühmt (und zur Vorschrift) gemacht haben, liegt der Mann auf der Frau, wobei er sich auf seine Hände oder Ellbogen stützt.

Heilsame Liebesstellungen

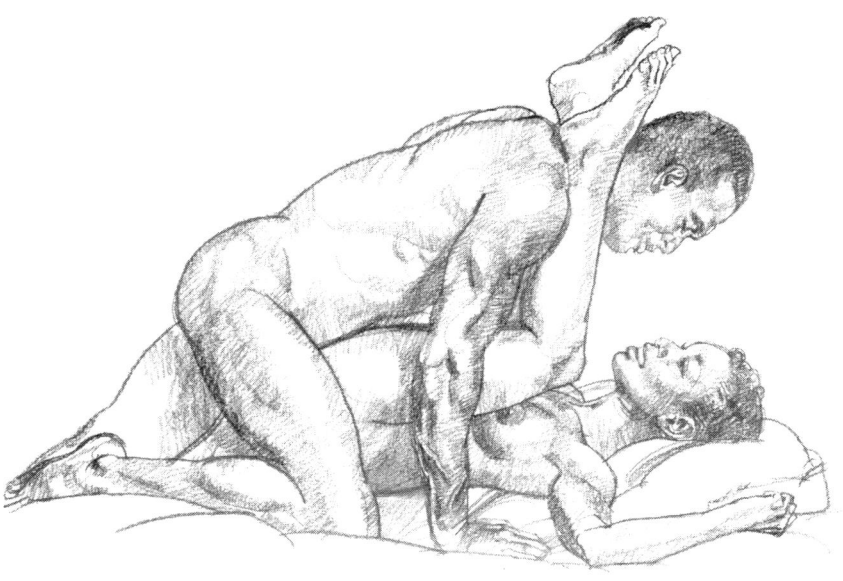

Wenn die Frau die Beine hochlegt, dringt der Mann tiefer ein: je höher die Beinstellung, desto tiefer die Penetration. Dies kann für beide Partner sehr luststeigernd sein.

Diese Stellung eignet sich sehr gut zur Harmonisierung, da sich ähnliche Körperpartien berühren. Bei dieser Stellung können Sie sich in die Augen sehen und leidenschaftlich küssen. Sowohl die Augen als auch die Zunge sind große Übermittler heilender Energie.

Ein großer Nachteil bei dieser Position ist, dass, wenn der Penis gegen das Scheidengewölbe stößt, meistens der G-Punkt der Frau übergangen wird. Der Mann kann diesem Problem entgegenwirken, indem er mit dem Kreuzbein kreist und seinen Penis hochdrückt, oder die Frau kann ein Kissen unter ihr Gesäß legen, wodurch der Winkel ebenfalls so verändert wird, dass es zu einem Druck auf die Scheidenvorderwand kommt. Statt des Kissens kann die Frau auch ihre Beine auf die Schultern oder Arme des Mannes legen.

Wenn die Frau die Beine hochlegt, dringt der Mann tiefer ein: je höher die Beinstellung, desto tiefer die Penetration. Dies kann für beide Partner sehr luststeigernd sein und ist besonders hilfreich, wenn die Partnerin eine relativ große Vagina hat oder der Partner einen relativ kleinen Penis.

Denken Sie aber daran, dass der Mann, je tiefer er eindringt, desto wahrscheinlicher an den Gebärmutterhals der Partnerin stößt, was manchen Frauen wehtut. Zu Beginn dieser Stellung sollte sich der Mann daher langsam vorwagen, bis ein angenehmer Stoßwinkel gefunden ist.

Aus taoistischer Sicht ist die Mann-oben-Stellung für den Beginn des Liebesaktes günstig. Da Frauen eher dem Wasser und Männer dem Feuer ähneln, erlaubt diese Stellung dem Mann, aktiv zu sein und seine Energie und Hitze mit der Partnerin zu teilen. Er kann die Lust der Frau schüren. Wenn diese dann am Überwallen ist und das Feuer des Mannes auszulöschen droht (durch eine Ejakulation), ist es gut, die Stellung zu wechseln und die Frau nach oben zu lassen.

Die Frau oben

In der Frau-oben-Stellung liegt der Mann auf dem Rücken und die Frau sitzt rittlings auf ihm. Viele Männer können in dieser Position besonders leicht mehrere Orgasmen haben. Der Mann kann dabei seine Beckenmuskulatur entspannen und sich ganz auf seinen Erregungsgrad konzentrieren. Kommt er dem Punkt gefährlich nahe, an dem es kein Zurück mehr gibt, kann er seinen PC-Muskel anspannen. Außerdem erleichtert die Schwerkraft das Zurückfließen der Energie aus dem Penis, so dass der Mann diese leichter die Wirbelsäule hochleiten kann.

Heilsame Liebesstellungen

Viele Männer können in dieser Position besonders leicht mehrere Orgasmen haben. Der Mann kann dabei seine Beckenmuskulatur entspannen und sich ganz auf seinen Erregungsgrad konzentrieren.

In dieser Position muss der Mann rechtzeitig mitteilen, wenn er der Ejakulation nahe ist, damit die Frau innehalten kann, bevor es zu spät ist. Zwar mag diese Unterbrechung die Frau zunächst stören, doch ermöglicht die Ejakulationskontrolle des Mannes einen wesentlich längeren Liebesakt, was für beide Partner einen hohen Lustgewinn bringt. Wenn der Mann geübter wird, werden diese Pausen weniger und schließlich ein Teil des natürlichen Auf und Ab des Liebesspiels werden. Aus denselben Gründen, weshalb sich diese Stellung für die Ejakulationskontrolle empfiehlt, ist sie Männern abzuraten, die schwer eine Erektion bekommen oder halten können.

In der Frau-oben-Stellung kann die Frau die Eichel des Partners an die empfindsamsten Vaginastellen bringen, einschließlich ihres G-Punktes, was mit ein Grund dafür ist, weshalb viele Frauen in dieser Stellung besonders leicht (mehrere) Orgasmen haben.

Die Frau kann in dieser Stellung die Eichel des Partners an die empfindsamsten Vaginastellen bringen, einschließlich ihres G-Punktes, was mit ein Grund dafür ist, weshalb viele Frauen in dieser Stellung besonders leicht (mehrere) Orgasmen haben. Auch kann die Frau bei dieser Stellung die Eichel im meist sehr empfindsamen Eingangsbereich der Vagina (den ersten paar Zentimetern) halten.

In dieser Position hat der Mann auch die Hände frei, um die Klitoris der Partnerin zu stimulieren, was ihre Lust sehr steigern kann. Die Frau kann ebenfalls mit den Händen die Klitoris stimulieren, was sie in Verbindung mit den vaginalen Stößen höchstwahrscheinlich zu mehreren Orgasmen kommen lässt. Als andere Möglichkeit kann die Frau während der tiefen Penetration ihre Klitoris gegen das Schambein des Mannes drücken. Und während die Frau für die Stöße und die Klitorisstimulierung sorgt, kann der Mann mit seinen freien Händen an die Brüste der Partnerin

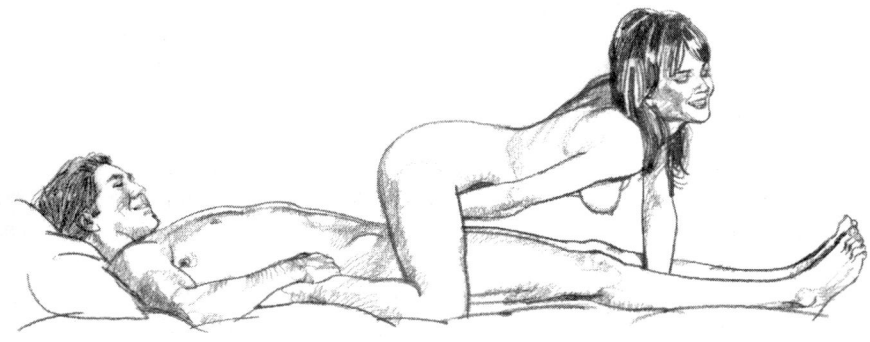

Die Frau kann in dieser Stellung die Eichel des Partners an die empfindsamsten Vaginastellen bringen und durch ihren PC-Muskel seinen Penisschaft stimulieren.

greifen und die Brustwarzen sanft zwischen seinen Fingern rollen.

Wenn sich die Frau vorbeugt oder der Mann sich ein Kissen unter den Kopf legt, kann er während des Liebesaktes auch an ihren Brüsten saugen. Wie schon gesagt, ein Mann kann die Yin-Energie seiner Partnerin durch ihre Lippen und Zunge, ihre Brüste und ihre Vagina trinken. Und die Frau kann ihrerseits die Yang-Energie ihres Partners durch seine Lippen, seine Brustwarzen und seinen Penis trinken. Dieser Energieaustausch ist für beide Partner ausgleichend und heilsam.

In dieser Position kann eine Frau, die ihren PC-Muskel trainiert hat, den Penisschaft des Mannes und dessen Reflexzonen stimulieren. Wenn die Eichel nicht direkt stimuliert wird, kann das Paar sehr lange koitieren und ausgedehnte Orgasmen ha-

---

Übung 18
In einer Nacht rund um die Welt

1. Die Frau setzt sich beim Geschlechtsverkehr zunächst rittlings auf den Mann, mit dem Gesicht zu ihm. Dabei umgreift sie mit ihrem PC-Muskel den Penisschaft des Partners, ohne die Eichel zu stimulieren.

2. Sie bewegt sich, während er in ihr ist, auf und ab, ohne so weit zu gehen, dass er herauskommt oder sie seine Eichel umgreift. Sie kann auf diese Weise neun flache Stöße und einen tiefen an seinem Penis ausüben, was für beide sehr lustvoll ist.

3. Sie wiederholt dann Schritt eins und zwei, nur dass sie jetzt mit dem Rücken zu ihm sitzt.

4. Sie dreht sich dann wieder mit dem Gesicht zu ihm und setzt ihren Auf-und-Ab-Rhythmus fort. Weitere Umdrehungen, so oft sie will.

ben. In Kapitel 2 sind eine Reihe von PC-Muskelübungen für die Frau beschrieben, mit denen sie sich selbst und ihren Partner wunderbar stimulieren kann. Die Frau kann mit ihrem PC-Muskel den Penis des Partners in jeder Stellung umgreifen und massieren, selbst dann, wenn der Mann oben ist.

Der Mann von hinten
In der Mann-von-hinten-Stellung ist die Vagina der Frau besonders straff, und diese Position kann sowohl für ihn als auch für sie sehr erregend sein. Wenn die Frau die Oberschenkel zusammendrückt, kann sie ihren PC-Muskel leichter anspannen und ihre Vagina wird noch enger. In dieser Stellung, besonders wenn die Frau den Oberkörper nach unten neigt oder auf dem Bauch liegt (siehe Abbildung unten), ist ihr G-Punkt besonders

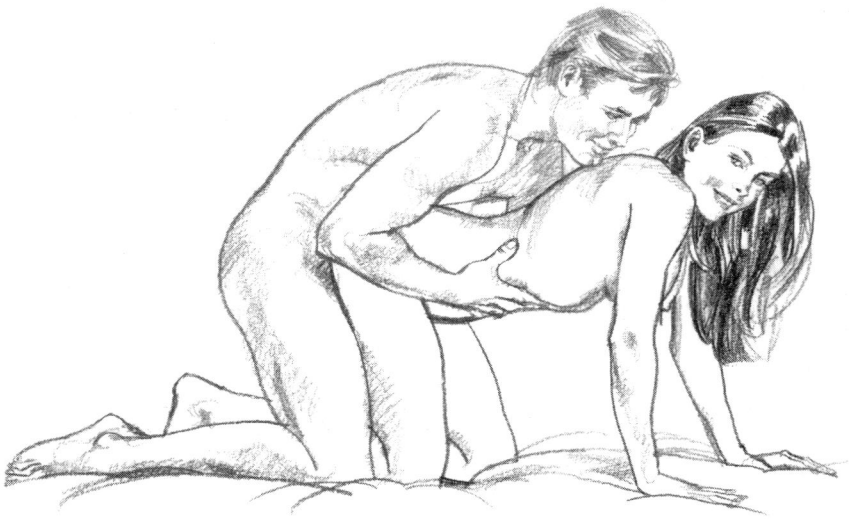

In dieser Stellung sitzt die Vagina der Frau besonders straff, was sowohl für ihn als auch für sie sehr erregend sein kann.

leicht erreichbar. Sie ist daher gerade für Frauen sehr vorteilhaft, um mehrere Orgasmen zu haben. Wenn sie kniet, kann der Mann auch mit einer Hand die Klitoris der Partnerin stimulieren. Liegt sie auf dem Bauch, ist es für sie wahrscheinlich angenehmer, wenn sie ihre Klitoris selbst stimuliert.

Seite an Seite

Die Seite-an-Seite-Stellung erfordert von keinem der beiden Partner allzu große Anstrengung und eignet sich daher für spätere Stadien im Liebesakt und zur gemeinsamen Entspannung nach anstrengenderen Stellungen. Die Position ist ein wenig schwierig einzunehmen und durchzuhalten, da der Penetrationswinkel relativ flach ist. Sie ist leichter einzunehmen, wenn der Mann zunächst oben ist und das Paar dann in diese Stellung rollt. Ein voller Bauch-zu-Bauch-Kontakt ist zur Harmonisierung und zum Energieaustausch gut geeignet.

Sitzstellung

Die Sitzstellung ist eine Variation der Frau-oben-Stellung und ein Favorit bei der heilenden Liebe. Die parallele Haltung und die enge Umarmung machen sie zu einer äußerst intimen und heilenden Position. Sie ist für die seelische Begegnung und den Energieaustausch in fortgeschritteneren Phasen des Liebesaktes ideal.

Die parallele Haltung und die enge Umarmung machen sie zu einer äußerst intimen und heilenden Position.

Wenn sich die Frau zurücklehnt und sich auf ihre Hände abstützt, lässt sich große Reibung beim Stoßen erzeugen, doch ist die Position für kleinere Beckenbewegungen am besten geeignet. Mit Hilfe dieser Beckenbewegungen lässt sich die Energie gut die Wirbelsäule hochleiten. Zur Unterstützung können Sie dabei Ihrem Partner oder Ihrer Partnerin den Rücken streicheln – von unten nach oben und dann die Energie weiter vom Kopf in den Bauch leiten.

Die Sitzstellung ist für die seelische Begegnung und den Energieaustausch in fortgeschritteneren Phasen des Liebesaktes ideal.

Im Stehen

In einer anstrengenderen dynamischen Variante der vorigen Stellung steht der Mann, während die Frau ihre Beine um ihn schlingt (siehe Abbildung rechts). Diese Stellung erfordert viel Kraft, Koordination und Gleichgewichtssinn, dafür aktiviert sie entsprechend.

Zwar sind in dieser Stellung die Stoßmöglichkeiten begrenzt (es sei denn, die Frau lehnt sich an einer Theke an), für die Energiezirkulation und den Energieaustausch ist sie jedoch hervorragend geeignet.

Heilsame Liebesstellungen

Zwar sind die Stoßmöglichkeiten begrenzt, für die Energiezirkulation ist der Liebesakt im Stehen jedoch hervorragend geeignet.

Zirkulierung der Sexualenergie

Wie schon in Kapitel 3 beschrieben, baut es Ihren Organismus auf, wenn Sie Sexualenergie durch Ihren Körper leiten, und transformiert das flüchtige Vergnügen des Orgasmus in eine dauerhafte ekstatische Erfahrung, die sehr gesund ist. Durch die Energiezirkulation während des Liebesaktes verlagert sich die Aufmerksamkeit vom leidenschaftlichen Spaß am Orgasmusergattern hin zu einer meditativeren Freude.

In Kapitel 3 wurde besprochen, wie jeder für sich Energie im Körper zirkulieren lassen kann. Im Folgenden erfahren Sie, wie Sie während des Geschlechtsverkehrs die Energie durch Ihren Körper leiten können. Kapitel 7 handelt dann vom energetischen Geben und Nehmen bei der Seelenvereinigung. Dieser Energieaustausch geschieht auf einer tiefgreifenden Ebene und ist sehr heilsam, doch muss jeder zunächst in der Lage sein, beim Liebesakt Energie im *eigenen* Körper zirkulieren zu lassen.

Hochsteigen und herabfließen lassen

Sie können jederzeit Sexualenergie zirkulieren lassen, ob Sie in der ersten Erregung oder dem Orgasmus ganz nahe sind. Diese Energiezirkulation wirkt verjüngend und mindert beim Mann den Drang zur Ejakulation. Frauen und diejenigen Männer, die es gelernt haben, ohne Ejakulation einen Orgasmus zu haben, können die Energie auch während und nach dem Orgasmus zirkulieren lassen. Zwar kann ein Mann auch dann noch Energie hochleiten, wenn er ejakuliert hat, doch wird viel weniger Energie zirkulieren, da durch seine Ejakulation bereits viel abgeflossen ist.

Halten Sie inne, wenn Sie beide hoch erregt sind. Schauen Sie sich tief in die Augen, und drücken Sie durch Ihren Blick aus, wie sehr Sie ihn oder sie lieben. Die Energie lässt sich leichter hochleiten, wenn die Augen geöffnet sind.

Zirkulierung der Sexualenergie

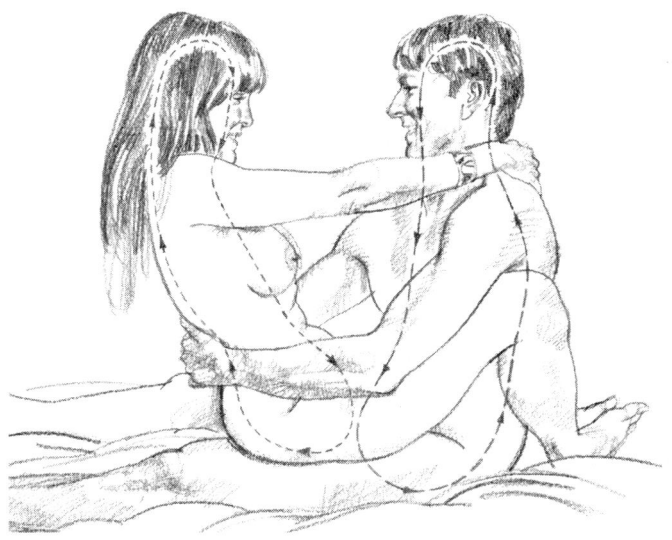

Zunächst müssen beide Partner in der Lage sein, beim Liebesakt Energie im eigenen Körper zirkulieren zu lassen. Später können sie sexuelle Energie untereinander austauschen.

So funktioniert es

Drei Stufen in der Kultivierung der Sexualenergie

1. *Bei sich in Umlauf bringen:* Lassen Sie die Sexualenergie während der Selbstbefriedigung zirkulieren.

2. *Beim Liebesakt in Umlauf bringen:* Lassen Sie während des Geschlechtsverkehrs die Sexualenergie in Ihrem Körper zirkulieren.

3. *Sich untereinander austauschen:* Tauschen Sie während des Liebesaktes Sexualenergie mit Ihrem Partner oder Ihrer Partnerin aus.

Übung 19
Der orgasmische Lift beim Liebesakt

1. *Innehalten:* Sind beide stark erregt, wird der Penis so weit zurückgezogen, dass er vorne gerade noch im Scheideneingang ist. Dies erlaubt beiden Partnern abzukühlen.

2. *Ausatmen und anspannen:* Beide Partner sollten nun tief ausatmen und den PC-Muskel anspannen. Damit beginnt am besten der Mann, damit sein Penis nicht durch den PC-Muskeldruck seiner Partnerin herausgedrängt wird.

3. *Pumpen:* Pumpen Sie durch Anspannung Ihres PC- und Schließmuskels die Energie zum Kreuzbein zurück und die Wirbelsäule weiter hinauf bis zum Scheitel.

4. *Entspannen und lächeln:* Entspannen Sie sich und lächeln Sie Ihren Sexualorganen zu, während die Energie hochsteigt.

5. *Aufrollen:* Rollen Sie die Energie in Ihrem Kopf spiralförmig auf, indem Sie mit den Augen neunmal linksherum rollen und anschließend neunmal rechtsherum rollen.

6. *Zirkulieren lassen:* Lassen Sie mit einem inneren Lächeln die Energie an der Vorderseite Ihres Rumpfes zu den Sexualorganen hinunterfließen. Setzen Sie die Energiezirkulation durch die Wirbelsäule hinauf und den Bauch hinunter fort.

7. *Liebesakt fortsetzen:* Setzen Sie den Geschlechtsverkehr fort.

8. *Aufbewahren:* Wenn Sie genug haben, fassen Sie an Ihren Nabel und konzentrieren Sie sich auf ihn. Lächeln Sie und stellen Sie sich vor, wie sich die vom Kopf in den Bauch fließende Energie in Ihrem Nabel ansammelt, wo sie gut aufgehoben ist und dem Körper nach Bedarf zugeführt werden kann.

Die Entspannung beim Liebesakt erlaubt auch dem hormongesättigten Blut, von den Genitalien in den übrigen Körper zu fließen und ihn zu stärken. Beunruhigen Sie sich nicht, wenn beim Mann die Erektion nachlässt. Nur so kann das Blut in den Körper zurückfließen. Sobald Sie den Geschlechtsverkehr fortsetzen, wird neues Blut in den Penis hineinströmen und er wieder hart werden.

Multiorgasmische Quickies und Marathons

Je länger der Liebesakt durchgeführt wird, desto mehr heilende Energie lässt sich erzeugen und in Umlauf bringen, so die Taoisten. In den klassischen taoistischen Texten heißt es, eintausend Liebesstöße wären das Maß, das eine Frau völlig befriedigte. Damit dies nicht wie ein Marathon klingt, sei hier Jolan Chang erwähnt, der in seinem Buch *Tao of Love and Sex* schreibt, man mache bei einem halbstündigen Jogging mindestens zweitausend Schritte. Wenn für ein halbstündiges Jogging zweitausend Schritte nötig sind, warum sollten dann bei einem halbstündigen Liebesakt nicht tausend Liebesstöße möglich sein?

In den klassischen taoistischen Texten heißt es, eintausend Liebesstöße wären das Maß, das eine Frau völlig befriedigte.

Diese Zeitangabe unterscheidet sich von der heute gängigen Liebespraxis. Als Alfred Kinsey in den fünfziger Jahren seine berühmte Umfrage über das sexuelle Verhalten des Menschen durchführte, stellte er fest, dass der »Koitus« (Liebesakt) amerikanischer Paare im Durchschnitt zwei Minuten dauerte. Mittlerweile sind es durchschnittlich zehn Minuten. Die alten Taoisten würden darauf einen Großteil der Unzufriedenheit in modernen Paarbeziehungen zurückführen. Es ist sehr schwierig, vor allem für die Frau, bei einem so kurzen Liebesakt zu voller Befriedigung zu kommen. Zwar sollte der Sex nicht zu einem Marathon oder Konditionstraining werden, aber es ist interessant zu wissen, dass nach taoistischen Maßstäben der moderne Liebesakt meist viel zu kurz ist, um dessen Höhen – und Tiefgründigkeit – zu erfahren.

Zugegeben, die moderne Alltagshektik erlaubt es den wenigsten, sich jede Nacht oder selbst nur jede Woche einen ausgiebigen Liebesakt zu leisten. Doch sollten wir uns Zeit dafür nehmen, damit wir zu heilsameren und gesünderen Ebenen eines ekstatischen Liebesspiels gelangen, Zeit, in der uns weder das Telefon noch die Kinder noch sonstwer stören können. Es ist bestimmt unterhaltsamer, wenn man einmal abends zu Hause bleibt und sich im Liebesspiel begegnet, statt ins Kino zu gehen, und ein der Liebe gewidmetes Wochenende lässt einem bestimmt Zeit genug, dass das Begehren voll erwacht.

Wenn Sie und Ihr Partner oder Ihre Partnerin heilende Liebe zu praktizieren beginnen, werden Sie feststellen, dass Ihre Körper sich aufeinander einstellen und Sie dadurch sehr rasch zu multiorgasmischen Höhen beim Liebesspiel gelangen können.

Damit Sie sich nicht zu viele Sorgen machen, wie Sie stundenlange Liebesspiele in Ihr Leben integrieren können, seien multiorgasmische Quickies erwähnt. Wenn Sie und Ihr Partner oder Ihre Partnerin heilende Liebe zu praktizieren beginnen, werden Sie feststellen, dass Ihre Körper sich aufeinander einstellen und Sie dadurch sehr rasch zu multiorgasmischen Höhen beim Liebesspiel gelangen können. Viel hängt davon ab, wie geschickt die sexuellen Ströme der Partnerin von ihrem Partner und ihr selbst ins Wallen gebracht werden können, aber durch die in den vorigen Kapiteln beschriebenen Techniken dürfte das kein Problem mehr darstellen.

Sex ist vielfältig, und auch wenn wir zur Erkundung der Höhen der heilenden Liebe aufrufen, heißt das nicht, dass wir von den instinktiveren Vergnügen einer leidenschaftlichen Paarung abraten. Man kann sich die heilende Liebe und besonders die Energiezirkulation als ein Gourmet-Menü vorstellen, das Sie zu passender Gelegenheit genießen, aber nicht täglich erwarten. Wenn Sie eine leidenschaftlichere Form wählen, können Sie in der Ruhephase danach immer noch Ihre Energie zirkulieren lassen, obwohl es weniger Energie sein wird, besonders beim Mann, wenn er es noch nicht gelernt hat, einen Orgasmus ohne Ejakulation zu haben. Jeder Sex, der aus Liebe und tief empfundenem Wohlwollen geschieht, ist heilende Liebe.

Doch wann aufhören? Die meisten Paare hören dann auf, wenn der Mann ejakuliert und die Frau *hoffentlich* mindestens einen Orgasmus gehabt hat. Wenn Sie einmal beide multiorgasmisch geworden sind, gibt es kein offenkundiges Ende mehr. Es liegt dann an Ihrer beider Entscheidung, wann es genug ist. Wir sind es meistens nicht gewohnt, unseren sexuellen Appetit unter diesem freiheitlichen Aspekt zu beobachten. Sie und Ihr Partner oder Ihre Partnerin müssen also Acht geben, wann sie beide satt sind und aufhören möchten.

Die Taoisten rieten dazu, sich bei Tisch nicht übersatt zu essen, sondern einige Bissen vorher aufzuhören. Man ist dann, während die Mahlzeit verdaut wird, angenehm satt, statt sich übersättigt zu fühlen. Ähnlich empfahlen die Taoisten, beim Liebesspiel aufzuhören, wenn die Glut noch etwas glimmt. So bleibt die Attraktivität der Partner füreinander erhalten, für die nächste Nacht und die nächste und so weiter ein Leben lang.

Kommen und Gehen

Den Taoisten zufolge sollte ein Mann nicht allein der vielfachen Orgasmen wegen lernen, einen Orgasmus ohne Ejakulation zu haben. Wie schon gesagt, die taoistischen Meister waren Ärzte, die sich mit dem gesundheitlichen Aspekt der Sexualität befassten. Ihre genauen Beobachtungen führten sie zu der Erkenntnis, dass die Ejakulation den Mann Energie kostet.

Männer merken diesen Energieverlust meist daran, dass sie nach der Ejakulation das Bedürfnis haben zu schlafen. Und die Frauen hört man über das Desinteresse ihrer Partner klagen, die sich jedem Gespräch oder selbst noch einem Kuscheln verweigern, sobald sie ejakuliert haben. Der Mann, der nach der Ejakulation zufrieden brummend auf der Partnerin einschläft, ist ein bekanntes Bild in den Medien. Dieser Ermüdungseffekt der Ejakulation war schon vor mehreren tausend Jahren bekannt.

> Der Mann ist nach der Ejakulation müde, ihm summen die Ohren, er hat schwere Augen und seine Glieder sind schlaff. Er hat Durst und sehnt sich nach Schlaf. Er genießt bei der Ejakulation einen kurzen Augenblick der Lust, doch dann ist er viele Stunden erschöpft.
>
> *Peng-The,* ein Sexualberater des berühmten Gelben Kaisers

Jüngere Männer empfinden diese Erschöpfung nicht so stark wie ältere. Und Männer, die nach langer Pause ejakulieren, merken weniger davon als diejenigen, die oft ejakulieren. Wie in Kapitel 2 erklärt wird, nimmt der Mann bei jedem Orgasmus Energie in seinen Körper auf. Ejakuliert er dann nach einer Fülle von Orgasmen und besonders, nachdem er diese Energie zirkulieren ließ, ist der Energieverlust wesentlich geringer. Wie sehr ein Mann nach der Ejakulation erschöpft ist, hängt von seinem Alter und seiner Gesundheit ab, sowie davon, wie oft er ejakuliert und wie anregend der Liebesakt vor der Ejakulation war.

Wie sehr ein Mann nach der Ejakulation erschöpft ist, hängt von seinem Alter und seiner Gesundheit ab, sowie davon, wie oft er ejakuliert und wie anregend der Liebesakt vor der Ejakulation war.

Wenn ein Mann nicht ejakuliert, wird er natürlich mehr Energie zirkulieren lassen können. Leitet er diese Energie in seinen Bauch, wird sie in den Organen gespeichert und in den nächsten zwölf bis vierzehn Stunden an den Körper nach Bedarf abgegeben. Viele multiorgasmische Männer und Frauen, die so mit ihrer Energie verfahren, berichten, dass sie noch bis zu vier Stunden nach dem Höhepunkt ihre Orgasmen wahrnehmen.

Oft wird angenommen, weil man den Unterschied zwischen Orgasmus und Ejakulation nicht versteht, dass die taoistische Tradition Männer vor Orgasmen warnt. Wir hoffen, es ist jetzt klar geworden, dass Männer so viele Orgasmen haben können, wie sie wollen, sofern sie die Ejakulation zu vermeiden wissen.

In *Öfter, länger, besser* werden die körperlichen Auswirkungen des Samenergusses auf den Mann noch ausführlicher beschrieben. Wir empfehlen allen Männern (und Frauen), die sich diesbezüglich noch genauer informieren wollen, die Lektüre dieses Buches. Den besten Beweis liefert jedoch der Körper des Mannes selbst. Das Experiment ist leicht durchgeführt. Beobachten Sie, wie viel Schlaf Ihr Partner braucht und wie er sich am Morgen nach der Ejakulation fühlt (vor allem nach mehreren Nächten mit ejakulatorischem Sex) und wie nach einem nichtejakulatorischen, multiorgasmischen Sex.

Anders als Männer brauchen sich Frauen im Allgemeinen nicht über sexbedingte Erschöpfungszustände Sorgen zu machen. Die Energie, die sie durch den vaginalen Ausfluss beim Orgasmus verlieren, ist minimal (selbst wenn bei einem intensiven Orgasmus ein Strahl kommt – oft weibliche Ejakulation genannt). Natürlich sind auch Frauen oft nach einem besonders intensiven oder »abschließenden« Orgasmus müde oder »geschafft«. Diese (mitunter sehr starke) Entspannung ist durch den Orgasmus ausgelöst und kein Grund zur Sorge. Wenn die Frau auftretende Müdigkeit vermeiden will, braucht sie nur ihre Sexualenergie durch den Körper zirkulieren zu lassen.

Den Taoisten zufolge verlieren Frauen durch den Sex wesentlich weniger Energie als durch die Menstruation oder eine

Geburt. Sie entwickelten deshalb Übungen zur Verkürzung der Periode sowie zur Verringerung der Schmerzen, die viele Frauen in diesem Zusammenhang haben. Diese Übungen würden den Rahmen dieses Buches sprengen, doch werden sie in Mantak und Maneewan Chias Buch *Tao Yoga der heilenden Liebe* ausführlich beschrieben.

Die Kräftigung Ihrer Sexualorgane

Guter Sex hängt von gesunden Sexualorganen ab. Und ganz sicher tragen die heilenden Liebesspiele, die in diesem Buch erklärt werden, zur Kräftigung der Sexualorgane und des Körpers überhaupt bei. Es gibt auch noch eine taoistische Übung, mit der Männer ihre Prostata und Frauen ihre Gebärmutter kräftigen können.

Zwar stellt man sich unter Sexualorganen meist den Penis und die Vagina vor, doch hängen die Sexualenergie und das sexuelle Vermögen bei Männern stark von der Prostata und bei Frauen vom Uterus ab. Wer etwas für diese lebenswichtigen Körperteile tun möchte, kann die folgende Übung versuchen. Sie erzeugt zudem eine Menge Sexualenergie, die man durch den Körper zirkulieren lassen kann, auch unabhängig vom Liebesakt oder von einer Selbstbefriedigung.

Übung 20
Stärkung der Prostata und des Uterus
1. Setzen Sie sich auf eine Stuhlkante oder stellen Sie sich gerade hin, Füße schulterbreit auseinander.
2. Atmen Sie aus und ziehen Sie Ihren Bauch ein.
3. Legen Sie beim Ausatmen eine Hand oberhalb des

Schambeins auf und spüren Sie mit den Fingern, wie die Muskel eingezogen werden.

4. Ziehen Sie die Bauchmuskeln mehrere Male ein, als würden Sie durch einen Strohhalm trinken, ohne durch Mund oder Nase einzuatmen. (Man spürt, wie beim Einziehen der Bauchmuskulatur Schließmuskel und Vulva bzw. Hoden leicht hochgezogen werden. Durch das dabei entstehende Vakuum wird die Prostata oder der Uterus massiert und damit mehr Energie in sie geleitet. Wundern Sie sich nicht, wenn das Baucheinziehen seltsame Geräusche hervorruft. Sie werden vom Vakuum verursacht und sind ein Zeichen, dass Sie die Übung richtig machen.)

5. Atmen Sie durch eine Bauchatmung ein. Ihre Finger werden nach außen gedrückt. Durch den Sog wird Energie ins Becken geleitet.

6. Atmen Sie langsam durch Ihre Zähne aus, indem Sie wie eine Schlange zischen.

7. Achten Sie darauf, wie sich Ihre Prostata oder Ihr Uterus erwärmen.

8. In den Entspannungsphasen steigt Energie hoch. Sie können Ihren Sexualorganen zulächeln, damit die Energie leichter durch die Wirbelsäule in den Kopf aufsteigt.

9. Rollen Sie die Energie in Ihrem Kopf spiralförmig auf, neun Drehungen in die eine, dann in die andere Richtung.

10. Berühren Sie mit der Zungenspitze den Gaumen direkt hinter den Zähnen und lassen Sie die Energie in Ihren Nabel hinunterfließen. Die Absorption wird erleichtert, wenn Sie sich vorstellen, dass sie sich spiralförmig ansammelt.

Safer Sex und sexuelle Gesundheit

Auch wenn AIDS mittlerweile besser behandelt werden kann, bleiben sexuell übertragene Krankheiten eine ernstzunehmende Gefahr. Deshalb soll hier kurz auf das Thema Safer Sex eingegangen werden. Außerdem hängt das Vergnügen am Geschlechtsakt und damit auch dessen Häufigkeit stark von der sexuellen Gesundheit ab. Man kann sich kaum auf die Höhen der Lust konzentrieren, wenn man gleichzeitig Schmerzen befürchtet oder erfährt. Es ist also in Ihrem eigenen Interesse, wenn Sie die folgenden Passagen durchlesen.

Safer-Sex-Vorkehrungen sollten alle neuen Paare treffen. Das heißt, beim Geschlechtsakt oder der Fellatio sollten Kondome verwendet werden (siehe »Die Kunst, ein Kondom anzuwenden«). Latexhandschuhe sollten für die vaginale oder anale Stimulierung benutzt werden.

Man kann sich jederzeit auf HIV, Hepatitis B und C, Syphilis, Gonorrhö (Tripper) und Chlamydien untersuchen lassen. Denken Sie daran, dass eine HIV-Infektion erst nach sechs Monaten positive Testergebnisse hervorbringt. Besteht die Gefahr, dass Sie sich angesteckt haben, sollten Sie also, wenn der erste Test negativ war, um wirklich sicher zu gehen, den Test ein halbes Jahr später wiederholen. Sind beide Tests negativ verlaufen, besteht wenig Grund zur Sorge, solange beide Partner treu bleiben.

Bestimmte STDs (*Sexually Transmitted Diseases*, moderne Bezeichnung für alle Krankheiten, die sexuell übertragen werden können, ob durch Bakterien, Viren, Pilze, diverse Mikroorganismen, Krätze oder Milben etc.; A. d. Ü.) wie Herpes- und Papilloma-Viren, die für Feigwarzen verantwortlich sind, können durch Hautkontakt übertragen werden, ob mit oder ohne Kondom. Sowohl Herpes als auch Feigwarzen kommen sehr häufig vor (25 Prozent und 50 Prozent der jungen Erwachsenen sind jeweils davon betroffen). Sie sind unangenehm, aber normalerweise ungefährlich und können medizinisch behandelt werden. Um gesunden Sex zu haben, sollten Sie sich in regelmäßigen Abständen untersuchen lassen und Safer-Sex-Vorkehrungen treffen.

Beim nichtejakulatorischem Sex ist das Risiko des Körpersäfteaustauschs geringer. Zwar kann man sich genauso leicht andere sexuell übertragene Krankheiten wie Herpes oder Feigwarzen holen, doch verringert er das Risiko einer HIV- oder Hepatitis-Ansteckung, die durch den Austausch von Körpersäften übertragen werden. Wenn der Mann nicht ejakuliert, überträgt er seiner Partnerin weniger Körperflüssigkeit. Und er nimmt auch weniger Körperflüssigkeit von ihr auf. Der Penis eines Mannes funktioniert ein wenig wie ein *turkey baster* (eine Art Soßenspritze für Truthahnbraten). Die Ejakulation lässt ein kleines Vakuum entstehen, durch das dann Flüssigkeit von der Partnerin aufgesaugt wird. Mag ein nichtejakulatorischer Sex zwar den Austausch von Körpersäften verringern, ist auch dieser Sex nur dann Safer Sex, wenn man ein Kondom dabei benützt.

Man sollte sich klar machen, dass auch beim nichtejakulatorischen Sex Körpersäfte ausgetauscht werden (denken Sie auch an die vorzeitige Ejakulation, vor der Sie im Sexualkundeunterricht gewarnt wurden). Er ist daher keine verlässliche Form der Empfängnisverhütung. Nichtejakulatorischer Sex macht Safer Sex und jede Form der Empfängnisverhütung einfach noch sicherer. Man sollte sich niemals allein darauf verlassen, wenn eine Schwangerschaft unerwünscht ist. Vergessen Sie das also nicht.

Die Kunst, ein Kondom anzuwenden

1. *Es ist durch nichts zu ersetzen:* Streifen Sie vor einem Vaginal- oder Analverkehr immer ein Kondom über, es sei denn, Sie und Ihr Partner oder Ihre Partnerin haben sich auf sexuell übertragbare Krankheiten hin untersuchen lassen und sind monogam.

2. *Eine gute und eine schlechte Nachricht:* Die gute Nachricht ist, dass die oft beklagte Beeinträchtigung des Empfindens die Beherrschung des Samenergusses erleichtern kann. Die schlechte Nachricht ist, dass Kondome das Empfinden im Allgemeinen beeinträchtigen. Manche Männer haben sogar Schwierigkeiten, eine Erektion aufrechtzuerhalten, wenn sie ein Kondom tragen. In einem solchen Fall sollten Sie oder Ihre Partnerin beim Überstreifen des Kondoms Ihre Genitalien weiter massieren. Wenn Sie, bevor Sie das Kondom überstreifen, etwas Gleitmittel auf den Penis auftragen, steigert das die Empfindsamkeit, ohne dass das Kondom abrutscht.

3. *Oralsex:* Streifen Sie immer ein Kondom über, bevor Ihre Partnerin Sie oral zu befriedigen beginnt. Hier dürfte ein »trockenes« Kondom, eines ohne Gleitmittel, Ihrer Partnerin wahrscheinlich lieber sein.

4. *Es überrollen:* Lassen Sie bei Kondomen ohne Reservoir oben gut einen Zentimeter Platz. Die meisten Kondome haben diesen »Freiraum«. Sorgen Sie dafür, dass das Kondom den Penis ganz bedeckt und streichen Sie es glatt, damit die möglicherweise zurückgebliebene Luft entweicht. Wenn Sie nicht beschnitten sind, müssen Sie die Vorhaut zurückschieben, bevor Sie das Kondom überrollen.

5. *Gleitmittel:* Tragen Sie außen auf das Kondom reichlich Gleitmittel auf. (Kondome reißen meist deswegen, weil zu wenig Gleitmittel aufgetragen wird.) Verwenden Sie nur Gleitmittel auf Wasserbasis; vaselinehaltige Gleitmittel oder Öle greifen Latexkondome oder -handschuhe an.

6. *Danach:* Ziehen Sie Ihr Glied nach dem Geschlechtsverkehr noch im erigierten Zustand aus der Scheide, und halten Sie das Ende des Kondoms fest, um sicherzustellen, dass es nicht abrutscht. Werfen Sie das Kondom in den Abfalleimer, und waschen Sie sich, vor allem nach einer Ejakulation, den Penis oder rollen Sie sich ein neues Kondom über, bevor Sie sich weiter liebkosen und erregen.

7. *Wenn es reißt:* Wenn ein Kondom abrutscht oder reißt, liegt das im Allgemeinen daran, dass es nicht richtig übergezogen wurde, der Sex zu ungestüm war oder das Kondom beim Herausziehen des Penis nicht festgehalten wurde. Wenn der Mann nicht ejakuliert hat oder sich der Riss ziemlich weit unten befindet, besteht kein allzu großer Grund zur Sorge. Entfernen Sie einfach das gerissene Kondom und streifen Sie sich ein neues über. Reißt das Kondom nach einer Ejakulation, ist es ratsam, dass die Partnerin uriniert und ein Spermizid, ob Gel, Schaum oder Zäpfchen, in die Scheide einführt, damit Samen, Viren und Bakterien möglichst abgetötet werden. Das Spermizid sollte mindestens eine Stunde einwirken. Machen Sie sich Sorgen wegen einer Schwangerschaft, kann die Frau die »Pille danach« nehmen, die sie von ihrem Arzt verschrieben bekommen kann.

Es steht in unserer Macht zu verletzen und zu heilen

AIDS und andere sexuell übertragene Krankheiten gemahnen an die Richtigkeit der taoistischen Erkenntnis, dass der Liebesakt ein sich auf Gesundheit und Wohlbefinden beider Partner auswirkender körperlicher und energetischer Austausch ist. Die sexuelle Revolution berücksichtigte diesen Austausch zu wenig, und wir sind uns meist kaum bewusst, wie sehr uns unsere sexuellen Erfahrungen geprägt haben. Der biochemische und energetische Austausch, der durch unsere Sexualorgane stattfindet, hat weitreichende physische, emotionale und sogar spirituelle Folgen für beide Partner.

Mögen die AIDS-Seuche und andere sexuell übertragene Krankheiten auch neu sein, die Tatsache ist altbekannt, dass es in der Macht des Menschen steht, durch Sex zu heilen oder zu schaden. In der westlichen Gesellschaft betrachtet man Sex meist als etwas Biologisches, das einfach zur zwischenmenschlichen Beziehung Erwachsener dazugehört. Das Tao erinnert uns jedoch daran, dass Sex etwas Heiliges ist und die Macht hat, Krankheit und Zerstörung oder Heilung und neues Leben zu bringen. Das Tao sieht das Liebesleben ganz praktisch unter medizinischer Hinsicht, aber es verliert dabei nie den Respekt und die Ehrfurcht vor der Quelle unseres Lebens. In den nächsten beiden Kapiteln werden wir der Frage der Intimität und Heiligkeit des Liebeslebens genauer nachgehen.

6 Wirklich lieben

In diesem Kapitel entdecken Sie:
- die Kraft der Sexualität, unsere Emotionen positiv oder negativ zu beeinflussen
- wie sich Lust und Liebe verknüpfen lassen
- wie sich Selbstliebe und Liebe füreinander entfalten lassen
- meditatives Berühren
- wie sich durch das innere Lächeln negative Gefühle dem Partner gegenüber überwinden lassen

Heilende Liebe fördert nicht nur die sexuelle Lust und die Gesundheit, sie führt auch zu einer Bereicherung des Gefühlslebens. Man bezeichnet guten Sex als »Liebe machen«, wobei man allerdings um die Kraft der Sexualität wissen sollte, unser Herz und unsere Gefühle zu heilen oder zu verletzen.

Es wurde schon mehrmals betont, dass die Sexualenergie einfach die jeweils vorhandene Gefühlslage in uns verstärkt – sei sie nun negativ oder positiv. Weiter wurde darauf hingewiesen, wie wichtig es ist, Liebe zu empfinden und Ärger zu vermeiden. Diese Beziehung zwischen unserer Sexualenergie und unseren Gefühlen soll nun genauer untersucht werden, damit man bei der heilenden Liebe auch wirklich die Liebe pflegt.

Die Taoisten wussten, dass die Sexualenergie einfach die Gefühle in uns verstärkt – seien sie positiv oder negativ.

Wenn Sie mit der Übung der heilenden Liebe beginnen und Ihre Sexualkraft zunimmt, sollten Sie unbedingt sich selbst und Ihrem Partner gegenüber Herzensgüte entfalten. Die Übungen in diesem und im nächsten Kapitel werden Ihnen bei dieser Entwicklung von Liebe und Mitgefühl helfen. Halten Sie sich bei der Übung der heilenden Liebe stets vor Augen, dass die Sexualenergie einem Feuer gleicht. Feuer kann

> *Die Sexualenergie gleicht einem Feuer. Feuer kann zum Essenkochen verwendet werden, es kann aber auch das Haus niederbrennen: Entscheidend ist sein Gebrauch. Bei der Sexualenergie verhält es sich genauso.*

zum Essenkochen verwendet werden, es kann aber auch das Haus niederbrennen: Entscheidend ist sein Gebrauch. Bei der Sexualenergie verhält es sich genauso.

Sie sollten Ihre Sexualenergie in Liebe und Mitgefühl verwandeln, andernfalls kann sie in Hass oder Wut umschlagen. Die Rolle der Sexualkraft bei der Verstärkung der Emotionen erklärt mit, warum Liebende so aufbrausend miteinander streiten können und weshalb Liebe und Hass so nah beieinander liegen. Wer also dabei ist, immer mehr vitalisierende Sexualenergie zu erzeugen, sollte diese unbedingt mit der mitfühlenden Energie des Herzens verquicken. Lust ist ein entscheidender Faktor unserer Lebenskraft, sie muss aber kultiviert und an die Liebe zum Partner geknüpft werden, so die Taoisten.

Selbstliebe entfalten

Die Taoisten sagten – und viele Psychologen stimmen heute damit überein –, dass wir andere erst dann wirklich lieben können, wenn wir uns selbst lieben können. Aber worin besteht nun eigentlich die Entfaltung der Selbstliebe, und warum ist sie für ein gesundes Sexualleben so wichtig? Als Erstes darf Selbstliebe nicht mit Egoismus oder Narzissmus verwechselt werden. Es handelt sich schlicht darum, dass man sich selbst annimmt und mag. Diese Selbstliebe ist für ein gesundes Sexualleben entscheidend, denn ohne sie kann man dem anderen kein liebevoller Partner sein. Erst durch die eigene Wertschätzung kann man auch den Partner oder die Partnerin und andere Mitmenschen wertschätzen.

> *Ohne Selbstliebe kann man dem anderen kein liebevoller Partner sein.*

Die Intimität beim Sex kann in uns große Ängste wachrufen. Viele befürchten, dass sie für ihren Partner oder ihre Partnerin körperlich zu unattraktiv sind. Unsere Körper sind unvollkommen, aber wir wollen einem Ideal entsprechen. Abgesehen vom eigenen Liebespartner sieht man selten andere Körper als solche, die von der Werbeindustrie geschönt wurden. Man legt

---

Übung 21
Liebe und Lust verknüpfen

1. Legen Sie die Hand aufs Herz und erspüren Sie es durch die Fingerspitzen.

2. Lächeln Sie Ihrem Herzen zu und fühlen Sie, wie es weich wird. Stellen Sie sich dann vor, dass es sich wie eine rote Blüte öffnet. Fühlen Sie, wie es sich mit Liebe, Freude und eigener Wertschätzung anfüllt.

3. Lassen Sie die Finger Ihrer linken Hand auf der Brust und legen Sie die rechte Hand auf die Genitalien.

4. Männer sollten spüren, wie die Energie aus ihren Genitalien zum Herzen aufsteigt und von dort wieder in die Genitalien zurückfließt. Frauen sollten spüren, wie die Energie aus ihrem Herzen zu den Genitalien hinabfließt und von dort wieder zum Herzen aufsteigt. (Dadurch werden nicht nur Lust und Liebe verknüpft, sondern die feuergleiche Herzenergie wird die vaginalen Yin-Säfte ins Wallen bringen und die Erregung der Frau beflügeln.)

5. Denken Sie an das innigste Liebesspiel zurück, das Sie mit Ihrem Partner oder Ihrer Partnerin je genossen haben und bei dem Sie vor Liebe zu ihm oder ihr überflossen. Das wird Sie wieder mit dieser heilenden Liebe verbinden und Liebe und Lust in Ihnen verknüpfen.

Übung 22
Neun-Blüten-Berührungsmeditation

1. *Sehen Sie sich in die Augen:* Setzen Sie sich bequem einander gegenüber und sehen Sie sich in die Augen.
2. *Berühren Sie sich selbst:* Bestimmen Sie, wer anfangen wird. Wenn Sie anfangen, sollten Sie sich mit beiden Händen schrittweise von Kopf bis Fuß berühren. (Lassen Sie alle diejenigen Körperpartien aus, die Ihr Partner nicht berühren soll, und sparen Sie den Intimbereich möglichst bis zuletzt auf.) Wenden Sie dabei Ihren jeweiligen Körperzonen Ihre ganze liebende Aufmerksamkeit und Selbstannahme zu.
3. *Ihr Partner folgt:* Nun sollte Ihr Partner oder Ihre Partnerin mit den Händen die zärtlichen Berührungen in derselben Reihenfolge an Ihnen wiederholen.
4. *Ein Lächeln schenken:* Wenn Sie fertig sind, sollte Ihnen der Partner oder die Partnerin ein Lächeln schenken und Sie zärtlich anblicken. Vielleicht möchte derjenige von Ihnen, der die Berührung wiederholt hat, seiner Liebe nun auch verbal Ausdruck verleihen. Sie könnten dann etwa sagen »Das ist der Körper meiner/meines Liebsten« oder »Ich mag diesen Körper bis ins Kleinste«. Ihre Aussagen sollten auf Ihre Liebe zu Ihrer Partnerin oder Ihrem Partner und nicht nur auf Ihre eigene Lust bezogen sein.
5. *Tauschen:* Tauschen Sie dann die Rollen.
6. *Selbsterkundung:* Jetzt sollten beide ganz zärtlich die eigenen Brustwarzen berühren. Die Berührung sollte federleicht sein. Ziehen Sie nun von der Brustwarze aus immer größer werdende Kreise, bis sie gut einen Zentimeter von ihr entfernt sind (am Rand des Brustwar-

zenhofs). Ziehen Sie 18, 36 oder noch mehr Kreise um die Brustwarze. Sie werden dabei ein immer erregenderes Kribbeln spüren, je mehr Ihre Sexualenergie zunimmt.

7. *Neun Kreise ziehen:* Setzen Sie nun etwa zwei Zentimeter tiefer zu einem neuen Kreis an, als würden Sie eine Blüte zeichnen. Setzen Sie so nach unten wandernd Kreis an Kreis, Blüte an Blüte, im Abstand von etwa zwei Zentimetern, bis Sie mit dem neunten Kreis am Schambein angelangt sind. Es ist ein wunderbares körperliches Abenteuer, durch das Sie Brust bzw. Herz und Genitalien verknüpfen.

8. *Einander erkunden:* Der Mann sollte dann die neun Kreise an der Frau wiederholen, und dann die Frau am Mann.

9. *Heilende Liebe durchführen:* Gehen Sie nun zum Liebesakt über, so wie Sie und Ihr Partner oder Ihre Partnerin es von ganzem Herzen wünschen.

Maßstäbe an sich an, die unrealistisch sind und die eigene Wertschätzung untergraben. Diejenigen, die regelmäßig verschiedene Menschen nackt sehen, wie Ärzte oder Masseure, wissen, dass es den idealen Körper in Wirklichkeit nicht gibt und dass jeder Körper auf seine eigene Weise schön ist.

Sex ruft auch Unsicherheiten bezüglich der eigenen Liebeskunst wach, sofern man in der Kunst der Liebe nicht geschult ist. Da in dieser Kunst niemand von uns je ausgelernt hat, ist es gut, dies vor dem Partner zuzugeben und damit diese Unsicherheit zu überwinden. Angst und Nervosität sind Bettgenossen, die unser Liebesleben ganz leicht sabotieren können. Mit Sinn für Humor und spielerischer Leichtigkeit lassen sich hingegen viele Unsicherheiten im Bett auflösen. Sie ermöglichen es uns, auf dem Weg zur sexuellen Befriedigung in unserem Partner einen Liebes- und Spielgefährten zu erkennen.

Die folgende Übung hilft Ihnen dabei, sich mit Ihrem Partner zu verbinden und liebevolle Anerkennung für ihren oder seinen einmaligen Körper auszudrücken. Sie eignet sich sehr gut zur Überwindung von Unsicherheiten, wenn man lange getrennt war oder wenn die Beziehung wieder ins Lot gebracht werden soll.

Diese Berührungsmeditation erfordert Geduld und Muße, was für den Mann wegen seiner schnellen sexuellen Reaktion – des »Yang-Feuers«, wie die Taoisten sagen – oft schwierig ist. Männer müssen lernen, ihr Feuer unter Kontrolle zu halten, dann werden sie ihre Sexualenergie nicht mehr vorzeitig durch eine Ejakulation vergeuden. Der Mann sollte sich darauf konzentrieren, die Leidenschaft der Frau zu entfachen. Ist das Begehren der Frau am Überwallen, lässt sich das Feuer des Mannes rasch entfachen und beide Partner sind zum Liebesakt bereit.

Liebe füreinander entfalten

Wie sich die Liebe in einer Beziehung entfalten lässt, ist ein schwieriges Thema und lässt sich kaum in ein paar Absätzen abhandeln. Zudem handelt dieses Buch mehr von der Sexualität als von der Liebe, obwohl die Taoisten immer gewusst haben, dass beides sich nicht trennen lässt, wenn es ein befriedigender und heilsamer Sex sein soll.

Emotionen wie Wut und Ärger schränken unsere Zuneigung zum Partner ein. Die Taoisten erkannten, dass Ärger und Wut Disharmonien im Bett und in der Beziehung überhaupt verursachen. Sie waren auch der Überzeugung, dass Ärger und an-

Liebe füreinander entfalten

Ein zärtlicher Blick in die Augen verbindet und kann viel heilende Liebe vermitteln.

dere negative Gefühle dem Körper schaden und uns krank machen. Sie rieten daher sehr von unkontrollierten hitzigen Auseinandersetzungen ab, wie sie für viele moderne Paarbeziehungen typisch sind. Sie empfahlen stattdessen den Weg der Sanftmut und gegenseitigen Achtung.

Im Tao sind Bescheidenheit und Flexibilität hoch geachtet. Man verglich sie mit dem Wasser, das immer dem tiefsten Punkt zustrebt und sich seiner Umgebung anpasst. Die Taoisten verehrten die Geduld und die ruhige Kraft des Wassers. Sie wussten, dass ein Fluss Felsbrocken abtragen und schließlich zum Verschwinden bringen konnte, auch wenn er sie in aller Bescheidenheit umfloss.

In jeder Beziehung kommt es unausweichlich zu Spannungen und Schwierigkeiten, und jedes Paar geht auf seine Weise damit um. Es gibt eine einfache Übung, die auf den taoistischen Eigenschaften der Sanftmut und Güte aufbaut und die komplementäre Beziehung von Yin und Yang zum Vorbild hat. Sie hat schon vielen Paaren geholfen, ihr gegenseitiges Verständnis zu vertiefen und zu einem harmonischeren Umgang miteinander zu finden.

Jeder hört sich jeweils die Beschwerden an, die der andere vorzubringen hat, und wiederholt dann das Gesagte. Dieses Vorgehen unterbricht die Beschäftigung mit den eigenen Wunden und lenkt die Aufmerksamkeit auf das Leid des anderen. Man weiß dadurch auch, dass der andere gehört hat, was einem wehtut.

In Berührung bleiben

Glücklicherweise hilft uns unsere Natur auch in schwierigen Zeiten. In Kapitel 4, »Gegenseitige Befriedigung«, wurde erklärt, wie die Berührung im intimen Zusammensein bindet und erregt. Sie ist auch in schwierigen Zeiten, die es in allen Beziehungen gibt, von großer Bedeutung. Die Hormone, die durch die Berührung ausgelöst werden, können unsere Gefühle gegenüber dem Partner sehr beeinflussen. Wie Theresa Crenshaw betont: »Wenn man sich im entscheidenden Moment eine Berührung versagt, kann das das Ende einer Beziehung sein. In schweren Zeiten können Berührungen eine Beziehung retten.«[1]

Berührung verbindet uns buchstäblich, sie kann unsere Frustrationen und die Wut, die wir aufeinander haben, mildern.

> *Übung 23*
> **Verständnisvoll zuhören**
> **1.** *Sich die Hände halten:* Fassen Sie einander zunächst an den Händen.
> **2.** *Verständnisvoll zuhören:* Ihr Partner oder Ihre Partnerin führt eine Weile aus, was ihn bzw. sie aufregt, während Sie ruhig zuhören. Lächeln Sie, lassen Sie Ihr Herz schmelzen und von Güte und Mitgefühl überfließen. Versuchen Sie Ihrem Partner oder Ihrer Partnerin liebevolle Energie zu schicken.
> **3.** *Das Gehörte wiederholen:* Wenn Ihr Partner oder Ihre Partnerin fertig ist, wiederholen Sie das Gesagte. Natürlich brauchen Sie nicht jedes Wort zu wiederholen, sondern nur die Hauptpunkte. Fassen Sie also zusammen, woran Sie sich erinnern. Sollte Ihnen etwas entgangen sein, bitten Sie Ihren Partner oder Ihre Partnerin, die fehlenden Punkte zu wiederholen.
> **4.** *Die eigenen Gefühle ausdrücken:* Dann sind Sie an der Reihe. Vermeiden Sie unbedingt Vorwürfe. Beschreiben Sie einfach, was Ihnen wehgetan hat. Sie sollten auch nicht versuchen, sich zu verteidigen. Halten Sie sich Ihre Gefühle vor Augen und nicht das, was Ihnen Ihr Partner oder Ihre Partnerin angetan hat. Je verletzlicher Sie sich einander zeigen können, desto offener wird Ihr Herz und desto verständnisvoller werden Sie.

Deshalb ist es gut, wenn wir uns während schwieriger Diskussionen bei den Händen halten, was den Oxytocinspiegel erhöht. Das ist auch der Grund, weshalb die Neun-Blüten-Berührungsmeditation (Übung 22) so wertvoll ist, wenn man das Bedürfnis hat, sich körperlich wieder zu verbinden.

Liebe kommt von innen

Unsere Hormone können uns einander gewogen machen, aber die Liebe ist weit mehr als bloße Chemie. Und doch liegt das Geheimnis der Liebe den Taoisten zufolge in uns selbst. Es heißt häufig, man »halte nach der großen Liebe Ausschau« oder habe sich in jemanden verliebt, als befände sich die Liebe außerhalb von einem selbst und hinge vom Partner ab. Wir suchen allzu oft auf diese Weise nach der Liebe, statt unsere eigene Liebesquelle zu speisen. Für die Taoisten ist die Liebe eine reale Kraft des Herzens, nicht nur ein erfundenes Gefühl. Sie versuchten daher, unabhängig vom Partner Liebe im eigenen Inneren zu entwickeln.

Für die Taoisten ist die Liebe eine reale Kraft des Herzens, nicht nur ein erfundenes Gefühl. Sie versuchten daher, unabhängig vom Partner Liebe im eigenen Inneren zu entwickeln.

Die Entfaltung von Liebe ist ein edles Ziel, aber was tun wir mit all unseren negativen Gefühlen, wie Wut oder Groll, die in jeder Liebesbeziehung auftreten? Meistens entledigt man sich ihrer, projiziert sie auf den Partner oder auf andere Menschen, so wie man Abfall wegwirft. Man schreit, macht einander Vorwürfe, beschuldigt, macht den anderen herunter, zieht sich zurück, und dann verträgt man sich wieder – oder man trennt sich eben. Es ist leicht, die Schuld beim Partner zu sehen oder festzustellen, dass mit der Beziehung etwas schief gelaufen ist.

In den meisten Beziehungen, so fanden die Taoisten, hängt unsere Liebe zum Partner weniger vom Partner und der Beziehung ab als von unserer eigenen Fähigkeit zu lieben. Nach dem Tao gibt es noch eine andere Möglichkeit, als entweder unsere Gefühle zu unterdrücken oder sie an anderen Menschen abzureagieren: Wir können sie transformieren. Statt unseren emotionalen Müll wegzuwerfen, recyceln wir ihn.

Die Taoisten lehrten viele psychospirituelle Übungen für das Recycling negativer Emotionen, aber Sie haben in Kapitel 3

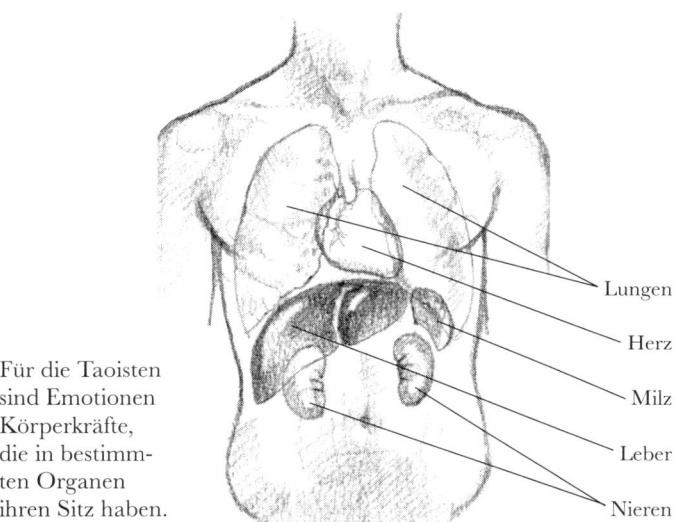

Für die Taoisten sind Emotionen Körperkräfte, die in bestimmten Organen ihren Sitz haben.

Lungen
Herz
Milz
Leber
Nieren

die einfachste und wirksamste kennen gelernt: das innere Lächeln. Mittlerweile hat die westliche Medizin durch viele Untersuchungen bestätigt, dass Stress sich auf das Immunsystem negativ auswirkt und so genannte toxische Emotionen, wie Wut, regelrecht lähmen können. Mit Hilfe des inneren Lächelns lassen sich solche toxischen Emotionen leicht recyceln.

Außer durch das innere Lächeln, das in Kapitel 3 beschrieben ist, lassen sich negative Gefühle auch durch folgende Übung transformieren. So wie in unserer Kultur die Liebe mit dem Herzen verbunden wird, bringen die Taoisten auch die anderen Emotionen jeweils mit einem Organ in Zusammenhang. Wie schon gesagt, sind für die Taoisten Gefühle mehr als nur Gedankenkonstrukte. Es sind physische Kräfte, die in den unterschiedlichen Organen konzentriert sind, und man kann mit seinen Gefühlen am besten dadurch arbeiten, indem man mit den Energien dieser Organe arbeitet.

So funktioniert es

Gefühlstabelle

Positive Emotionen	Negative Emotionen	Organ
Liebe, Freude, Mitgefühl	Hass, Ungeduld	Herz
Aufrichtigkeit, Toleranz	Unruhe, Sorge	Milz
Mut	Traurigkeit, Niedergeschlagenheit	Lungen
Gelassenheit, Sanftmut	Angst	Nieren
Freundlichkeit, Großmut	Frustration, Ärger	Leber

Wenn Ihnen ein bestimmtes negatives Gefühl, wie Wut, Traurigkeit, Hass, Angst, Ungeduld, Unruhe oder Überheblichkeit, häufig zu schaffen macht, könnten Sie die Übung der Sechs Heilenden Laute ausprobieren, die bei der Entfaltung und Transformation einzelner Emotionen hilft. Eine ausführlichere Erklärung des inneren Lächelns und der Sechs Heilenden Laute finden Sie in Mantak Chias Buch *Taoist Ways to Transform Stress into Vitality*.

Mitgefühl und Stärke

Durch die Übungen der heilenden Liebe nimmt Ihre Sexualenergie stark zu. Und mit der größeren Erfahrung nimmt meistens auch das Selbstvertrauen rund ums Bett zu. Besonders Männer müssen aufpassen, dass ihnen die größere Potenz nicht zu Kopf steigt, im Sinne von Machtfantasien. Eroberungen sind das Gegenteil von Liebe. Wie bei jeder Kampfkunst beruht auch beim sexuellen Kung Fu echte Macht nicht auf Ego-

Übung 24
Negative Gefühle recyceln

1. Legen Sie die Fingerspitzen über dem Herzen auf die Mitte Ihrer Brust.

2. Lächeln Sie Ihrem Herzen zu (mit Mund und Augen lächeln), und spüren Sie, wie es sich wie eine rote Blüte öffnet. Fühlen Sie, wie darin die Liebe, Freude und das Mitgefühl Ihnen selbst gegenüber zunehmen. (Wenn es Ihnen schwer fällt, diese Emotionen sich selbst entgegenzubringen, stellen Sie sich ein Kind, einen Eltern- oder Großelternteil oder einen Freund bzw. eine Freundin vor, denen gegenüber Sie Liebe, Freude und Mitgefühl empfinden.)

3. Legen Sie die Finger über der Milz auf die linke Brustkorbseite, lächeln Sie ihr zu und fühlen Sie, wie Offenheit und Toleranz an die Stelle der Sorge und des Kummers treten.

4. Legen Sie über den Lungen die Hände auf und fühlen Sie, wie Traurigkeit und Niedergeschlagenheit sich in Mut verwandeln.

5. Legen Sie über den Nieren die Hände auf (auf dem Rücken, in Nabelhöhe rechts und links neben der Wirbelsäule) und fühlen Sie, wie sich Nervosität und Angst in Sanftmut und Gelassenheit verwandeln.

6. Legen Sie über der Leber die Hand auf die rechte Seite des Brustkorbs und fühlen Sie, wie sich Ärger und Frustration in Freundlichkeit und Großmut verwandeln.

7. Rufen Sie sich nun das Gesicht Ihres Partners oder Ihrer Partnerin in Erinnerung und schicken Sie ihm oder ihr liebevolle Energie zu.

ismus oder Härte, sondern auf Selbstlosigkeit und Milde. Heilende Liebe verlangt, dass Männer und Frauen ihre Herzen öffnen und sich im Geist der Liebe und Bescheidenheit üben. Erst durch diese durchgängige körperlich-geistige Offenheit können Sie den Energiefluss in sich selbst und in Ihrem Partner oder Ihrer Partnerin wahrnehmen.

Ein Spiel mit Herz
Denken Sie daran, dass Sie die Liebestechniken nicht wichtiger nehmen als Ihre Partnerschaft. Wenn Sie sich bei irgendeiner Heilenden-Liebe-Übung unwohl fühlen, sollten Sie diese so lange für sich selbst üben, bis sie Ihnen normal vorkommt. Vor allem Männer brauchen Zeit, um Orgasmen von Ejakulationen unterscheiden zu lernen und um ihre Atmung und ihren PC-Muskel ungezwungen einzusetzen. Achten Sie darauf, dass Sie ganz bei der Partnerin oder beim Partner sind. Die Techniken aus diesem Buch sind einfach das, was sie sind – Techniken. Man muss sich die Techniken so gründlich aneignen, dass man sie schließlich wieder vergessen kann. Es ist so wie beim Erlernen eines Musikinstruments: Um endlich mit Ausdruck spielen zu können, muss man zunächst die einzelnen Noten lernen. So ist es entscheidend, dass man beim Erlernen der heilenden Liebe von Anfang an mit dem Herzen dabei ist. Ohne echte gegenseitige Liebe ist Sex nur Reibung. Das mag zwar lustvoll sein, aber erst das ekstatische Liebesspiel der wirklichen Liebe verbindet unsere Körper ein Leben lang.

Ohne echte gegenseitige Liebe ist Sex nur Reibung. Das mag zwar lustvoll sein, aber erst das ekstatische Liebesspiel der wirklichen Liebe verbindet unsere Körper ein Leben lang.

Im nächsten Kapitel wird behandelt, wie sich durch das Mitgefühl, das Sie bei der heilenden Liebe entfalten, Ihre geistige Beziehung und Ihr spirituelles Leben insgesamt vertiefen.

7 Den Geist erotisieren

In diesem Kapitel erfahren Sie:
- wie wichtig Ihr Liebesleben für Ihr spirituelles Wachstum und Ihr Geistesleben ist
- ein vitalisierendes Liebesakt-Morgengebet
- von Seelenpartnerschaften und seelischen Orgasmen
- wie Sie Ihre Sexualenergie am besten nützen können
- wie sich Sexualenergie in spirituelle Energie umwandeln lässt
- von der Entfaltung der höchsten Form von Lebensenergie
- wie tief Sie durch Ihre Beziehung mit der Welt verbunden sind

Sexualität und Spiritualität sind für die Taoisten untrennbar miteinander verbunden. So wird das Geschlechtsleben als ein wesentlicher Teil des spirituellen Weges verstanden. Im Westen besteht dagegen ein innerer Zwiespalt: zwischen dem fleischlichen, sündigen Körper hier und der unsterblichen, heiligen Seele dort. Die Taoisten halten diese Trennung für künstlich. Beim taoistischen Sex geht es um eine im ganzen Körper spürbare Spiritualität. Man glaubt, dass sich die Seele, die in der Nabelgegend ihren Sitz hat, durch erhöhte Sexualenergie manifestieren kann.

Den Taoisten ist die Sexualenergie heilig. Sooft wir sexuell erregt sind, wann immer wir Sex haben, kommunizieren wir mit der göttlichen Universalenergie. Aber die meisten Menschen wissen nicht, wie sie diese Energie spirituell nützen können.

Leider betrachtet der umfänglichste Teil unserer religiösen Institutionen Sex als schlecht oder sogar als böse und sucht diesen zu unterbinden. Und auch in den religiösen Traditionen, in denen die Sexualität nicht unterdrückt wird, wird sie im Allgemeinen als für den spirituellen Pfad hinderlich oder störend angesehen. Den meisten Menschen wurde beigebracht, dass sie ihre Sexualität unterdrücken müssen, wenn sie spirituell wachsen wollen. Nach dem Tao ist dies schlicht falsch. Die Sexualenergie macht etwa ein Viertel unserer gesamten Lebensenergie aus. Wer seine Sexualenergie leugnet, schneidet sich von einer essenziellen Energiequelle für sein Leben *und* sein spirituelles Wachstum ab.

Morgengebet

Die Taoisten fanden einen einfachen Weg zur allmorgendlichen Kultivierung dieser essenziellen Lebensenergie, die so entscheidend zu ihrer geistigen und körperlichen Gesundheit beitrug, dass sie die Übung »Morgengebet« nannten.

Man hält gewöhnlich Sex für eine Abendaktivität und verlegt ihn auf die Zeit vor dem Schlafengehen. Die Taoisten wussten, dass dies oft nicht der ideale Zeitpunkt für das Lie-

---

Übung 25
Morgengebet
1. Erfreuen Sie sich nach Lust und Laune am Liebesakt.
2. Wenn Sie kurz vor dem Orgasmus sind oder ein oder mehrere Orgasmen hatten, leiten Sie die orgasmische Energie durch Ihren Körper hoch.
3. Leiten Sie die Energie mit dem inneren Lächeln zum Nabel hinunter.
4. Setzen Sie den Liebesakt und die Energiezirkulation so lange fort, bis Sie sexuell befriedigt und körperlich erfrischt sind.

besleben ist, weil man häufig vom Alltag erschöpft ist und der Körper mehr nach Schlaf als nach Sex verlangt. Zwar kann die heilende Liebe abends vor dem Schlafengehen sehr erfrischend sein und für einen erholsameren Schlaf sorgen, aber die Taoisten glaubten, dass Sex am Morgen ebenso wichtig, wenn nicht noch wichtiger ist.

Man hielt schon einen kurzen Liebesakt am Morgen für sehr vitalisierend, weil er uns erlaubt, den Tag mit seinen unvermeidbaren Frustrationen unbeschwert und heiter willkommen zu heißen. Versuchen Sie es einmal, und Sie werden sehen, dass es besser ist als Koffein. Denken Sie jedoch daran, dass der Mann eine Ejakulation vermeiden sollte, andernfalls geht ihm sehr viel Energie verloren.

Wenn Sie keine Gelegenheit zum Morgengebet haben, können Sie Ihre orgasmische Energie für sich allein hochleiten und mit Hilfe des inneren Lächelns wie beschrieben zirkulieren lassen. Mit der Zeit werden Sie dann, wann und wo immer Sie wollen, eine belebende Welle orgasmischer Energie spüren können. Nun, das könnte den Weg zur Arbeit wirklich angenehmer machen. Sobald Sie die Energie in Ihrem eigenen Körper zirkulieren lassen können, steht der Seelenpartnerschaft nichts mehr entgegen.

Seelische Vereinigungen und Höhepunkte

In Kapitel 5, Übung 19 (»Der orgasmische Lift beim Liebesakt«) haben Sie erfahren, wie Sie während des Liebesakts Ihre Energie im Körper zirkulieren lassen können. Bei der Seelenpartnerschaft tauschen Sie tatsächlich Energie mit Ihrem Partner oder Ihrer Partnerin aus. Diese Erfahrung ist sehr tiefgründig und intim und kann zu einem Verbundenheits- und

Den Geist erotisieren

Einigkeitsgefühl führen, dessen Großartigkeit schwer zu beschreiben ist.

Nach dem intensiven Energieaustausch der Seelenpartnerschaft schwingt in beiden Partnern noch stundenlang orgasmische Lust nach, und sie spüren eine intensive Verbindung zum Partner, selbst wenn sie an verschiedenen Orten sind. Die Taoisten nannten das den seelischen Orgasmus.

Paare können stundenlang orgasmische Lust spüren und sich selbst dann noch intensiv verbunden fühlen, wenn sie sich an verschiedenen Orten aufhalten.

Da Paare in der heilenden Liebe einen Energieaustausch erlernen, der über die bloße körperliche Berührung hinausgeht, können sie diese elektrisierende Verbindung spüren, selbst wenn sie sich nicht berühren. Wenn beide Partner ein hohes orgasmisches Niveau erreicht haben, treten ihre Seelen in Erscheinung und können sich über ihren Köpfen vereinigen. Diese über den Körper hinausgehende Vereinigung lässt sich noch lange nach dem Liebesakt aufrechterhalten.

So funktioniert es

Tipps für die seelische Vereinigung

Von Angesicht zu Angesicht: Bei dieser Übung empfiehlt sich, wie beim orgasmischen Lift beim Liebesakt, eine einander zugewandte Position mit möglichst viel Körperkontakt. Ist die Frau sehr viel leichter, sollte sie oben sein; ansonsten spielt es keine Rolle, welcher Partner oben ist. Die Sitzstellung ist für den Austausch von Sexualenergie mit am besten geeignet.

Sich durch Blicke heilende Liebe zuschicken: Es ist sehr hilfreich, wenn Sie sich beim Energieaustausch in die Augen schauen. So können Sie sich mit Ihren Blicken heilende Liebe zuschicken. Denken Sie daran, stets in genitalem Kontakt zu bleiben und Ihre Herzen offen zu halten.

Durch Zungenberührung den Kreislauf schließen: Wenn Sie Ihre Zungen vereinen, wird der Kreislauf zwischen Ihren Körpern geschlossen.

Die Seelen sich manifestieren lassen: Warten Sie mit dem Energieaustausch, bis Sie genügend Sexualenergie angesammelt haben, das heißt, bis Sie sexuell hoch erregt sind, aber noch bevor sich der Mann an der Kippe zur Ejakulation befindet. Wer multiorgasmisch ist, kann vor der Seelenvereinigung mehrere Orgasmen genießen.

Bei der Seelenpartnerschaft tauschen Paare ihre Sexualenergie aus.

Übung 26
Seelenpartnerschaft schließen
Der Austausch von Sexualenergie und seelische Orgasmen

1. *Innehalten:* Wenn Sie beide sexuell hoch erregt sind, halten Sie in einer Position inne, in der nur noch die Eichel im Scheideneingang der Frau ist. Das lässt Sie beide etwas abkühlen.

2. *Ausatmen und anspannen:* Beide Partner sollten jeweils ausatmen und dann den PC-Muskel anspannen. Passen Sie auf, dass der Mann nicht durch die Kontraktion der Partnerin den genitalen Kontakt mit ihr verliert. Viele Männer tun sich leichter, wenn sie zuerst ihren PC-Muskel anspannen und dann die Frau.

3. *Pumpen:* Leiten Sie durch ein Anspannen Ihres PC-Muskels und Schließmuskels die Energie ins Kreuzbein zurück und über die Wirbelsäule zum Scheitel hinauf.

4. *Lächeln:* Machen Sie eine Pause und lächeln Sie Ihren Genitalien zu, während Sie die Energie weiter in den Kopf aufsteigen lassen.

5. *Aufwinden:* Winden Sie die Energie in Ihrem Kopf durch Augenrollen nach rechts und nach links spiralförmig auf.

6. *Stoßen:* Setzen Sie den Liebesakt fort, und halten Sie immer wieder zur Energiezirkulation inne.

7. *Austausch:* Wenn Sie zum Energieaustausch bereit sind, sollte die Frau ihrem Partner aus ihrer Vagina kühle Yin-Energie schicken und von seinem Penis heiße Yang-Energie aufnehmen. Gleichzeitig sollte der

Mann seiner Partnerin aus seinem Penis heiße Yang-Energie schicken und aus ihrer Vagina kühle Yin-Energie aufnehmen.

8. *Zirkulation:* Leiten Sie die Energie Ihres Partners oder Ihrer Partnerin durch Ihre Wirbelsäule zum Scheitel hoch (den PC-Muskel nötigenfalls anspannen).

9. *Die Zungen berühren:* Lassen Sie die Energie über die Vorderseite des Kopfes zur Zunge fließen. Vereinen Sie Ihre Zungen. Dadurch wird der Kreislauf geschlossen und die Energie kann durch den Mund sowie durch die Genitalien ausgetauscht werden.

10. *Liebe:* Leiten Sie die Energie zum Herzen hinunter und tauschen Sie die heilende Liebesenergie direkt durch Ihre Brust aus.

11. *Speichern:* Lächeln Sie, während Sie sich auf Ihren Nabel konzentrieren, und leiten Sie die Energie in Ihren Bauch.

12. *Verbinden:* Statt die Energie im Nabel zu lassen, wie Sie das beim Emporleiten der orgasmischen Energie taten, setzen Sie nun die Zirkulation im kleinen Energiekreislauf fort und tauschen sich drei-, sechs- oder neunmal mit Ihrem Partner oder Ihrer Partnerin aus. Zum Schluss stellen Sie sich vor, wie sich diese geläuterte erotisch-spirituelle Energie über Ihrem Scheitel mit der Energie Ihrer Partnerin oder Ihres Partners vereint. Sie können sich dazu mit Ihrem Partner oder Ihrer Partnerin in sexueller Vereinigung über Ihrem Kopf visualisieren. Das ermöglicht eine seelische Vereinigung mit Ihrem Partner oder Ihrer Partnerin.

Allumfassende Liebe

Durch die Praxis der heilenden Liebe können wir unsere Sexualenergie in Umlauf setzen und unsere Orgasmen und Energie vervielfältigen und erweitern. In den vorigen Kapiteln war zu erfahren, wie erfreulich, heilsam und emotional befriedigend dies sein kann. Wir haben gesehen, wie sich Sexualenergie erzeugen und in psychosomatische Heilenergie umwandeln lässt.

Wer hätte gedacht (oder wurde je gelehrt), dass so viel Freude und nährende Energie in den eigenen Sexualorganen wartet. Doch das war für die Taoisten noch nicht alles. Diese Sexualenergie, deren Kultivierung Sie nun kennen, kann in spirituelle Energie verwandelt werden, durch die Sie sich und Ihre Beziehung – nicht nur zum Partner, sondern zur Welt überhaupt – transformieren können.

Die große Liebe und das Mitgefühl, das Sie durch die heilende Liebe mit Ihrem Partner entwickeln, kann Ihre Beziehung zu Ihrem Partner und zu anderen Mitmenschen tiefgreifend transformieren. Den Taoisten zufolge kosten wir durch die Liebe und Ekstase, die wir in unseren intimsten Beziehungen erfahren, bereits die allumfassende Liebe und selige Einheit mit der Urkraft des Alls, die wir auch im spirituellen Wachstum erfahren.

Im Gegensatz zu vielen anderen religiösen Traditionen, stellt das Tao den spirituellen Wert der heilenden Liebe nicht über ihren sexuellen, gesundheitlichen oder emotionalen Nutzen. Vielmehr ergänzt sich alles gegenseitig. Wir haben die Besprechung des spirituellen Aspekts bewusst ans Ende des Buchs gesetzt, weil auch das Energiekontinuum, das unseren Körper durchzieht, vom Offenbarsten, der Sexualenergie *(ching chi)*, bis zum Subtilsten, der spirituellen Energie *(shen)*, reicht.

Es gibt zudem eine natürliche Entwicklung vom Sexualleben

über das Gefühlsleben bis zum Geistesleben. Wenn wir unser Sexualleben oder Gefühlsleben nicht pflegen, bevor wir uns auf den spirituellen Weg machen, wird unser geistiger Fortschritt immer wieder durch unsere unterdrückten sexuellen Begierden und emotionalen Bedürfnisse untergraben werden. Dies ist der leidige Grund, weshalb so viele spirituelle Lehrer heimlich Sexualbeziehungen unterhalten, während sie diese ihren Anhängern verbieten. Sie haben noch nicht gelernt, ihr Sexualleben und Gefühlsleben zu integrieren. Das Tao erkennt offen an, dass wir alle Menschen sind und dieser Tatsache nicht entkommen können, unsere spirituellen Führer eingeschlossen. Und als körperlich gebundene Wesen haben wir nun einmal sowohl körperliche als auch geistige Bedürfnisse.

Wenn wir unser Sexualleben oder Gefühlsleben nicht pflegen, bevor wir uns auf den spirituellen Weg machen, wird unser geistiger Fortschritt immer wieder durch unsere unterdrückten sexuellen Begierden und emotionalen Bedürfnisse untergraben werden.

Sexualenergie in geistige Energie umwandeln

Die Sexualenergie kann in spirituelle Energie umgewandelt werden, wenn man sie, so wie in Kapitel 3 beschrieben, im kleinen Energiekreislauf durch den Körper zirkulieren lässt und entsprechend den vorigen Kapiteln kultiviert. Die Taoisten sagten, diese Umwandlung geschehe, wenn man die Sexualenergie neunmal (ihre heilige Zahl) durch den Körper leitet. Die so geläuterte Energie könne außerdem leichter vom Körper aufgenommen und gespeichert werden.

Wird die Sexualenergie mit der Kraft der Liebe verknüpft, entsteht eine zuverlässige Kraftquelle.

Genauso wichtig wie die Erzeugung spiritueller Energie ist die Liebe. Bedenken Sie, dass die Liebe für die Taoisten mehr ist als ein flüchtiges Gefühl oder Gedankengebilde. Sie ist eine im Herzen wohnende physische Kraft. Wenn Sie die Sexualenergie (aus Ihren Genitalien) mit der Kraft der Liebe und des Mitgefühls (aus Ihrem Herzen) verknüpfen, wird daraus eine zuverlässig nährende Energie. Mit dieser stabilen Kraft können Sie dann Ihre Beziehung zum Partner und zur Welt überhaupt vertiefen und spirituell wachsen.

Mitgefühl und andere Tugenden

Die Qualität unserer Energie (Chi) zählt genauso wie die Quantität. Die Übungen in diesem Buch ermöglichen Ihnen zwar, Ihre Vitalität zu steigern, doch sollte diese Energie besser positiv genutzt werden als negativ. Positiv lässt sie sich entfalten, wenn wir unsere emotionalen und geistigen Fähigkeiten, oder Tugenden, wie die Taoisten sagten, pflegen. Im letzten Kapitel wurde bereits angesprochen, wie man die positiven Gefühle in seiner Liebesbeziehung kultivieren kann. In diesem Abschnitt soll genauer erklärt werden, weshalb die Kultivierung dieser positiven Eigenschaften für unser Leben und unsere mitmenschlichen Beziehungen so wichtig ist.

Die Taoisten glaubten, dass jeder Mensch bei seiner Geburt über die Tugenden der Liebe, der Sanftmut, der Freundlichkeit, Achtung, Aufrichtigkeit, Fairness, Gerechtigkeit und Rechtschaffenheit verfügt. Genau das sind die positiven Eigenschaften unserer Gefühle, und entsprechend der körperverbundenen Auffassung der Taoisten stehen sie alle auf ihre Weise mit unseren Körperorganen in Verbindung. Wenn wir diese Tugenden zum Ausdruck bringen, fließt unsere Lebensenergie (Chi) ruhig und effizient. Verweigern wir die Kultivierung dieser Tugenden jedoch, laufen wir Gefahr, unsere zusätzliche Sexualenergie den negativen Emotionen direkt zuzuleiten und damit unsere negativen oder neurotischen Tendenzen zu verstärken. (Denken Sie daran, dass wir normalerweise die in uns vorherrschenden emotionalen Energien ausstrahlen.)

Obgleich wir tugendsam geboren sind, treten Gefühlsregungen wie Angst, Wut, Grausamkeit, Ungeduld, Sorge, Traurigkeit und Kummer unausweichlich auf, wenn wir älter werden. Diese Regungen können, wenn ihnen freier Lauf gelassen wird, die Gesundheit angreifen und unser Immunsystem schwächen. Die moderne Medizin erkennt mittlerweile an, dass das Immunsystem durch die Gegenwart negativer Gefühle, etwa Angst und Wut, bereits geschädigt wird, noch bevor sich klinisch diagnostizierbare Krankheiten zeigen. Diese Gefühle können auch unsere persönlichen Beziehungen und unsere allgemeine Beziehung zur Welt vergiften.

Einige religiöse Traditionen bestehen darauf, man solle diese negativen Gefühle und negative Energie loswerden. In der taoistischen Praxis versucht man jedoch diese negativen Seiten genauso wenig zu unterdrücken wie die Sexualität und die Sexualenergie. Negative Gefühlsregungen sind ein natürlicher und unvermeidlicher Bestandteil unseres Menschseins, gehören zum Ganzen dazu wie Tag und Nacht, heiß und kalt oder schwarz und weiß. Wir können unserem emotionalen Müllhaufen weder entkommen noch verhindern, dass wir emotionalen Müll produzieren. Für die Taoisten ist alles Energie. Ihre Lösung bestand darin, diese negativen Gefühlsregungen und Negativenergie zu positiven Gefühlsregungen und positiver oder tugendhafter Energie wieder aufzubereiten. Aus unseren negativen Regungen lässt sich genauso wie beim Recycling wertvolle Energie gewinnen. Bei den Taoisten wird nichts verschwendet.

Durch die Transformation von Hass in Liebe, Traurigkeit und Depression in Mut, Unruhe in Toleranz, Angst in Gelassenheit und Ärger in Großmut entgiften wir buchstäblich unseren Körper, unsere Gefühle und unseren Geist.

Im vorigen Kapitel haben Sie erfahren, wie Sie Ihre negativen Emotionen und Ihre negative Energie in positive Emotio-

Übung 27
Der Zyklus des Mitgefühls

1. *Das Herz:* Konzentrieren Sie sich zunächst auf Ihr Herz. Lächeln Sie Ihrem Herzen zu, und spüren Sie, wie es weich wird und vor Liebe überfließt. Wickeln Sie diese Liebesenergie gedanklich spiralförmig in Ihrem Herzen auf.

2. *Die Nieren:* Richten Sie nun Ihre Aufmerksamkeit auf Ihre Nieren (hinten auf Nabelhöhe, rechts und links neben der Wirbelsäule). Lächeln Sie ihnen zu, und spüren Sie, wie das Gefühl der Gelassenheit in Ihr Herz aufsteigt. Lassen Sie diese Energie spiralförmig in Ihr Herz fließen, so dass eine gesamtenergetische Verknüpfung stattfindet.

3. *Die Leber:* Konzentrieren Sie sich nun auf Ihre Leber (auf der rechten Seite unter dem Brustkorb). Lächeln Sie ihr zu und spüren Sie, wie das Gefühl des Großmuts in Ihr Herz aufsteigt. Wickeln Sie diese Energie in Ihrem Herzen so auf, dass eine gesamtenergetische Verknüpfung stattfindet.

4. *Zurück zum Herzen:* Vergegenwärtigen Sie sich nun wieder Ihr Herz. Lächeln Sie ihm zu und spüren Sie diesmal Liebe, Freude und Glück. Wickeln Sie diese Energie spiralförmig in Ihrem Herzen auf, so dass eine gesamtenergetische Verknüpfung stattfindet.

5. *Die Milz:* Richten Sie nun Ihre Aufmerksamkeit auf Ihre Milz (auf der linken Seite unter dem Brustkorb). Lächeln Sie ihr zu und spüren Sie das Gefühl der Aufrichtigkeit und Toleranz in Ihr Herz aufsteigen. Lassen Sie diese Energie spiralförmig in Ihr Herz fließen, so dass eine gesamtenergetische Verknüpfung stattfindet.

> **6.** *Die Lungen:* Konzentrieren Sie sich schließlich auf Ihre Lungen. Lächeln Sie ihnen zu, und spüren Sie das Gefühl des Muts und der Rechtschaffenheit in Ihr Herz aufsteigen. Wickeln Sie diese Energie spiralförmig in Ihrem Herzen auf, so dass eine gesamtenergetische Verknüpfung stattfindet.

nen und positive Energie verwandeln können. Durch die Transformation von Hass in Liebe, Traurigkeit und Depression in Mut, Unruhe in Toleranz, Angst in Gelassenheit und Ärger in Großmut entgiften wir buchstäblich unseren Körper, unsere Gefühle und unseren Geist.

Mitgefühl pflegen

Für die Taoisten stellt das Mitgefühl die höchste Ausdrucksform menschlichen Gefühls und tugendhafter Energie dar. Mitgefühl ist keine Einzeltugend, sondern die Gesamtheit aller Tugenden, die augenblicklich ausgedrückt werden als eine Mischung von Fairness, Freundlichkeit, Toleranz, Aufrichtigkeit, Respekt, Mut und Liebe. Wenn jemand Mitgefühl hat, ist er oder sie in der Lage, all diese Tugenden situationsangemessen zu verkörpern.

Es muss jedoch erwähnt werden, dass Mitgefühl oft mit Mitleid verwechselt wird. Nach dem Tao ist Mitleid eine Schwäche, die sich dadurch auszeichnet, dass man leicht von den Gefühlen anderer mitgerissen wird. Mitgefühl hat mehr mit Einfühlungsvermögen zu tun, einem erhabenen Zustand, in dem man die Gefühlsäußerungen anderer zulassen kann, ohne davon selbst aus dem Gleichgewicht gebracht zu werden. Der

Unterschied zwischen Einfühlung und Mitgefühl ist jedoch der, dass Mitgefühl nicht als Emotion oder Gefühl angesehen wird, sondern als ein höherer Bewusstseinszustand, von dem die besten menschlichen Eigenschaften auf natürliche Weise ausstrahlen. Kurz, die Taoisten hielten das Mitgefühl für die subtilste Form der Lebensenergie.

Wollen wir uns von ganzem Herzen, so wie wir sind, unserem Partner oder unserer Partnerin und anderen Mitmenschen öffnen, müssen wir als Erstes darauf achten, dass wir die negativen Gefühle, die wir mit uns herumtragen, transformieren, und uns selbst, unserem Partner oder unserer Partnerin und anderen Mitmenschen gegenüber Mitgefühl üben. Wenn man sich selbst und seinem Partner oder seiner Partnerin Liebe entgegenbringt, ist man auch imstande, dies im übrigen Leben zu tun. Durch Mitgefühl kann man bedingungslos lieben und die Welt so akzeptieren, wie sie ist, ohne darunter zu leiden.

Wenn Sie den folgenden »Zyklus des Mitgefühls« durchführen, achten Sie darauf, dass Sie sich entspannen und gut durchatmen. Dies erleichtert die Energiezirkulation und die Kontaktaufnahme mit den einzelnen Energien im Körper. (Zur Lage Ihrer Organe siehe Abbildung Seite 251.)

Sich einander offenbaren

Für die Taoisten ist der Mikrokosmos (unser Körper, unser Liebesverhältnis) untrennbar mit dem Makrokosmos (dem Planeten, der übrigen Menschheit) verbunden. Indem wir uns selbst und unsere intimste Beziehung heilen und ändern, heilen und ändern wir alle unsere Beziehungen und die Welt als Ganzes.

In *Öfter, länger, besser* haben wir erklärt, dass wir umso mehr Lust erfahren, je mehr Genuss wir bereiten. Je mehr wir heilen, desto mehr werden wir geheilt. In dem vorliegenden Buch haben wir zu zeigen versucht, dass unser Liebesgenuss und unsere Liebesbeziehung umso tiefgründiger werden, je weiter wir uns körperlich, emotional und spirituell unserem Partner oder unserer Partnerin öffnen. Je mehr wir uns einander zu erkennen geben, desto mehr Freude und Liebe können wir miteinander und mit der Welt teilen.

Die vielfachen Orgasmen sind Teil eines Entfaltungsprozesses der »Einswerdung« mit dem Partner oder der Partnerin und der Welt. Dem Tao und auch den modernen Physikern zufolge pulsiert das Universum ununterbrochen. Wenn wir einen Orgasmus haben, sind wir nicht nur mit unserem Partner oder unserer Partnerin in Einklang, sondern auch mit dem All und seinen Pulsationen. Dies ist der Grund, weshalb die Sexualität für unsere physische, emotionale *und* geistige Gesundheit von solcher Bedeutung ist. Je mehr wir uns selbst öffnen und mit unserem Partner, unserer Partnerin, eins werden, desto mehr öffnen wir uns der Welt und werden eins mit ihr. Das nächste Kapitel handelt davon, wie sich diese Lust und Liebe, diese Freude und Harmonie in unserer intimsten Beziehung ein Leben lang aufrechterhalten lässt.

Je weiter wir uns körperlich, emotional und spirituell unserem Partner oder unserer Partnerin öffnen, desto tiefgründiger werden unser Liebesgenuss und unsere Beziehung. Je mehr wir uns einander zu erkennen geben, desto mehr Freude und Liebe können wir miteinander und mit der Welt teilen.

8 Sich ein Leben lang lieben

In diesem Kapitel entdecken Sie:
- wie sich unterschiedliche sexuelle Bedürfnisse harmonisieren lassen
- Strategien, wenn die Lust auf einer Seite überwiegt
- Wege zur gesunden Lust im Alter
- wie sich durch die Technik des weichen Eindringens Erektionsprobleme überwinden lassen
- wie Sie die sexuelle Anziehungskraft in Ihrer Beziehung aufrechterhalten können
- das wahre Geheimnis der Sexualität

Im Westen glaubt man häufig, der Gipfel der Leidenschaft finde in der Hochzeitsnacht statt. Danach, so will es der kulturelle Kodex, nehmen die Leidenschaft und der Spaß am Sex im Lauf der Jahre ab, bis man sich schließlich mit seiner sexuellen Unerfülltheit arrangiert hat oder nach einem anderen Partner sucht. Die Taoisten wussten, dass das nicht so sein muss. Tatsächlich stellte für sie die Hochzeitsnacht nur den Anfang eines lebenslangen, immer genussvolleren und befriedigenderen Sexuallebens dar, da sich die Partner körperlich, emotional, mental und spirituell ja immer genauer kennen lernten. Vielfache Orgasmen etwa fallen Männern und vielen Frauen in reiferen Jahren leichter. Auch Sie werden die Gipfelerfahrungen der heilenden Liebe umso leichter erreichen, je mehr Sie und Ihr Partner oder Ihre Partnerin körperlich, emotional und spirituell zusammenwachsen.

Dieses Kapitel handelt von den zyklischen Schwankungen, die alle Paare erfahren, wenn ihr gegenseitiges Verlangen und ihre individuellen Bedürfnisse sich im Laufe der Jahre verändern. Die taoistische Sexualität dreht sich nicht um den Reiz des Neuen, sondern um den Reiz des Bekannten. Die Taoisten wussten, dass es unendlich viel am anderen zu erkennen gibt, da wir Menschen, so wie das Universum, uns ständig ändern.

Die taoistische Sexualität dreht sich nicht um den Reiz des Neuen, sondern um den Reiz des Bekannten. Die Taoisten wussten, dass es unendlich viel am anderen zu erkennen gibt, da wir Menschen, so wie das Universum, uns ständig ändern.

Zunehmende und abnehmende Lust

Obgleich es normal ist, dass wir uns ständig ändern und im Lauf unseres Lebens reifen, können diese Veränderungen uns selbst und unsere Partner überraschen oder uns sogar Angst machen. Vor allem, wenn unsere Lust mit den wechselnden familiären und beruflichen Anforderungen und gesundheitlichen Schwankungen zunimmt und abnimmt, ist entscheidend, dass wir lernen, mit den Fragen unseres Sexuallebens offen und ohne Misstrauen umzugehen.

Für die meisten Menschen ist die Sexualität der Lebensbereich, in dem sie am verletzlichsten sind. Es ist schwierig, die sexuelle Reaktion des Partners nicht persönlich zu nehmen. Männer und Frauen halten das nachlassende sexuelle Interesse ihrer Partner oder Partnerinnen oft für Ablehnung oder Kritik. Man sollte bedenken, dass es sich im Allgemeinen nicht um eine Kluft, sondern um Schwankungen handelt. Das sexuelle Verlangen ist von Hormonen abhängig, die ständig im Körper fluktuieren. Auch familiäre und gesundheitliche Faktoren können das sexuelle Verlangen phasenweise dämpfen. Daher ist es wichtig, über diese sexuellen Schwankungen zu sprechen. Man sollte vermeiden, lange Lustpausen hinzunehmen, ohne ihrem Grund nachzugehen.

Das ist sowohl in emotionaler als auch physiologischer Hinsicht wichtig. Emotional sollten Verletzungen und Misstrauen vermieden werden, die entstehen können, wenn der Partner oder die Partnerin einem die kalte Schulter zeigt. Hormonell verlangt der Körper, wie in Kapitel 4 erklärt wurde, umso mehr nach Sex, je mehr er bekommt. Je länger man ohne sexuellen Kontakt ist, desto leichter verliert man die Verbindung zu seinem sexuellen Ich. Schließlich ist es physiologisch wichtig, auch in reiferen Jahren die Säfte in Fluss zu halten.

Probleme gibt es dann, wenn einer der Partner zum Liebesspiel aufgelegt ist und der andere nicht. Hier ist eine Liste von Vorschlägen, wie Sie Ihre Liebesbeziehung festigen können und damit auch Ihre Partnerschaft. Den Taoisten war immer klar, dass es keine harmonische Beziehung geben kann, wenn es im Schlafzimmer nicht klappt. So ist es entscheidend, dass Sie die Phasen der Unstimmigkeit und partnerschaftlichen Konflikte überwinden, zum Gelingen Ihrer Beziehung als Ganzes.

Unterschiedliche Bedürfnisse in Einklang bringen

Was tun, wenn ein Partner Lust auf Sex hat und der andere nicht? Man sollte offen und ehrlich über die Schwankungen des sexuellen Begehrens miteinander reden. Oft genügt dazu die Körpersprache, aber sie ist leicht misszuverstehen. Statt sich enttäuscht oder verletzt umzudrehen, sollte man dann seine Wünsche äußern und den Partner dazu auffordern, ebenfalls seine Wünsche zu verbalisieren.

Es gibt verschiedene Möglichkeiten, Sexualenergie befriedigend auszutauschen, selbst wenn einer der Partner keinen Geschlechtsverkehr wünscht oder ihm überhaupt nicht nach Sex zumute ist. Denken Sie daran, dass heilende Liebe mehr umfasst als vielfache Orgasmen. Hier einige Methoden, die Ihnen bei der Pflege Ihrer Liebesbeziehung und Ihrer Partnerschaft überhaupt behilflich sind.

1. Wenn Sie sich zum Liebesspiel geneigt zeigen, dürfen Sie andere Reaktionen Ihres Partners nicht persönlich nehmen und diese auch nicht auf eine mangelnde sexuelle Anziehungskraft zurückführen. Das ist tatsächlich sehr schwierig. Wir sind es von unseren frühesten Flirts aus der Tanzstundenzeit an gewöhnt, das Interesse des Partners als ein Zeichen dafür zu deuten, dass wir in seinen Augen attraktiv und begehrenswert sind. Wie in Kapitel 6 »Wirklich lieben« erklärt wurde, wussten die Taoisten, dass Liebe mehr mit der eigenen Liebesfähigkeit zu tun hat als damit, wie gewinnend der Partner ist. Ähnlich hängt unsere Attraktivität mehr vom Niveau unserer eigenen Sexualenergie ab als davon, wie attraktiv der Partner ist. Mit anderen Worten, damit man sich zu jemand hingezogen fühlt und ihn attraktiv findet, muss man seine eigene Sexualenergie erschließen.

Attraktivität hängt mehr vom Niveau der eigenen Sexualenergie ab als davon, wie attraktiv der Partner ist.

In unserer eher oberflächlich orientierten Kultur, in der wir überall mit retuschierten Schönheitsidealen, silikongepolsterten Brüsten und Waschbrettbäuchen konfrontiert werden, ist es schwer, nicht der Überzeugung zu verfallen, dass wir mehr Lust empfänden, wenn wir oder unser Partner nur attraktiver aussähen. Im Gegensatz zu dieser gängigen Meinung wird jedoch die Sexualenergie vor allem von uns selbst erzeugt. Sie muss, wie andere Gesunderhaltungsmaßnahmen auch, vom Einzelnen geübt und gepflegt werden.

2. Die Äußerung sinnlichen Begehrens macht extrem sensibel, und die Aufforderung zum Sex sollte niemals einfach abgetan werden, selbst wenn man als angesprochener Partner oder angesprochene Partnerin sich nicht zum Sex aufgelegt fühlt. Wenn wir nicht sexuell aufgelegt sind, sollten wir das unserem Partner mitteilen, ohne uns dabei zu schämen oder verletzend zu sein.

3. *Wenn Sie sich nicht zum Sex aufgelegt fühlen, blicken Sie Ihren Partner oder Ihre Partnerin an und wenden ihm oder ihr nicht den Rücken zu.* Wenn Ihr Partner Lust auf Sex hat und Sie nicht, drehen Sie sich nicht einfach zum Schlafen auf die andere Seite um. Teilen Sie ihm Ihre fehlende Lust mit, aber zeigen Sie dabei Ihre Zuneigung und Liebe. Umarmen und küssen Sie Ihren Partner, bevor Sie sich schlafen legen. Wie schon gesagt, ist Berührung zur Aufrechterhaltung des Liebesbandes notwendig, unabhängig vom sexuellen Verkehr. Wir können viel Liebe und heilsame Energie durch Streicheln und zartes Küssen vermitteln.

4. *Unterschätzter Sex:* Niemand sollte Sex haben, wenn er oder sie keinen will, aber oft ist man sich einfach nur nicht seiner Sexualenergie bewusst. Sie mag zwar nicht in Hochform sein, trotzdem haben wir, wenn wir uns darum bemühen, jederzeit Zugang zu ihr. Familiäre und berufliche Pflichten beanspruchen uns oft sehr. Wenn die Partner dann zu Bett gehen, kommt es folglich vor, dass einer von beiden mehr am Schlaf als am Sex interessiert ist. Wenn Sie also müde sind, überlegen Sie kurz, ob das sexuelle Begehren des Partners nicht eine Gelegenheit wäre, Ihre eigene lustvolle und lebensspendende Sexualenergie aufzugreifen. In der Praxis der heilenden Liebe werden Sie merken, dass Sie in der Mehrzahl der Fälle froh sein werden, es getan zu haben. Besonders wenn beide Partner multiorgasmisch sind, kann man rasch zu einem äußerst befriedigenden Sex finden, so dass wenig Schlaf verloren geht. Sollte die fehlende Lust auf eine Unstimmigkeit in der Beziehung zurückgehen, äußern Sie, dass Sie über etwas sprechen wollen, das Sie bedrückt, oder probieren Sie aus, ob nicht eine liebevolle Berührung die harten Kanten der Krise abschleifen kann. Sollten Sie jedoch wirklich zu erschöpft sein oder aus irgendeinem anderen Grund kein Interesse an Sex haben, empfehlen wir Ihnen Folgendes:

5. *Legen Sie eine andere Zeit für das Liebesspiel fest.* Ob Sie nun das Morgengebet wählen oder das Wochenende einplanen, wichtig ist, dass Sie die Stillung Ihres sexuellen Appetits genauso wichtig nehmen wie die Befriedigung Ihres anderen Appetits auch. Vereinbaren Sie, dass Sie früher zu Bett gehen oder nehmen Sie sich anderweitig Zeit, um Ihren sexuellen Anliegen bewusst nachzugehen. Und selbst wenn Sie keinen Sex haben wollen, gibt es verschiedene Möglichkeiten, mit dem Partner, der Sex möchte, sexuell zu verkehren. Dies wird im folgenden Abschnitt besprochen.

Ohne Liebesakt sexuell aktiv sein

Zusätzlich zu den obigen Regeln gibt es noch Wege sexueller Harmonie, auch wenn einer von beiden Partnern einen stärkeren sexuellen Drang hat als der andere.

Mit dem Mund und/oder den Händen lieben

Wenn einer der Partner nicht zum Geschlechtsverkehr aufgelegt ist, aber bereit ist, sexuell zu verkehren, könnte er oder sie den Partner mit dem Mund oder den Händen befriedigen. Wer Oralsex ausübt, empfängt eine Menge vitalisierender Sexualenergie von seinem Partner oder seiner Partnerin. Wie schon gesagt, glaubten die Taoisten, dass ein Mann von den »drei Gipfeln« eines Frauenkörpers (ihrer Zunge, ihren Brustwarzen und ihrer Vagina) Chi aufnehmen kann. Ähnlich kann eine Frau das Chi eines Mannes von dessen Zunge, Brustwarzen und Penis trinken. Oraler und manueller Sex gibt auch Gelegenheit, die Genitalien des Partners auf Weisen zu erforschen, die oft übergangen werden, wenn der Geschlechtsverkehr im Mittelpunkt steht. Das kann sehr hilfreich sein, wenn ein Partner aus gesundheitlichen oder anderen Gründen passen muss. Auch wenn der orale oder manuelle Sex für den Partner, der Sex wünscht, eine sehr willkommene Alternative darstellt, kann es natürlich für den müden oder weniger sexuell aufgelegten Partner mitunter zu viel verlangt sein. Dann bleibt immer noch die Möglichkeit des soloerotischen Liebesspiels in den Armen des Geliebten.

Soloerotisches Liebesspiel in den Armen des Partners
Wenn der Partner oder die Partnerin für die eben beschriebene aktive Beteiligung zu müde ist oder nicht dazu aufgelegt ist, oder einfach auch als weitere Möglichkeit intim zu sein, kann sich der sexuell gestimmte Partner selbst befriedigen, während sie oder er vom Partner zärtlich gehalten wird.

Viele Menschen schämen sich bereits, wenn sie allein masturbieren oder erotische Selbstpflege betreiben, wie die Taoisten es nannten. Wie viel furchtbarer mag es dann erst erscheinen, dies vor dem Partner oder der Partnerin zu tun. Tatsächlich kann man so dem Partner wunderbar zeigen, was man gern hat und die Scham überwinden, die häufig bezüglich der Masturbation empfunden wird. Die erotische Selbstpflege verliert viel von ihrem Isolationsstigma, wenn sie aus dem Neben- oder Badezimmer herausgebracht wird. Ihr Partner oder Ihre Partnerin kann Sie einfach in den Armen halten oder die Hände auf Ihren Körper legen. Sie können sogar Lust zum Mitmachen bekommen und Sie streicheln, wenn Sie sehen, wie viel Vergnügen Sie haben, aber das sollte nicht erwartet werden.

Wie schon erwähnt, ergab eine Studie, dass über 70 Prozent der verheirateten Männer und Frauen masturbieren. Die Selbstbefriedigung verdrängt nicht den Geschlechtsverkehr, vielmehr ist sie eine wertvolle Ergänzung. Wenn Sie über diesen natürlichen Aspekt der menschlichen Sexualität offen sprechen und ihn auch ins gemeinsame Schlafzimmer bringen können, werden Sie Ihre sexuellen Zyklen in Einklang bringen und Lustunterschiede überbrücken können, die bei anderen Paaren größere Risse verursachen.

Erotische Selbstpflege allein

Wenn Sie kein soloerotisches Liebesspiel vor Ihrem Partner machen wollen oder ihm nicht danach zumute ist, Sie dabei in den Armen zu halten, bleibt stets die Möglichkeit, aufzustehen und sich anderswo selbst zu befriedigen. Denken Sie daran, dass es bei der erotischen Selbstpflege um die Aufrechterhaltung Ihrer Sexualenergie und Ihrer sexuellen Gesundheit geht. Nur weil Ihr Partner oder Ihre Partnerin gerade nicht wollen, bedeutet das nicht, dass Sie es nicht tun sollten. Wenn Ihr Partner nicht am Jogging interessiert ist, lassen Sie sich ja auch nicht davon abhalten. Nach dem Tao verfügt jeder von uns über Yin und Yang, weibliche und männliche Energie, und wir können diese beiden Aspekte verknüpfen, wenn wir uns auf ein Liebesspiel mit uns selbst einlassen.

Massage

Wenn die fehlende sexuelle Gestimmtheit und weniger Müdigkeit das Problem ist, können Sie es mit einer gegenseitigen Massage versuchen. Massagen tun gut, sind eine wichtige Ergänzung zum Sex und sollten in Ihr Liebesspielprogramm aufgenommen werden, auch wenn Sie regelmäßig Geschlechtsverkehr haben. Versuchen Sie bei der Massage zwischen stärkerem Druck und federleichter Berührung abzuwechseln. Wenn Ihr Partner zu müde ist, können Sie ihm ja eine Massage ohne Austausch anbieten. Wir versuchen oft alle Berührungsbedürfnisse durch Sex zu befriedigen. Beim Berühren und Berührtwerden ruft die Ausschüttung von Oxytocin ein Wohlgefühl hervor. Wenn Ihr Partner oder Ihre Partnerin selbst nicht streicheln will, können Sie anbieten, den aktiven

Part zu übernehmen. Vielleicht ist Ihr Partner sogar einverstanden, dass Sie sich an seinem Körper stimulieren. Das Reiben der Genitalien an Gesäß, Bein oder Rücken des Partners oder der Partnerin kann sehr genussvoll sein und einen für beide Seiten höchst erfreulichen Abschluss der Massage bilden.

Berührung
Selbst wenn einer oder beide von Ihnen für jegliche Form von Liebesspiel und Massage zu müde sind, empfehlen wir sehr, dass Sie sich vor dem Einschlafen ein paar Minuten oder auch nur kurz berühren und küssen. Dies sorgt für eine Harmonisierung und Wiederverbindung Ihrer Energien (physisch und emotional), wenn Sie einige Tage nicht zusammen waren.

Sie wissen nun, dass Berührung eine wichtige biochemische und energetische Funktion hat. Wenn Sie sich umarmen und küssen, schicken Sie Ihrem Partner oder Ihrer Partnerin heilende Liebe durch die berührten Körperpartien. (Denken Sie daran, dass wir auch durch unsere Augen und unser Lächeln Energie übertragen.) Die Oxytocinausschüttung, die bei gegenseitiger Berührung stattfindet, erhöht Ihre Zuneigung und gegenseitige Verbundenheit.

Sich ein Leben lang lieben

Naturverbunden wie sie waren, sahen die Taoisten unser Leben in Jahreszeiten gegliedert: Frühling, Sommer, Herbst und Winter. Aber sie suchten auch leidenschaftlich nach einem langen Leben und sogar nach Unsterblichkeit. In Kapitel 5 haben Sie erfahren, dass die Taoisten den Beischlaf für einen Jungbrunnen hielten, der in jungen und in reiferen Jahren gleichermaßen wichtig ist. Ihre Überzeugung ist mittlerweile von vielen neueren Studien bestätigt worden, auf die wir zum Teil

hingewiesen haben. Tatsächlich waren die Tao- *Die Taoisten waren der*
isten der Überzeugung, man solle bis ins hohe *Überzeugung, man solle*
Alter Geschlechtsverkehr haben. *bis ins hohe Alter Ge-*
In unserer Kultur verherrlicht man die ju- *schlechtsverkehr haben.*
gendliche Sexualität und verunglimpft die reife-
re. Ältere Männer, die sexuell aktiv bleiben, werden sogar abfällig als »alte Böcke« bezeichnet. Man geht davon aus, dass Männer in der Jugend den Höhepunkt ihrer sexuellen Kraft erleben und diese dann stetig abnimmt. Das hängt damit zusammen, dass die Sexualenergie insgesamt missverstanden wird. Die Sexualkraft besteht nicht nur in der Potenz (der Anzahl der Spermien) oder der Erektionsgeschwindigkeit oder der Anzahl der Ejakulationen, die ein Mann hintereinander bewältigt.

Für die Taoisten war Sex keine olympische Disziplin. Wahre Sexualkraft, so glaubten sie, bestand in der Fähigkeit, sich selbst und den Partner oder die Partnerin zu befriedigen. Diese Fähigkeit kann durch unsere einsichtige Anpassung an die im Lauf des Lebens umvermeidlichen physiologischen Veränderungen zunehmen. Männer können viel tun, um ihr Interesse und ihre Freude am Sex auch in reiferen Jahren aufrechtzuerhalten.

In unserer Kultur wird ebenfalls davon ausgegangen, dass ältere Frauen das Interesse an Sex verlieren, und Frauen nach der Menopause werden als »alte Weiber« bezeichnet. Zwar erfährt die Frau den Höhepunkt ihrer Fruchtbarkeit im frühen Erwachsenenalter, aber ihr sexuelles Lustempfinden kann sich im Lauf ihres Lebens steigern. Wenn mit der Menopause die Zeit der Fruchtbarkeit vorbei ist, empfinden viele Frauen sogar einen größeren sexuellen Drang, wofür der nun relativ höhere Testosteronspiegel verantwortlich ist. Mit den Wechseljahren sind bestimmte körperliche Veränderungen verbunden, aber diese können durch eine Hormonausgleichstherapie und andere Mittel gemildert oder sogar verschoben werden, worauf wir später noch eingehen werden.

Trotzdem sind viele ältere Erwachsene sexuell wesentlich aktiver, als diese Stereotypen glauben machen. Eine Umfrage des *Consumer Reports*, an der sich 4246 Männer und Frauen beteiligten, ergab, dass 80 Prozent der verheirateten Männer und Frauen über siebzig sexuell aktiv geblieben waren. 58 Prozent hatten mindestens einmal pro Woche Sex.[1]

80 Prozent der verheirateten Männer und Frauen über siebzig bleiben sexuell aktiv. 58 Prozent haben mindestens einmal pro Woche Sex.

Natürlich verändert sich der Sex mit den körperlichen Veränderungen des Älterwerdens, aber er veraltet dabei keineswegs. Über den Verlust der sexuellen Attraktivität, die man in der Jugend genoss, kann man leicht klagen. Doch darf man nicht davon ausgehen, dass das sexuelle Verlangen ein Leben lang gleich bleibt. Tut man dies, werden Veränderungen des gewohnten Sexualverhaltens bei einem selbst und beim Partner zum Problem.

Durch die Hormonforschung wird immer klarer, dass sich unser sexuelles Verlangen im Laufe des Lebens dramatisch ändert, und diese Veränderungen variieren stark zwischen den Geschlechtern und zwischen den Individuen, je nach ihrem hormonellen Profil. Man sollte beachten, dass jedes Sexualstadium und jedes Lebensjahrzehnt seine einzigartigen Lustmöglichkeiten bietet. Tatsächlich lässt sich in jedem neuen Stadium die Beziehung vertiefen, wenn man die Schwierigkeiten überwindet, die während der krisenreichen Übergangszeit auftreten.

Die Stereotypen, dass Männer Sex wollen und Frauen Liebesromantik, treffen in reiferen Jahren immer weniger zu. Wenn Männer älter werden, sinkt ihr Testosteronspiegel, der Testosteronspiegel der Frauen nimmt mit den Jahren (relativ zu ihren anderen Hormonen) hingegen zu. In den Worten des

Tao heißt das, Männer werden mehr Yin und Frauen mehr Yang. Männer und Frauen entsprechen sich also im reiferen Alter mehr, da sich ihr extremes hormonelles Gefälle ausgleicht.[2]

Das Liebesspiel wird immer vollkommener

Für die Taoisten geht es im Liebesleben um immer größere Vertrautheit und spirituelles Wachstum. Da die heilende Liebe auf einem ekstatischen Austausch feinstofflicher Energie basiert und nicht auf akrobatischen Höchstleistungen rasender Leiber, ist zur sexuellen Befriedigung kein jugendlicher Körper nötig. Zwar macht leidenschaftliche Liebe Spaß, solange sie währt, und ist wunderbar, wenn sie wiederkehrt, doch wussten die Taoisten, dass dies nur eine Form des Liebesspiels ist.

Den Taoisten zufolge vergehen sieben Jahre, bis man den Körper seines Partners kennen gelernt hat, und jeweils nochmals sieben Jahre, bis man ihn seelisch und geistig kennen gelernt hat.

Den Taoisten zufolge dauert es Jahre, bis die Gipfel körperlich-seelischer und geistiger Vereinigung erreicht sind. Eine Redensart besagt, dass sieben Jahre vergehen, bis man den Körper seines Partners kennen gelernt hat, und jeweils nochmals sieben Jahre, bis man ihn seelisch und geistig kennen gelernt hat. So dauert nach den Taoisten allein schon das Sich-Kennenlernen einundzwanzig Jahre! Je länger eine Beziehung währt, desto mehr weiß man voneinander und desto inniger kann die Bindung werden.

Diese alte Erkenntnis wurde in einer Universitätsstudie über langjährige Ehen bestätigt, die zeigte, dass im Gegensatz zu unseren kulturellen Stereotypen »alte Liebe die beste ist«. Robert W. Levenson, Psychologieprofessor an der Universität von Kalifornien, resümierte:

Wir hatten eigentlich Ermüdungserscheinungen in diesen Beziehungen erwartet. Aber die Wirklichkeit sah anders aus. Da gab es Dynamik, Leben, Emotion, Spaß und Sex statt gähnende Langeweile.[3]

Einer anderen Umfrage unter älteren Erwachsenen zufolge waren die sexuell aktiven die glücklichsten Männer und Frauen. Aber um sexuell aktiv zu bleiben, muss man sich sexuell fit halten und auf seine unterschiedlichen physiologischen Bedürfnisse eingehen lernen.

Gesunde Lust bei älteren Frauen

Die beginnenden Wechseljahre
In den Wechseljahren kommt es häufig zu auffälligen Veränderungen der sexuellen Reaktion und Lust. Bei Frauen setzt die Abnahme der Sexualhormone etwa zehn bis fünfzehn Jahre vor der letzten Periode ein, also gewöhnlich im Alter zwischen vierzig und fünfzig Jahren. Frauen, die ein sehr befriedigendes Sexualleben geführt haben, stellen dann meist fest, dass ihre sexuelle Lust und Orgasmusfähigkeit nachlassen.

Zu dieser Abnahme der Sexualhormone kommt in diesem Lebensabschnitt meist vielfältiger Stress hinzu, seien es minderjährige Kinder, älter werdende Eltern, berufliche Pflichten und so weiter. Das ist mit ein Grund, weshalb gerade Frauen zwischen vierzig und Anfang fünfzig an Depressionen erkranken, was sich dramatisch auf ihr sexuelles Verlangen auswirkt. Scheuen Sie sich nicht, einen Arzt aufzusuchen, wenn Ihnen die Änderung des Hormonspiegels zu große Probleme macht. Vielen Frauen ist in dieser Phase mit niedrig dosierten Antibabypillen geholfen, die den Östrogenspiegel und damit das sexuelle Verlangen erhöhen.[4]

Die Menopause
Durch den oft dramatischen Abfall des Östrogenspiegels in der Phase nach der letzten Periode leiden Frauen unter weiteren Symptomen. Viele Frauen werden von Hitzewallungen, Angstzuständen, Schlaflosigkeit und Stimmungsumschwüngen geplagt. Als wäre das Nachlassen des sexuellen Verlangens noch nicht genug, finden auch noch viele physiologische Veränderungen in den weiblichen Sexualorganen statt. Die Vaginalschleimhaut wird beträchtlich dünner, was oft zu vaginalen In-

Während man in unserer Kultur die Sexualität älterer Menschen verunglimpft, glaubten die Taoisten, dass man sich bis ins hohe Alter lieben soll.

fektionen und Juckreiz führt. Um das Problem noch zu vergrößern, nimmt durch den Rückgang der Östrogene auch die vaginale Gleitflüssigkeit ab.

Zum Glück lassen sich viele dieser sexuellen Probleme durch eine Hormonsubstitutionstherapie oder alternative Methoden lösen. Hier muss erwähnt werden, dass bei den meisten Frauen, die der Natur ihren Lauf lassen, die Hitzewallungen, Angstzustände, Schlaflosigkeit und Stimmungsumschwünge gewöhnlich ein bis zwei Jahre nach der letzten Periode verschwinden. Die dünnere vaginale Schleimhautauskleidung und geringere Feuchtigkeit, die beim Geschlechtsverkehr manchmal Schmerzen und häufigere Infektionen verursachen können, bleiben leider. Diese Gefahren können jedoch durch ein gutes Gleitmittel und ein sanfteres Stoßen beim Geschlechtsverkehr minimiert werden. Es gibt auch moderne Östrogencremes, die bei Reizungen und vaginaler Trockenheit helfen. Wie schon angemerkt, ist bei Frauen der Testosteronspiegel nach dem Klimakterium relativ höher, was manchmal zu einem Wiederaufleben der Lust führt.

Bei Frauen ist der Testosteronspiegel nach dem Klimakterium relativ höher, was manchmal zu einem Wiederaufleben der Lust führt.

Die Hormonsubstitutionstherapie im Klimakterium stellt für viele Frauen eine Chance dar. Es hat sich gezeigt, dass sich dadurch das sexuelle Verlangen, die Empfindsamkeit und sowohl die Häufigkeit als auch die Intensität des Orgasmus erhöhen.[5] Sie lindert auch die oben genannten klimakterischen Symptome, solange die Hormone eingenommen werden. Leider gibt es bis jetzt noch keine Langzeitstudien über die Nebenwirkungen einer Hormonsubstitutionstherapie. Obwohl sie von den meisten Frauen gut vertragen wird, ist ein erhöhtes Brustkrebsrisiko nicht ausgeschlossen. Zwar vermindert sie das Osteoporoserisiko und damit die Gefahr von Knochenbrüchen, doch ist noch unklar, ob die Hormonsubstitution das Risiko von Herzerkrankungen und Schlaganfällen erhöht. Zurzeit werden Studien durchgeführt, die dies klären sollen.[6] Sollten Sie an einer Hormonsubstitutionstherapie interessiert sein, wenden Sie sich für eine persönliche Beratung an Ihren Arzt.

Die Hormonsubstitutionstherapie erhöht bei den meisten Frauen den sexuellen Genuss. Trotzdem erfahren viele Frauen auch dann noch nach der Menopause eine Abnahme des sexuellen Verlangens. Das liegt daran, dass das ersetzte Östrogen nur eines der Hormone ist, deren Produktion während des Klimakteriums zurückgeht. Das Testosteron und sein Cousin, DHEA, nehmen ebenfalls ab, was zu einer Abnahme des sexuellen Verlangens führt. Ernstzunehmende Studien zeigen, dass sich nach dem Eintritt der Menopause durch kurzzeitige Testosterongaben das sexuelle Verlangen und die sexuelle Befriedigung (sowie die Stimmung) spürbar verbessern. Testosteron ist für Frauen in Kombination mit Östrogen leicht in Tablettenform zugänglich. Leider scheinen orale Testosterongaben langfristig wenig zu bewirken und sie sind offensichtlich mit beträchtlichen Gesundheitsrisiken verbunden.[7] Neuere und sicherere Testosteronsubstitutionstherapien werden bald zugänglich sein.

Denjenigen Frauen, die keine Hormonsubstitutionstherapie wünschen, stehen andere Hilfsmittel zur Verfügung, die die Wechseljahre erleichtern können. Phytoöstrogene sind natürliche Östrogene, die in Nahrungsmitteln vorkommen, vor allem in Sojaprodukten. Obwohl sie nicht alle Vorteile der Hormonsubstitutionstherapie bieten, können in die Diät integrierte Sojaprodukte einige Wechseljahrsymptome lindern.[8] Natürliche Progesterone in Cremes und in Tablettenform mildern ebenfalls Wechseljahrsymptome. Die Behandlungsmöglichkeiten

Man glaubt mittlerweile, dass man das Klimakterium wie andere Hormonstörungen auch in den Griff bekommen wird. Dem sei entgegengehalten, dass Frauen seit Jahrtausenden durchs Klimakterium gegangen sind und dabei ein aktives, befriedigendes Sexualleben fortgesetzt haben.

der klimakterischen Beschwerden nehmen rapide zu, und es sind immer mehr neue und verbesserte Produkte erhältlich. Man glaubt mittlerweile, dass man das Klimakterium wie andere Hormonstörungen auch eines Tages in den Griff bekommen haben wird. Hier sei zu bedenken, dass Frauen seit Jahrtausenden durchs Klimakterium gegangen sind und dabei ein aktives, befriedigendes Sexualleben fortgesetzt haben.

Gesunde Lust bei älteren Männern

Auch wenn Männer keinen so dramatischen Hormonumschwung erleben wie Frauen, verändert sich auch ihre hormonelle Situation in den vierziger und fünfziger Jahren deutlich, so dass Mediziner anfangen, von einer »Viropause« zu sprechen. Wie schon erwähnt, sinkt beim Mann der Testosteronspiegel im Laufe seines Lebens ab, und diese Abnahme an männlichen Geschlechtshormonen kann viele physiologische Auswirkungen haben, besonders in den mittleren Jahren. Zum Beispiel brauchen die meisten Männer über fünfzig (und oft schon früher) wesentlich mehr genitale Stimulation, um eine Erektion zu bekommen und zu halten.

Vorbei sind dann die Zeiten spontaner Erektionen mitten in der Mathematikstunde. (Und glücklicherweise auch die Zeiten des Schulbankdrückens.) Jene plötzlichen Erektionen mögen peinlich gewesen sein, doch ändert sich die altgewohnte sexuelle Reaktion, mag mancher Mann versucht sein, sich danach zurückzusehnen.

Auch werden die Erektionen weniger fest sein oder bei einer vollen Erektion wird der Winkel flacher. Natürlich betrifft dieses Nachlassen der körperlichen Stärke den ganzen Körper. Sie werden mit fünfzig im Fitnessstudio kaum mehr dasselbe Gewicht stemmen wollen, das sie mit fünfundzwanzig bewältigten.

Trotzdem ist das persönliche Stärkegefühl des Mannes eng mit seinem Penis und dessen Leistungsfähigkeit im Bett verknüpft. Männer machen sich viel mehr Sorgen um ihren Penis als um ihren Bizeps. Deshalb lohnt es sich, einige Grundregeln zur Erhaltung der sexuellen Fitness zu befolgen und einige Tricks zu kennen, wenn die Maschine nicht mehr wie gewohnt läuft.

Die Maschine zum Laufen bringen
Ältere Männer brauchen nicht nur mehr direkte genitale Stimulation, sondern es dauert oft auch länger, bis sie eine Erektion bekommen oder nach einer Ejakulation wieder bekommen. Hier leistet die altbewährte taoistische Technik des weichen Eindringens wunderbare Dienste. Mit psychogener Impotenz bzw. dem Ausbleiben einer Erektion haben alle Männer hin und wieder zu tun, nicht nur die älteren. Eine Umfrage unter vierzig- bis siebzigjährigen Männern ergab, dass etwa die Hälfte phasenweise Erektionsprobleme hatte. Diese erektile Dysfunktion tritt im zunehmenden Alter häufiger auf, und die Taoisten betrachteten sie als etwas ganz Normales. Das Eingehen auf die Natur gehörte zur taoistischen Lebenskunst, und so entwickelte man die zuverlässige Technik des weichen Eindringens, bei der der Mann mit einem weichen oder halberigierten Penis eindringt und bald einen sehr glücklichen und fitten harten hat. In den Worten der Taoisten: Ein Mann kann »weich eindringen und hart herauskommen«.

> Der Gelbe Kaiser: »Mich drängt es zum Liebesakt, aber mein Penis richtet sich nicht auf. Das macht mich so verlegen, dass ich ins Schwitzen komme. Ich möchte nichts sehnlicher als den Liebesakt und würde gerne etwas nachhelfen. Was kann ich tun? Lasst mich das Tao dazu hören.«
> Su Nü, eine berühmte taoistische Sexualberaterin: »Das Problem Eurer Majestät ist ganz normal.«

Übung 28
Weiches Eindringen

1. *Gleitfähig machen:* Die Frau muss ganz feucht sein. Der Mann sollte sie so lange erregen, bis ihre Säfte fließen. Vielleicht möchten Sie auch ein künstliches Gleitmittel in die Vagina und/oder auf den Penis aufbringen.

2. *Der Mann oben:* Für den Liebesakt ist es am einfachsten, wenn der Mann oben ist, so dass er möglichst viel Bewegungsfreiheit hat und die Schwerkraft das Blut im Penis ansammeln hilft.

3. *Umschließen Sie den Penis mit Daumen und Zeigefinger:* Der Mann sollte den Penis unten an der Wurzel mit Daumen und Zeigefinger eng umfassen. Mit diesem Ringgriff kann er das Blut in Penisschaft und Eichel drücken. Dies festigt den Penis so weit, dass er in die Partnerin eindringen kann.

4. *Eindringen und mit dem Stoßen beginnen:* Nun sollte der Mann, ohne den Ringgriff zu lockern, den Penis vorsichtig in die Vagina der Partnerin einführen und mit dem Stoßen beginnen. Der Ringgriff sollte beibehalten werden, bis der Penis voll erigiert ist.

5. *Sich auf den Genuss konzentrieren:* Der Mann sollte erspüren, wie das Blut und die Sexualenergie den Penis anfüllen und sich auf die angenehmen Empfindungen des Geschlechtsverkehrs konzentrieren.

6. *Helfende Handgriffe der Partnerin:* Seine Partnerin kann seine Hoden streicheln oder stimulierend auf seinen Damm drücken (wodurch mehr Blut in den Penis gelangt) oder mit seinem Schließmuskel spielen (wenn er eine anale Stimulation gern hat). Sie kann ihn auf jede andere Weise berühren, die zu seiner Stimulation bei-

> trägt. Sie kann ihn außerdem küssen, ihn anlächeln oder ihre Lust zum Ausdruck bringen, wenn er sich in ihr bewegt. Wie gesagt gibt es kein besseres Aphrodisiakum für den Mann als die Lustäußerungen seiner Geliebten.
> **7.** *Den Ringgriff anpassen:* Regulieren Sie den Druck des Ringgriffs, wenn der Penis anzuschwellen beginnt. (Der Griff darf nicht so fest sein, dass kein Blut mehr durchkommt, das zum Erreichen der Erektion nötig ist.)
> **8.** *Nötigenfalls wieder umfassen:* Der Mann sollte den Ringgriff wieder anwenden, wenn seine Erektion nachlässt (obwohl die vaginale Wärme und Weichheit der Partnerin meist dafür sorgt, dass sie bestehen bleibt).

Su Nü, die berühmte taoistische Sexualberaterin, empfahl dem Kaiser als Erstes, sich zu entspannen und sich mit seiner Partnerin zu verständigen. In einer solchen Situation sind Angst, Selbstvorwürfe oder Vorwürfe der Partnerin gegenüber völlig fehl am Platz. Oft hilft auch Humor weiter.

Angst führt bekanntlich zu einer plötzlichen Adrenalinausschüttung, die oft auch Kampf- oder Fluchtreflex genannt wird. Wenn wir Angst haben, glaubt unser Körper, wir müssten davonlaufen oder kämpfen, um zu überleben. Deshalb wird das Blut aus den Genitalien an die Stellen gepumpt, wo es zum Fortlaufen oder Kämpfen gebraucht wird. Das ergibt zwar evolutionär gesehen Sinn – es ist besser, keine Erektion zu haben, wenn man vor einem zähnefletschenden Tiger davonlaufen will –, im Bett jedoch verschlimmert es die Situation nur. Entspannen Sie sich also und denken Sie daran, dass Sie tatsächlich »nachhelfen« können, wie es sich der Gelbe Kaiser gewünscht hat. Wenn Sie ein eher chronisches Erektionsproblem haben, sollten Sie in dem Buch *Öfter, länger, besser* den Abschnitt »Schlangenbeschwörung: Die Überwindung der Impotenz« lesen.

Außer der Technik des weichen Eindringens, die die Erektion erleichtert und den Adrenalinstoß verhindern hilft, gibt es noch ein paar andere Tricks, die in diesen kritischen Momenten helfen. Zunächst können Sie versuchen, an etwas für Sie Hocherotisches zu denken. Diese erregenden Gedanken werden die Befürchtungen verdrängen.

Weiterhin können Sie sich auf die Lust Ihrer Partnerin konzentrieren und sie mit Mund oder Händen sexuell beglücken. Wenn Sie auf Ihre Erektion warten, ist das ungefähr das Gleiche, als wenn Sie vor dem Wasserkocher warten, bis das Wasser zu kochen beginnt – es scheint ewig zu dauern. Oft wirkt es Wunder, wenn Sie sich ganz Ihrer Partnerin zuwenden, besonders wenn sie daran denkt, Ihnen die genitale Stimulation zukommen zu lassen, die Sie vermehrt brauchen. Schließlich kann es viel vom Erwartungsdruck nehmen, wenn Sie mit Ihrer Partnerin offen über Ihre Erektionsprobleme sprechen, so dass es Ihnen wieder möglich wird, sich auf andere Lustmöglichkeiten zu konzentrieren, durch die Ihre Sexualenergie zunimmt.

Obgleich die Testosteronproduktion bei allen Männern in den Zwanzigern ihren Höhepunkt erreicht und danach kontinuierlich Jahr für Jahr abnimmt, kann dieser Rückgang bei manchen Männern dramatischer ausfallen und zu abnehmender Lust, verminderten Erektionen und sich zurückbildenden Hoden führen. Wenn Sie diese Symptome an sich feststellen, sollten Sie Ihren Arzt aufsuchen. Testosteron lässt sich heute bei Männern leicht und effektiv substituieren.

Viagra, das populäre neue Medikament, kann Männern mit Erektionsproblemen ebenfalls helfen. Eine Stunde vor dem Sex eingenommen, verbessert es die Blutzufuhr zum Penis und damit die Erektionsfähigkeit und -dauer.

Wenn Sie dauernd Erektionsprobleme haben, sollten Sie an

die Möglichkeit einer symptomatischen Impotenz denken. Ungefähr 80 Prozent der Fälle dauernder Impotenz liegt ein physiologisches Problem zugrunde, das sich meist behandeln lässt. Prüfen Sie auch, ob Sie vielleicht Medikamente einnehmen, die die Erektions- und Orgasmusfähigkeit einschränken. Sie können außerdem einen einfachen Test zu Hause durchführen, um zu sehen, ob Sie im Schlaf Erektionen haben, was bei den meisten Männern in den Traumphasen der Fall ist. Feuchten Sie einen Streifen Briefmarken an und kleben Sie ihn um die Wurzel Ihres schlaffen Penis. Wenn die Briefmarken am nächsten Morgen gerissen sind, hatten Sie eine normale Erektion. Hängen die Briefmarken noch zusammen, sollten Sie das Problem mit Ihrem Arzt besprechen.

Die Ejakulation und das Älterwerden

Mit den Jahren drängt es Männer im Allgemeinen weniger zur Ejakulation. Aus diesem Grund können ältere Männer die Ejakulation auch länger aufschieben als in der Jugend. Und dieser Erektionsaufschub hat unter anderem den Vorteil, dass es älteren Männern leichter fällt, multiorgasmisch zu werden. Marion Dunn und Jan Trost fanden in ihrer neuesten Studie heraus, dass die Hälfte der befragten älteren multiorgasmischen Männer nach ihrem dreißigsten Lebensjahr multiorgasmisch geworden waren. Die Befragten waren alle über fünfzig und gut in Form. Zudem ist die Fähigkeit, die Ejakulation hinauszuzögern, älteren Männern bei der Befriedigung ihrer Partnerinnen dienlich.[9]

Viele Männer merken, dass sie mit der Zeit nicht mehr so oft ejakulieren wollen wie in ihrer Jugend. Dies ist dem Tao zufolge eine natürliche und wünschenswerte Veränderung. Masters und Johnson unterstreichen die Tatsache, dass Männer nicht jedesmal unbedingt ejakulieren müssen, wenn sie den Liebesakt ausführen, besonders Männer über fünfzig.[10] Außerdem lässt mit den Jahren nicht nur der Ejakulationsdrang nach, sondern es dauert auch länger, bis sich nach der Ejakulation eine neue Erektion einstellt (Refraktärperiode).

Wie schon in Kapitel 1 erwähnt, empfahl der chinesische Arzt Sun Ssu-miao, dass Männer ab vierzig nur im Abstand von zehn Tagen ejakulieren sollten, Männer ab fünfzig nur noch alle zwanzig Tage einmal und Männer über sechzig überhaupt nicht mehr. Bedenken Sie, dass Sie trotzdem so viele *Orgasmen* haben können, wie Sie wollen, und wenn Sie zu Orgasmen ohne Ejakulation in der Lage sind, werden Sie kaum mehr nach letzterer verlangen.

Trotzdem sind Sun Ssu-miaos Empfehlungen nur Leitlinien. Wichtigstes Kriterium bei der Frage, wie oft Sie ejakulieren sollten, ist, wie Sie sich körperlich fühlen. Wenn Sie ejakulieren, sollten Sie sich frisch und munter, gestärkt und nicht geschwächt fühlen.

Sollten Sie sich vornehmen, alle paar Jahre weniger zu ejakulieren, ist das in Ordnung, aber hören Sie dabei auf Ihren Körper. Und bitte achten Sie darauf, dass Sie niemals sich selbst oder Ihrer Partnerin an einer Ejakulation die Schuld geben. Heißen Sie die angenehme Empfindung willkommen und genießen Sie sie. Der liebevolle Austausch und die Freude am Liebesakt ist wesentlich wichtiger als die Tatsache, ob Sie nun ejakulieren oder nicht. Kein Mann sollte sich derart unter Zugzwang stellen, dass er sich das Ejakulieren regelrecht verbietet.

Es geht bei der heilenden Liebe nicht um die Beherrschung der Technik an sich, sondern darum, sie für unser Wohlbefinden, unsere Gesundheit und unser spirituelles Wachstum zu nutzen.

Sexuelle Gesundheit bei älteren Paaren

Es wurden eine Reihe von Alterserscheinungen angesprochen, die die sexuelle Leistungsfähigkeit bei Ihnen und Ihrem Partner oder Ihrer Partnerin betreffen. Wir haben einige Vorschläge gemacht, wie man mit diesen Veränderungen umgehen und ein spannendes, gesundes Liebesleben führen kann. Dem muss hinzugefügt werden, dass natürlich auch Ihr allgemeiner Gesundheitszustand für Ihre sexuelle Leistungsfähigkeit mitverantwortlich ist. Bei Männern sind zum Beispiel kardiovaskuläre Beschwerden die mit Abstand größte Ursache für Impotenz.

Körperliche Fitness und ein reduzierter oder ganz vermiedener Zigaretten- und Alkoholgenuss kann die Chancen für ein langes, befriedigendes Sexualleben dramatisch erhöhen. Regelmäßiger Sport kann ernste Beschwerden wie Bluthochdruck, Diabetes und Herzkrankheiten verhindern und behandeln helfen, die Ihr Sexualleben schwer beeinträchtigen können. Es ist auch erwiesen, dass körperliche Bewegung bei Männern und Frauen das sexuelle Verlangen steigert.

Der Sex selbst ist eine hervorragende Form körperlicher Ertüchtigung. Interessant ist auch, dass es sowohl für Männer als auch für Frauen der beste natürliche Weg zur Ankurbelung der Testosteronproduktion ist (also ohne Hormone einzunehmen). Sex sorgt für die Zunahme Ihrer Geschlechtshormone und Ihres sexuellen Verlangens. Je mehr Sex Sie haben, desto mehr Sex wollen Sie.

Sex sorgt für die Zunahme Ihrer Geschlechtshormone und Ihres sexuellen Verlangens.

Umgekehrt gilt auch, dass das Verlangen abnimmt, wenn man längere Zeit keinen Sex hat. Deshalb sollten Sie so oft wie möglich sexuell aktiv sein, idealerweise einmal in der Woche. Wenn Ihr Partner oder Ihre Partnerin nicht da oder krank ist, sollten Sie erotische Selbstpflege betreiben. Betrachten Sie es als vorbeugende Medizin. Wie Theresa Crenshaw erklärt: »Männer sowie Frauen, die in jungen Jahren oft Sex haben, sind dazu auch im höheren Alter fähig. Macht jedoch eine längere Pause, wer über sechzig Jahre ist – selbst wenn es sich nur um ein paar Monate handelt –, lässt das physische sexuelle Vermögen bei ihm oder ihr rapide nach.«[11] Kurzum, wie das Sprichwort sagt: »Wer rastet, der rostet.«

Schließlich sollte überprüft werden, ob nicht die Medikamente, die Sie oder Ihr Partner oder Ihre Partnerin möglicherweise einnehmen, zu sexuellen Problemen führen. Schätzungsweise ist jeder vierte Impotenzfall durch verschriebene Medikamente verursacht, die Männer gegen Herzkrankheiten, Bluthochdruck, Depression oder andere Indikationen einnehmen. Dieselben Medikamente können auch bei Frauen sexuelle Probleme verursachen, eine Abnahme der Orgasmusfähigkeit eingeschlossen. Es gibt oft alternative Medikamente, die das sexuelle Verlangen nicht schmälern, ja eventuell sogar steigern. Vergessen Sie nicht, Ihren Arzt oder Ihre Ärztin ausdrücklich zu fragen, ob die Medikamente, die Ihnen verschrieben wurden, sexuell beeinträchtigende Nebenwirkungen haben.

Die Anziehungskraft bewahren

Wie schon gesagt, nehmen die hormonellen Unterschiede zwischen Männern und Frauen mit zunehmendem Alter ab. In der Sprache des Tao: Da der Mann mehr Yin und die Frau mehr Yang wird, reduziert sich die Kräftepolarität zwischen ihnen. Dies kann zwar zu größerer Übereinstimmung im Bett führen, allerdings auch die Attraktivität zwischen Ihnen und Ihrem Partner oder Ihrer Partnerin vermindern.

Dem Tao zufolge beruht die partnerschaftliche Anziehung

auf der Stärke ihrer Yin-Yang-Spannung. Je größer die Ladung, desto intensiver die Leidenschaft. Die Abnahme dieser Spannung ist oft einer der Hauptgründe, weshalb Beziehungen ihren Reiz verlieren und weniger erregend sind. Es ist auch der Grund, weshalb in Beziehungen die Leidenschaft wieder aufflammt, wenn einer der Partner auf einer Geschäftsreise war. Trennung sorgt für eine Wiederaufladung der Polarität. Viele Paare stellen auch fest, dass die Anziehung zwischen ihnen zunimmt, wenn sie phasenweise in getrennten Betten oder Schlafzimmern schlafen.

Wenn ein Mann ejakuliert, verliert er viel von seiner Yang-Ladung, so dass Paare, bei denen der Mann seine Ejakulation beherrschen lernt, oft eine Zunahme der gegenseitigen Anziehung feststellen. Außerdem hilft die Heilende-Liebe-Technik des Zirkulierenlassens und Austauschens von Sexualenergie, die elektrische Ladung und sexuelle Leidenschaft in Ihrer Beziehung aufrechtzuerhalten.

Sexuellen Leistungsdruck vermeiden

Die Taoisten glaubten, dass wir unsere Liebespraxis ein Leben lang verfeinern können und so widmeten sie sich der Erforschung der sexuellen Lust und Intimität. In diesem Buch haben wir viele neue sexuelle Hochgenüsse erklärt, möchten Ihnen aber dringend raten, Ihre sexuellen Erwartungen nicht zu hoch zu schrauben. Diese Genüsse lassen sich erfahren, wenn Sie und Ihr Partner oder Ihre Partnerin sowohl dazu bereit als auch darauf vorbereitet sind. Versuchen Sie sich möglichst nicht mit Zielvorstellungen zu belasten, die Sie jedesmal beim Liebesakt erreichen wollen.

Mit jedem neuen wissenschaftlichen Einblick in die weibliche Sexualität, von der »Entdeckung« des weiblichen Orgasmus über den G-Punkt bis zur multiplen Orgasmusfähigkeit der Frau, erwartete man von Frauen, dass sie diese Genüsse auch erführen, oder sie riskierten, als sexuell unzulänglich eingestuft zu werden. In unserem ersten Buch, in dem wir bekannt machten, dass auch Männer multiple Orgasmen erfahren können, rieten wir den Männern dringend, sich selbst und ihre Partnerinnen nicht mit zusätzlichen Erwartungen zu belasten. Wenn man weiß, dass es sexuelle Gipfel gibt, kann man sie erklimmen, aber wenn man von sich erwartet, sie jedes Mal zu erklimmen, ist das statt einer Hilfe nur eine unnötige Belastung.

So funktioniert es

Sich ein Leben lang lieben

1. Verkehren Sie so oft wie möglich sexuell (mit Ihrem Partner oder sich selbst), am besten einmal in der Woche, um Ihr sexuelles Rüstzeug und Ihre Hormone in Schuss zu halten.

2. Berühren Sie einander oft, damit Ihr Oxytocin und Ihre Zuneigung in Gang bleibt.

3. Achten Sie darauf, dass der Mann genügend genitale Stimulation erhält.

4. Wenden Sie nötigenfalls die Technik des weichen Eindringens an.

5. Erwägen Sie eine Hormonsubstitutionstherapie.

6. Reduzieren Sie die Zahl der Ejakulationen.

7. Halten Sie die sexuelle Polarität zwischen sich aufrecht.

8. Meiden Sie Zigaretten, Alkohol und solche verschreibungspflichtigen Medikamente, die negative sexuelle Nebenwirkungen haben.

In diesem Buch haben wir ausführlich dargelegt, welche sexuellen Möglichkeiten es sowohl für Männer als auch für Frauen gibt, in der Hoffnung, dass diese Vorschläge Ihr Liebesleben bereichern mögen. Wir hoffen, dass Sie diese Anregungen spielerisch und abenteuerlustig ausprobieren und genießen werden. Denken Sie daran, die taoistischen Praktiken werden heilende Liebe genannt, weil dabei die Liebe und das Heilen im Mittelpunkt stehen sollen. Wenn Sie sich auf den Wunsch konzentrieren, Ihren Partner oder Ihre Partnerin zu lieben und zu heilen, werden Sie sicher die Hochgenüsse gemeinsamen Liebesspiels erleben.

Die Kunst des Schlafgemachs kann ein Leben lang gepflegt werden. Erwarten Sie nicht, sie über Nacht zu erlernen, und erwarten Sie auch nicht, dass jede sexuelle Begegnung ein Meisterstück wird. Halten Sie Ihre Begeisterung hoch und Ihre Erwartungen niedrig. Und nehmen Sie sich selbst und Ihre Praxis nicht zu ernst. Vergessen Sie nicht, beim Liebesakt spielerisch vorzugehen und ihn mit Humor zu verknüpfen.

Das wahre Geheimnis der Sexualität

Das wahre Geheimnis des Tao ist, dass es im Leben oder beim Liebesspiel kein Ziel gibt. Das Leben ist ein sich ständig enthüllendes Mysterium. Durch multiple Orgasmen braucht sich beim Liebesspiel nicht mehr alles um das Erreichen eines Orgasmus zu drehen, so dass sich die Aufmerksamkeit auf den ekstatischen Prozess des intimen Erkundens und Erkundetwerdens verlagern kann. Letzten Endes basiert die heilende Liebe nicht auf der Quantität der Orgasmen, sondern auf der Qualität der Liebe und Heilung, die Sie in Ihrem part-

Sobald Sie so viele Orgasmen haben können, wie Sie möchten, sind Sie in der Lage zu erkennen, dass das orgasmische Pulsieren einfach Teil eines kontinuierlichen Harmonisierungsprozesses zwischen Ihnen und Ihrem Partner und Ihnen und der Welt ist.

nerschaftlichen Verhältnis erfahren. Sobald Sie so viele Orgasmen haben können, wie Sie möchten, sind Sie in der Lage zu erkennen, dass das orgasmische Pulsieren einfach Teil eines kontinuierlichen Harmonisierungsprozesses zwischen Ihnen und Ihrem Partner und Ihnen und der Welt ist.

Anvertraute Geheimnisse

Die Philosophie und Praktiken, die wir in diesem Buch gelehrt haben, waren Jahrtausende lang streng gehütete Geheimnisse. Wir haben sie deswegen mitgeteilt, weil wir glauben, dass sie der Menschheit im Allgemeinen nützen können. In zu vielen Kulturen auf der Welt ist das sexuelle Wissen verloren gegangen, mit der Folge, dass die meisten modernen Menschen bezüglich der Lust im Dunkeln tappen. Dem Tao zufolge ist unsere Sexualität die Grundlage unserer Gesundheit. Jede echte Heilung unserer selbst und der Welt beginnt notwendig im Bett, denn durch Liebe und Sex wird die nächste Generation empfangen.

Wir hoffen, dass Sie diese Praktiken in Ehren halten und nicht weniger achten werden, als hätten Sie viele Jahre bei einem taoistischen Meister studiert, um sie zu lernen. Wenn Sie ehrerbietig mit ihnen umgehen, werden sie Ihnen und Ihrem Partner reichlich Freude und Genuss bringen. Vertiefen Sie sich bitte in die Lektüre und tauschen Sie sich mit Ihrem Partner oder Ihrer Partnerin (und all jenen, die Ihrer Meinung nach davon profitieren werden) darüber aus. Mögen diese Lehren Ihnen und Ihrem Partner oder Ihrer Partnerin eine Quelle der heilenden Liebe werden, durch die sich Ihr Verhältnis untereinander und zur Welt verändert.

Jede echte Heilung unserer selbst und der Welt beginnt notwendig im Bett, denn durch Liebe und Sex wird die nächste Generation empfangen.

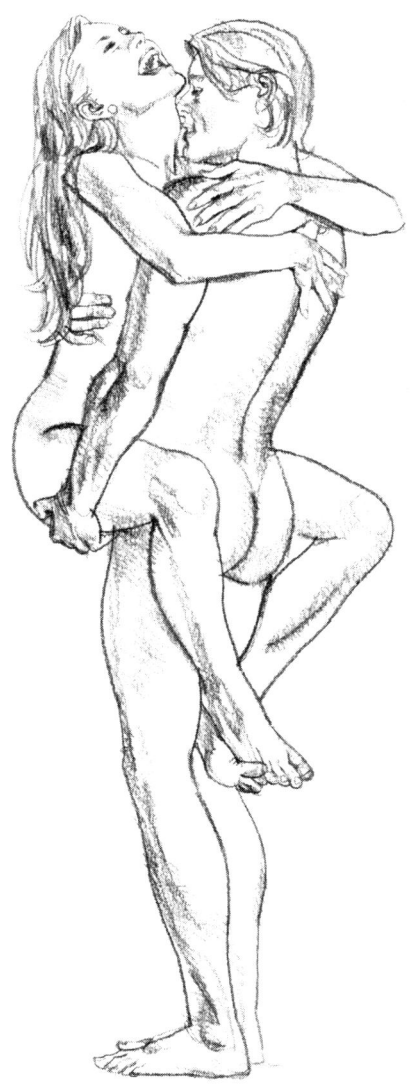

Anmerkungen

Einleitung

1 Alfred Kinsey berichtete als Erster, dass Männer multiple Orgasmen erfahren konnten. Mehr über Kinseys Pionierstudie siehe Kapitel 1 oder seinen Klassiker: Alfred C. Kinsey, Wardell B. Pomeroy und Clyde E. Martin, *Das Sexualverhalten des Mannes* (Frankfurt am Main: Fischer 1970). William Hartman und Marilyn Fithian dokumentierten als Erste multiple Orgasmen bei Männern unter Laborbedingungen. Siehe Hartman und Fithian, *Jeder Mann kann* (Berlin: Ullstein 1985) oder unser Buch *Öfter, länger, besser* (München: Knaur 1997).

1 Feuerwerke: Orgasmenfülle für Männer

1 Laut der dreizehnten Ausgabe von *Smith's General Urology* umfasst ein Orgasmus »unwillkürliche rhythmische Kontraktionen des Afterschließmuskels, Überventilation (erhöhte Atmungsrate), Tachikardie (beschleunigte Herzfrequenz) und ein Ansteigen des Blutdrucks«. Siehe *Smith's General Urology*, 13. Aufl. (Norwalk, CT: Appleton & Lange, 1992), S. 710.

2 Alfred C. Kinsey, Wardell B. Pomeroy und Clyde E. Martin, *Das Sexualverhalten des Mannes* (Frankfurt am Main: Fischer 1970).

3 Ebd.

4 Herant Katchadourian, *Fundamentals of Human Sexuality*, 4. Aufl. (New York: Holt, Rinehart and Winston, 1985), S. 292.

5 William Hartman und Marilyn Fithian, *Jeder Mann kann* (Berlin: Ullstein 1985); Marion Dunn und Jan Trost, »Male Multiple Orgasms. A Descriptive Study«, in: *Archives of Sexual Behavior 18*, Nr. 5 (1989), S. 382.

6 Die weibliche Ejakulation ist in den vergangenen zwanzig Jahren in Laborversuchen bestätigt worden. Dass es eine solche gibt, wurde durch das Meilenstein-Buch, *The G-Spot and Other Recent Discoveries*

About Human Sexuality, von Alice Kahn Ladas, Beverly Whipple und John D. Perry (New York: Holt, Rinehart and Winston, 1982) bekannt. Die Taoisten beschreiben seit langem die »drei Wasser« der Frau (das erste entspricht der Gleitflüssigkeit, das zweite dem Orgasmus und das dritte der Ejakulation). Im Allgemeinen wird die Ejakulation als reichliches Auftreten von Flüssigkeit erlebt, obwohl manche Frauen tatsächlich den Eindruck haben, dass die Flüssigkeit versprüht würde.

2 Die Quelle der Lust: Orgasmenfülle für Frauen

1 P. Blumstein und P. Schwartz (1983), zitiert bei Julia R. Heiman und Joseph LoPiccolo, *Becoming Orgasmic: A Sexual and Personal Growth Program for Women* (New York: Simon & Schuster, 1992), S. 223ff.
2 Der G-Punkt ist nach Dr. Ernst Gräfenberg benannt, der ihn als erster westlicher Arzt beschrieben hat.
3 Einige Sexologen vergleichen den G-Punkt mit der Prostata des Mannes, da sie beide aus dem gleichen embryonalen Gewebe hervorgehen, aus Drüsen und Kanälen bestehen, anschwellen, wenn sie erregt werden, und ein Sekret bilden. Während die weibliche Ejakulation selten vorkommt, ist die Flüssigkeitsabsonderung aus der Harnröhre beim Orgasmus eine normale sexuelle Reaktion.
4 Beverly Whipple, William E. Hartman und Marilyn A. Fithian, »Orgasm«, in: *Human Sexuality: An Encyclopedia*, Hrsg. Vern L. Bullough und Bonnie Bullough (New York: Garland Publishing, 1994), S. 432.
5 William Masters und Virginia Johnson, *Human Sexual Response* (Boston: Little, Brown, 1966).
6 Beverly Whipple, Gina Ogden und Barry R. Komisaruk, »Physiological correlates of imagery induced orgasms in women«, *Archives of Sexual Behavior 21*, Nr. 2 (1992), S. 121–133.
7 Ein Glas Wein oder Bier oder ein Drink am Tag ist durchaus gesund und schadet Ihnen nur, wen n Sie aus einer durch Alkoholismus belasteten Familie stammen oder selbst alkoholabhängig waren. Alkohol kann jedoch die sexuelle Reaktion beeinträchtigen, und wir raten

davon ab, ihn regelmäßig dazu zu benützen, um in Stimmung zu kommen.
8 Beverly Whipple, zitiert in Anne Vachone, »Multiple Orgasms: Why One Orgasm is Never Enough: Cosmo's Guide to Making Orgasms Happen and Happen and Happen«, *Cosmopolitan*, Juli 1998, S. 156.
9 Der Gynäkologe Arnold Kegel hat 1948 als Erster diese Übungen zur Stärkung der vaginalen Muskulatur und als Therapie bei Inkontinenz empfohlen.
10 Carol Anderson Darling, Jay Kenneth Davidson sen. und Donna A. Jennings, »The Female Sexual Response Revisited: Understanding the Multi-Orgasmic Experience in Women«, *Archives of Sexual Behavior 20*, Nr. 6 (1991), S. 529.
11 Julia Heiman und Joseph LoPiccolo, *Becoming Orgasmic: A Sexual and Personal Growth Program for Women* (New York: Prentice-Hall, 1988), S. 27.
12 Darling u. a., »Female Sexual Response Revisited«, S. 529.
13 Zitiert bei Susan Bakos, »Just When You Thought You Knew All There Was to Know About Orgasm«, *Cosmopolitan*, Aug. 1996, S. 148.
14 Alan P. Brauer und Donna J. Brauer, *The ESO Ecstasy Program: Better, Safer Sexual Intimacy and Extended Orgasmic Response* (New York: Warner Books, 1990), S. 103–109.
15 Ebd., S. 70.
16 Joy Davidson, »You Always Have Orgasms … Then Suddenly You Don't«, *Cosmopolitan*, Dezember 1996, S. 90.
17 Einige Spiralen geben Progesteron in den Uterus ab und können sich minimal auf das sexuelle Verlangen auswirken. Es gibt aber auch Spiralen ohne hormonelle Komponenten.
18 Eine Spirale kann Infektionen verschlimmern, obwohl sie das Ansteckungsrisiko für sexuell übertragene Krankheiten nicht erhöht. Eine Gebärmutter- und Eileiterentzündung (Beckenentzündung) kann zu Vernarbungen und dadurch zu Unfruchtbarkeit führen.
19 Linda DeVillers, zitiert in »Sexual Satisfaction Guaranteed«, *Redbook*, November 1996, S. 74.

3 Besser als Kaffee und Schokolade: die Erweiterung Ihrer Orgasmen und Steigerung Ihrer Energie

1 Felice Dunas, *Passion Play* (New York, Riverhead Books), S. 53.

4 Gegenseitige Befriedigung

1 Siehe Theresa Crenshaws ausgezeichnetes Buch, *The Alchemy of Love and Lust: How Our Sex Hormones Influence Our Relationships* (New York: Simon & Schuster, 1997).
2 Ebd., S. 96.
3 Ebd., S. 122.
4 Robert T. Michael, John H. Gagnon, Edward O. Laumann und Gina Kolata, *Sex in America* (Boston: Little, Brown, 1994), S. 158–165.
5 P. Blumstein und P. Schwartz (1983), zitiert bei Julia R. Heiman und Joseph LoPiccolo, *Becoming Orgasmic: A Sexual and Personal Growth Program for Women* (New York: Simon & Schuster, 1992), S. 223ff.

5 Sexuelles Heilen

1 Susan Bakos, »Just When You Thought You Knew All There Was to Know About Orgasm«, *Cosmopolitan*, August 1996, S. 148.
2 Obwohl aus der Studie nicht klar hervorgeht, ob die Männer jedes Mal ejakulierten, dürfte dies der Fall gewesen sein. Diese Studie deutet darauf hin, dass ejakulatorischer Sex immerhin noch besser ist als gar kein Sex. Aus taoistischer Sicht wäre der Sex noch gesünder und heilsamer gewesen, wären die Ejakulationen eingeschränkt worden. *British Medical Journal*, December 20, 1997, vol. 315, no. 7123, S. 1641; »Sex and Death: Are They Related? Findings from the Caerphilly Cohort Study.« George Davey Smith; Stephen Frankel; John Yarnell.
3 Theresa L. Crenshaw, M. D., *The Alchemy of Love and Lust: How Our Sex Hormones Influence Our Relationships* (New York: Simon & Schuster, 1997), S. 4f.
4 Daniel P. Reid, *The Tao of Health, Sex, and Longevity: A Modern Practical Guide to the Ancient Way* (New York: Simon & Schuster, 1989), S. 290.

6 Wirklich lieben

1 Theresa L. Crenshaw, M. D., *The Alchemy of Love and Lust: How Our Sex Hormones Influence Our Relationships* (New York: Simon & Schuster, 1997), S. 95.

8 Sich ein Leben lang lieben

1 Studie in *Consumer Reports*, über die berichtet wird in Herant A. Katchadourian, *Fundamentals of Human Sexuality* (New York: Holt, Rinehart and Winston, 1985), S. 385.
2 Eine vollständige Erklärung der verschiedenen sexuellen Stadien und die neuesten Ergebnisse aus der Hormonforschung finden Sie in dem ausgezeichneten Buch *The Alchemy of Love and Lust* von Theresa Crenshaw, besonders im Kapitel »Sexual Stages«, S. 18–52.
3 Berichtet in der *Los Angeles Times*, 4. Juni 1995.
4 Wie schon gesagt, ist für die aktive weibliche Libido hauptsächlich das Testosteron verantwortlich, aber zusätzliches Östrogen spielt für die Steigerung des sexuellen Interesses und die Verbesserung der Orgasmusfähigkeit eine wichtige Rolle.
5 Stärkeres Verlangen bei 90 Prozent der Frauen, stärkere Empfindsamkeit bei 50 Prozent der Frauen, häufigere Orgasmen bei 30 Prozent und intensivere Orgasmen bei 40 Prozent der Frauen. Siehe Maida Taylor, »Sex, Drugs, and Growing Old: Sexual Dysfunction in Perimenopause, Menopause, and Post-Menopause: Physiology, Psychology, and Pharmacology« (Vortrag gehalten auf der *Women's Health Conference*, Sacramento, Kalifornien, 1999).
6 Neueste Untersuchungen lassen den Wert einer Hormonsubstitutionstherapie zur Behandlung von Herzkrankheiten fraglich erscheinen, besonders in den ersten beiden Therapiejahren. Da sich auf dem Gebiet der Hormonsubstitutionstherapie sehr viel tut, sollten Sie sich für weitere Informationen besser an Ihren Arzt wenden.
7 Leider verringert oral eingenommenes Testosteron Ihr gutes Cholesterin (HDL) und erhöht Ihr schlechtes Cholesterin (LDL). Außerdem gibt es keine Langzeitstudien, die beweisen würden, dass sich

das sexuelle Verlangen mehr als drei Monate verbessern lässt. Ein erhöhtes Brustkrebsrisiko ist ebenfalls nicht ausgeschlossen. Lokal auftragbares Testosteron, das den Cholesterinspiegel nicht erhöht, wird bald auf dem Markt sein. Wenn Sie an einer Testosteronsubstitutionstherapie interessiert sind, besprechen Sie bitte mit Ihrem Arzt die gegenwärtigen Möglichkeiten.

8 Phytoöstrogene und natürliches Progesteron erhöhen nicht die Knochendichte und sind weniger wirksam als die Hormonsubstitutionstherapie, was die Erleichterung von Menopausensymptomen betrifft.

9 Marion Dunn und Jan Trost, »Male Multiple Orgasms. A Descriptive Study«, in: *Archives of Sexual Behavior 18,* Nr. 5 (1989), S. 385.

10 Masters und Johnson, *Human Sexual Inadequacy,* zitiert in Jolan Chang, *Das Tao der Liebe* (Reinbek: Rowohlt, 1978).

11 Crenshaw, *Alchemy of Love and Lust,* S. 282.

Anhang

Die Techniken der heilenden Liebe, die in diesem Buch vorgestellt wurden, gehören zu dem umfassenden körperlichen, emotionalen und spirituellen Unterrichtsprogramm des Universalen Tao. Das Universale Tao stützt sich auf die praktischen Lehren der taoistischen Tradition.

Unterricht im Universalen Tao

Es gibt weltweit über zwölfhundert Lehrer des Universalen Tao, die verschiedene Praktiken, von der heilenden Liebe bis zum Tai Chi und Chi-Kung, unterrichten und Seminare abhalten. Informationen über Lehrer in Europa erhalten Sie über das *Universal Tao Center* (Adresse auf der nächsten Seite). Sie können sich auch im Internet unter *www.taoinstructors.org* nach einem Lehrer umsehen.

Hier eine Liste weiterer Bücher von Mantak Chia zu diesem Thema.

Bücher zum Universalen Tao

Tao Yoga der heilenden Liebe (mit Maneewan Chia), Interlaken: Ansata, 1990 (4. Aufl.).

Tao Yoga der Liebe (mit Michael Winn), Interlaken: Ansata, 1990 (5. Aufl.).

Tao Yoga des Heilens, Interlaken: Ansata, 1990 (4. Aufl.).

Tao Yoga (mit Maneewan Chia), Interlaken: Ansata 1987.

Tao Yoga – inneres Tai Chi (mit Juan Li), Interlaken: Ansata 1997.

Das Yoga der heilenden Massage (mit Maneewan Chia), Interlaken: Ansata, 1993.

Fusion der fünf Elemente (mit Maneewan Chia), Frankf. Verlag Aviva, Dahlberg, 1989.

Tao Yoga Eisenhemd Chi Kung, Interlaken: Ansata, 2001.

Bone Marrow Nei Kung: Iron Shirt Chi Kung … III (mit Maneewan Chia)

Chi Self-Massage: The Taoist Way of Rejuvenation

Bestellungen von englischsprachigen Büchern, Audiokassetten, CDs, Postern oder Videos richten Sie bitte an das

> UNIVERSAL TAO CENTER
> 274 Moo 7, Laung Nua, Doi Saket,
> Chiang Mai 50220, Thailand,
> Tel.: 66-53-495-596 oder 66-53-865-034,
> Fax aus Europa: 31-20-524-1374.
> E-Mail: *universaltao@universal-tao.com*
> oder besuchen Sie die Websites:
> *www.multi-orgasmic.com* und *www.universal-tao.com*.

Allgemeine Ratgeber zur Sexualität

Theresa L. Crenshaw, *Die Alchemie von Lust und Liebe: Hormone steuern unser Liebesleben,* München: dtv, 1999.

In diesem Buch wird sehr gut erklärt, wie sich in den verschiedenen Lebensphasen unsere Hormone auf unser Sexualleben auswirken. Dr. Crenshaw setzt die Forschungsergebnisse mit unseren normalen Lebenserfahrungen in Beziehung und bietet eine Fülle an Informationen, die jedes Paar kennen sollte.

Paul Joannides, *Wild Thing. Sex-Tips for Boys and Girls,* München: Goldmann, 1999.

Der beste allgemeine Sexratgeber, den wir finden konnten. Paul Joannides gibt auf über sechshundert Seiten detaillierte und humorvolle Sextipps. In dem ebenso unterhaltsamen wie informativen Buch lernen Sie ungeahnte Einsatzmöglichkeiten von Körperpartien kennen, von deren Existenz Sie vielleicht noch gar nichts wussten.

Alan P. Brauer, M. D., und Donna J. Brauer, *The ESO Ecstasy Program: Better, Safer Sexual Intimacy and Extended Orgasmic Response,* New York: Warner Books, 1990.

Die Brauers gehören mit zu den führenden Sexologen, die eine Erweiterung des Orgasmusgenusses untersuchen. Ihr Programm und ihr Bestseller von 1982, *Extensiver Super-Orgasmus* (München: Heyne, 1992), sind ausgezeichnete Ratgeber zur Intensivierung der Lust.

Ratgeber für Frauen

Mantak und Maneewan Chia, *Tao Yoga der heilenden Liebe*, Interlaken: Ansata, 1993.
Ein spezieller Ratgeber für den Umgang mit weiblicher Sexualenergie. Hier erfahren Frauen, wie sie ihre Sexualität steigern und die Schmerzen und Erschöpfung verringern können, die die Menstruation oft begleiten.

Julia R. Heiman und Joseph LoPiccolo, *Gelöst im Orgasmus*, Frankfurt am Main: Flach, 1978.
Das beste Programm, das uns bekannt ist, für Frauen, die noch nie einen Orgasmus hatten.

Alice Kahn Ladas, Beverly Whipple und John D. Perry, *Der G-Punkt: das stärkste erotische Zentrum der Frauen*, München: Heyne, 1987.
Ein Klassiker. Selbst nach mehr als zwei Jahrzehnten noch ein ergiebiger Ratgeber zur weiblichen Sexualität.

Ratgeber für Männer

Mantak Chia und Douglas Abrams, *Öfter, länger, besser. Sextips für jeden Mann*, München: Knaur 1997.
Das Buch für Männer, die multiorgasmisch werden wollen, und ihre Partnerinnen, die ihren Teil dazu beitragen möchten.

Mantak Chia und Michael Winn, *Tao Yoga der Liebe*, Interlaken: Ansata, 1990 (5. Aufl.).
Ein spezieller Ratgeber für den Umgang mit männlicher Sexualenergie. Hier erfahren Männer, wie sie ihre sexuelle und persönliche Beherrschung weiterentwickeln können.

Bernie Zilbergeld, *Die neue Sexualität der Männer*, Tübingen: dgvt, 1994.
Ein gutes Buch zum Verständnis der männlichen Sexualität in psychologischer und biologischer Hinsicht.

Anhang

Taoistische Ratgeber

Felice Dunas, *Chinesische Liebesgeheimnisse: alte Weisheiten für Glück und Gesundheit*, München: Heyne, 2000.

Hier werden das taoistische Geschlechtsleben und seine Auswirkung auf unsere Gesundheit von einer bekannten Akupunkteurin erklärt.

Daniel P. Reid, *Das chinesische Gesundheitsbuch*, Düsseldorf: Econ, 1997.

In diesem hervorragenden Handbuch taoistischer Gesundheits- und Langlebensübungen spielt Sex nur zum Teil eine Rolle.

Joseph Kramer, *Fire on the Mountain: An Intimate Guide to Male Genital Massage*. Videokassette. EroSpirit Research, P. O. Box 3893, Oakland, CA 94609.

Ein großartiger Ratgeber für die Penismassage. Das Video ist zwar für homosexuelle Paare gedacht, aber für heterosexuelle Paare ebenso nützlich.

Erotische Literatur

Anais Nin, *Das Delta der Venus*, Stuttgart: Dt. Bücherbund, 1982.

Noch immer ein Klassiker weiblicher Erotika. Ein Fest für die Fantasie.

Lonnie Barbach, Hrsg., *Welche Farbe hat die Lust?*, Frankfurt am Main: Ullstein, 1987.

Großartige zeitgenössische Erotika speziell für Frauen.

Lonnie Barbach, Hrsg., *Wildkirschen: erotische Phantasien*, Berlin: Ullstein, 1999.

Erotische Geschichten von Männern und Frauen, die Sie gemeinsam lesen können.

Susie Bright, Hrsg., *The Herotica Series: Collections of Women's Erotic Fiction*, New York: Penguin, 1994f.

Ausgezeichnete Geschichtensammlung von und für heterosexuelle, lesbische und bisexuelle Frauen

Register

Aggression 162
Aids 236, 240
Alltag 61, 63, 128, 230, 257
Alter 51, 86, 279f., 293f.
Angst 21, 72, 82, 112, 132, 243, 245, 252f., 265, 267, 283f., 289
Anorgasmie 84, 110ff.
– situative 114
Antibabypille 116, 282
Antidepressiva 117, 204
Anus 34, 70
Appetitverlust 132
Ärger 43, 145f., 206, 246, 253, 267
Arme 74, 169
Atmosphäre, sinnliche 108, 111
Atmung 39f., 44ff., 90, 199
– Bauch- 39ff., 45, 53, 72f., 78, 82, 111f.
Attraktivität 273
Augen 145

Bakos, Susan Crain 97
Bauch 75, 130f., 135, 140
Bauchgehirn 130
Becken 34, 46, 49, 52, 69, 79, 86, 88, 101
Beckenboden-Übung 86
Befriedigung, gegenseitige 153ff.
Beine 75, 169
Beleuchtung 161

Bequemlichkeit 160
Berührungen 61, 162f., 166, 168, 248, 274, 277f.
Biofeedback 126f.
Blase 36, 77
Bluthochdruck 117, 132, 138f., 293f.
Brauer, Alan P. 101, 104
Brauer, Donna J. 101, 104
Brechreiz 190
Brüste 75, 96f., 169f.
Brustwarzen 75, 83, 93, 96f., 100, 108, 169f.

Chang, Jolan 229
Chi s. Lebensenergie
China 21, 51, 101, 122
Ching s. Sexualenergie
Ching-chi s. Sexualenergie
Cholesterinspiegel, hoher 117
Crenshaw, Theresa 248, 294

Damm 49, 67, 69f., 78, 86, 140, 182, 185
Dankbarkeit 83
Depression 119, 162, 267, 282, 294
Desinteresse, sexuelles 162, 232
Diabetes 117, 293
Dildo 76ff., 82, 87ff., 101, 104, 109
Disharmonie, sexuelle 158, 246

311

Dunas, Felice 122, 157
Dunn, Marion 29, 291

Eichel 68, 104, 194, 213
Einsamkeit 43
Ejakulation 25–31, 34, 36, 38ff.,
  41, 47ff., 52f., 59, 77, 89, 142,
  182, 184, 194, 199, 206, 209,
  218f., 226, 232f., 237, 259, 287,
  291, 295f.
– -drang 44f., 215, 226, 292
– -kontrolle 52, 200f., 219
– -reflex 34, 44
– -vermeidung 40f., 53
– -verzicht 199
– weiblicher 233
Eltern 59f.
Emotionale Intelligenz 130
Emotionen 150, 206, 242, 246,
  251f.
Empfängnisverhütung 116f., 237
Empfindsamkeit 53
Energieaufnahme 149
– -austausch 95, 224, 258
– -fluss 126
– -kanäle 165
– spirituelle 262f.
– -zirkulation 206, 224ff., 230,
  256f., 268
Entspannung 82, 84, 111, 215,
  229, 233, 289
Entspannungsdrogen 117
Erektion 34, 50, 165, 182, 286f.,
  289f., 292

– -probleme 50, 164, 196, 219,
  287, 289f.
– -schwankungen 212
– -stufen 38
– -verlust 28, 32
Erholung 118
Erregung 36ff., 46, 69, 80f., 82,
  88, 94ff., 100f., 157f., 203,
  214f.
– -diagramm 29
– -niveau 100
– -punkte 78
– -stadien 46
– -stufen 38, 53
– -tempo 39
Erschöpfung 50, 232

Fantasie 94f., 108
Feedback 107, 162
Feigwarzen 236f.
Fellatio 189ff., 236
Filme, erotische 95, 108
Finger 168
– -abdruck, erotischer 60ff.
– -nägel 180
– -spiele 180f.
– -techniken 175f.
Fithian, Marilyn 28f., 43, 79
Frauen, ältere 282ff.
Frenulum s. Eichel
Freude 43, 132
Frigidität 53
Frustration 253
Füße 168, 205, 207

Ganzheitlichkeit 21
Gebärmutter 234
Gebärmutterhals 67, 69, 77
Gehirn 30, 90, 128ff., 145, 158, 204f.
Genitalien 65f., 205, 207
– männliche 181
– weibliche 170
Genitaltraining 42
Genussmittel 117
Gereiztheit 145f.
Geruchssinn 61
Gesäß 75
Geschlechtshormone 293
Gesundheit 20ff., 24, 42, 51, 110, 113, 127, 173, 202, 204f., 236, 240f., 265, 293ff., 298
Glans penis s. Eichel
Gleitmittel 175, 239, 288
G-Punkt 29, 77, 93, 96, 101ff., 175f., 194, 217, 220, 222
– männlicher 185
Gräfenberg, Ernst 176

Hals 74, 108
Hände 168, 207
Harmonie 110, 153f., 158, 166, 215, 275
– sexuelle 23
– spirituelle 21
Harnröhre 79, 86
Hartman, William 28f., 43, 79
Heilen, sexuelles 202ff.
Heiltechniken 206f.

Heilung 215, 240, 298
Heiterkeit 132
Herpes 139, 236f.
Herz 266
– -erkrankungen 117, 284, 293f.
– -klopfen 147
Hitzewallungen 283f.
Hoden 34, 39, 45, 49, 149, 182, 185, 290
Hormonsubstitutionstherapie 114f., 284ff., 296
Humor 82, 245, 289, 297

Immunsystem 204, 251, 265
Indien 129
Inkontinenz-Probleme 86
Intensität 21
Intimität 21, 119, 240, 243, 291

Johnson, Virginia 79, 291

Katchadourian, Herant 28
Kegel-Übung 86f.
Kerzenlicht 161
Kindheit 92, 113
Kinsey, Alfred 19, 27f., 91, 229
Kinsey-Report 27
Kleiner Energiekreislauf 123, 125, 263
Klimakterium s. Wechseljahre
Klitoris 66ff., 76, 79, 82ff., 93, 96f., 100, 105, 111, 170ff., 175, 178ff., 186, 194
Komisaruk, Barry 81

Kondome 176, 184, 236ff.
Konzentration 161
Konzentrationssteigerung 90
Kopf 74
Kopfhaut 168
Kopfschmerzen 145, 149
Körperenergie 121
– -erkundung 64f., 74ff., 82, 96, 111
– -kritik 65
– -partien 165ff., 205, 208, 217
– -würdigung 65
Kramer, Joe 212
Krankheiten 117, 132
– sexuell übertragene 236ff., 240
Kreuzbein 198, 217, 228
– -pumpen 144
Kundalini-Syndrom 138
Kunst des Liebesaktes 200ff.
Küssen 166ff., 207, 278

Labia majora s. Schamlippen, große
Labia minora s. Schamlippen, kleine
Lächeln 82, 131f., 135, 146
– inneres 130ff., 137f., 140, 142, 228, 251f., 256f.
Ladas, Alice 29
Langlebigkeit 202
Latex 176, 236, 239
Lebensenergie 56, 59, 122, 126f., 163, 256, 264, 268, 275
Lebenserwartung 203
Lebensfreude 63
Lebensumstände 51
Leber 266
Levenson, Robert W. 281
Li Tung-hsuan Tzu 197
Liebe 241ff., 262f.
Liebesstellungen 214ff.
Lippen 166f., 186
Literatur, erotische 95, 108
Lungen 267

Männere, ältere 286ff.
Massage 116, 277
– erotische 112
– Genital- 207, 214
– Penis- 209, 212f.
– Vaginal 209ff.
Masters, William 79, 291
Medikamente 117, 291, 294, 296
Meditation 101, 226
Menopause 283ff.
Menstruation 233, 283
Meridiane s. Energiekanäle 165
Millionen-Dollar-Punkt 45
Milz 266
Missionarsstellung 78, 216ff.
Mitgefühl 241f., 249, 252ff., 262, 264ff.
Mitleid 267
Moral 22
Müdigkeit 56, 232f., 276ff.
Mund-Kung-Fu 186f.
Musculus pubococcygeus s. PC-Muskel

Nähe, emotionale 20, 23
Necken 99, 109, 185
Nervosität 145, 245, 253
Neun-Blüten-Berührungsmeditation 244f., 249
Neun-Schritte-Programm 94ff.
Nieren 266

Ogden, Gina 81
Ohren 108, 168, 207
Ohrensausen 147
Oralsex 93, 97ff., 108f., 175, 180, 186ff., 205, 207, 238, 275f.
Orgasmus 20, 26f., 30, 34, 39, 48, 53, 55, 72, 79ff., 84, 86, 92f., 96f., 99f., 102–107, 110, 112f., 171f., 184, 202ff., 226, 233, 292
– -auslöser 103
– -blockade 113
– der kontraktilen Phase 31, 47f.
– ejakulatorischer 30f., 47f., 150
– -energie 135ff., 142, 149
– -energie, Emporleitung der 140
– -erfahrungen 92
– genitaler 47, 53f., 120, 135
– Ganzkörper- 47, 53, 102, 120, 135, 158, 182, 207
– G-Punkt- 77
– -herbeiführung 83
– -intensität 83, 284
– klitoraler 77, 101
– Multi- 19f., 25ff., 34, 36ff., 46, 48, 50ff., 55, 59, 91ff., 99, 108f., 120, 199, 205ff, 214, 218f., 220, 223, 230f., 233, 259, 270, 274, 291, 296f.
– nichtejakulatorische 30, 43, 47, 51, 142, 150, 203, 231, 292
– Organ- 209
– Prostata- 47
– -schwierigkeiten 84
– seelischer 120, 258, 260
– -störung 118
– -stufen 120
– vaginaler 101
Östrogene 116, 282ff.
Oxytocin 161, 203, 249, 277f., 296

Paare, ältere 293ff.
PC-Geheimnise 104
PC-Muskel 31ff., 38, 41, 44, 46ff., 52, 70, 76, 79, 84ff., 101, 103f., 109, 140f., 199, 218, 220ff., 228
PC-Muskeltraining 35, 41, 53, 87, 89f., 187
PEA 203
Peng-The 232
Penis 182ff., 207ff.
Perineum s. Damm
Perry, John 29
Phytoöstrogene 285
Positionswechsel 215
Progesteron 116, 285
Prolaktin 115
Prostata 34, 47, 49, 185
– -stärkung 234
Pubertät 27, 30

Reflexzonen 205, 209, 211, 307
- am Penis 208
- der Vagina 208
Refraktärperiode 292
Reid, Daniel 204
Ringmuskeln 89
Rückenschmerzen 143

Safer Sex 236f.
Schädelbasispumpen 144
Scham 21, 42, 71, 82, 150, 172f., 273, 276
Schamlippen 66, 175
- große 66, 68, 76
- kleine 66, 68, 76, 79, 170f., 180, 229
Scheidensekrete 99
Schlaflosigkeit 147, 283f.
Schlafstörungen 145, 160
Schlaganfall 117, 285
Schließmuskel 67, 69f., 78f., 140f., 185, 228
Schönheitsideal 57f., 61, 273
Schuldgefühle 42
Schwangerschaft 69, 86, 115, 237, 239
Seelenpartnerschaft 257ff.
Seelenvereinigung 258f.
Selbstbefriedigung 27, 36, 42, 44, 46, 48f., 65, 70ff., 80, 83f., 91ff., 96f., 104f., 110, 113, 172f., 184, 203, 227, 234f., 276
Selbstberührung 83, 175
Selbstliebe 242

Selbstpflege, erotische 41ff., 72, 81f., 84, 95, 173, 276f., 293
Selbstvertrautheit 56
Selbstverurteilung 52
Selbstwahrnehmung 36
Sensibilisierung 163, 165, 181
Sexualenergie 37ff., 42f., 47, 49f., 52f., 56, 59, 63, 81, 72, 84, 86, 88, 96f., 102f., 110, 113, 118, 120f., 127ff., 132f., 135f., 138f., 141f., 149ff., 157, 159, 164f., 182, 203, 207, 213f., 226f., 233f., 241f., 255f., 259f., 262, 264, 272ff., 277, 279, 295
Sexualhormone 37, 203, 282
Sexualorgankräftigung 234ff.
Sexualreport 91
shen s. Energie, spirituelle
Sinnlichkeit 61, 159f.
Spermizide 239
Spiegel 64, 66
Spiritualität 22, 255f.
Sport 118, 150, 293
Stärke 252
Steißbein 49, 85
Stillzeit 115
Stimmungsumschwünge 283f.
Stimulierung 31, 78, 95ff., 100, 104, 112, 207, 209, 215
- anale 82, 236
- der Vagina 207
- des Penis 207
- genitale 287
- G-Punkt- 81, 102, 109

– Hoden- 183
– klitorale 86, 93, 98, 101, 103f., 108f., 171f.,
– manuelle 83, 97, 205, 207
– mentale 93
– vaginale 86, 93, 101, 104, 109, 236
Stoßrhythmus 193ff.
Stoßtechniken 193ff.
Streicheln 184f., 212, 274
Stress 39f., 59, 82, 114, 118, 128, 132, 162, 251, 282
Su Nu 180, 287, 289
Sun Ssu-miao 51, 292

Testosteron 114ff., 204, 279f., 284ff., 290, 293
– -substitutionstherapie 285
Transformation 250ff., 262, 267
Trost, Jan 29, 291

Unsicherheiten 245f.
USA 42, 58, 97, 203
Uterusstärkung 234

Vagina 67ff., 70, 76, 79, 83, 86, 88ff., 98f., 101, 179ff., 194, 208f.
– -dusche 98
Verdauungsstörungen 132
Verleugnung 150
Viagra 290

Vibrator 78, 82ff., 97, 105, 108f., 111
Viropause 286
Vitalität 63, 113, 128

Wachstum, spirituelles 20
Wechseljahre 114, 279, 284ff.
Weiches Eindringen 288f., 296
Whipple, Beverly 29, 79, 81, 86
Winn, Michael 121
Wirbelsäule 168
Wu Hsien 155
Wunschmitteilung 105ff.
Wurzelchakra 129

X-Punkt 178

Yang 23, 155ff., 176, 181f., 184, 199, 221, 246, 248, 277, 281, 294f.
Yin 23, 155ff., 164, 176, 221, 243, 248, 277, 281, 294f.
Y-Punkt 178

Zärtlichkeiten 116, 159
Zehen 168
Zerrissenheit 20
Zonen, erogene 65, 72, 83f., 92ff., 95ff., 105, 108f., 111, 118
Zunge 97f., 108, 166ff., 186, 188, 259
Zungen-Kung-Fu 186

JOHN GRAY

16107

»Männer sind vom Mars.
Frauen von der Venus.« –
der erfahrene Paartherapeut
liefert eine brillante Zustands-
beschreibung des Beziehungs-
dschungels und gesteht
Männern und Frauen ihre
Andersartigkeit zu. Anschauliche
Fallbeispiele und erprobte
Lösungsmodelle zeigen, wie sich
aggressiver Geschlechterkampf
zu einer kreativen Partnerschaft
wandeln kann.

Der Kontakt zum anderen
Geschlecht ist gespickt mit
Mißverständnissen, Fehlwahr-
nehmungen und falschen
Schlußfolgerungen. Was machen
Männer und Frauen jeweils
anders, und wie können sie aufeinander zugehen?
Bestsellerautor John Gray
ermutigt zu neuen Formen einer
offenen und verständnisvollen
Kommunikation, die
die Verschiedenheiten der
männlichen und weiblichen
Perspektive berücksichtigen.

16134

Mosaik bei GOLDMANN

BÜCHER FÜR HEISSE STUNDEN

16200

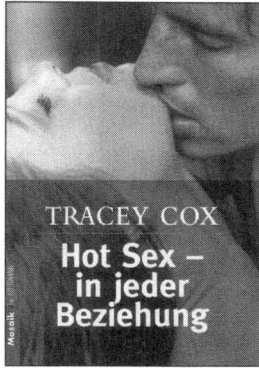

16291

16170

16263

Mosaik bei GOLDMANN

GOLDMANN

*Das Gesamtverzeichnis aller lieferbaren Titel erhalten Sie
im Buchhandel oder direkt beim Verlag.
Nähere Informationen über unser Programm erhalten Sie auch im Internet unter:*
www.goldmann-verlag.de

★

Taschenbuch-Bestseller zu Taschenbuchpreisen
– Monat für Monat interessante und fesselnde Titel –

★

Literatur deutschsprachiger und internationaler Autoren

★

Unterhaltung, Kriminalromane, Thriller
und Historische Romane

★

Aktuelle Sachbücher, Ratgeber, Handbücher und
Nachschlagewerke

★

Bücher zu Politik, Gesellschaft, Naturwissenschaft und Umwelt

★

Das Neueste aus den Bereichen
Esoterik, Persönliches Wachstum und Ganzheitliches Heilen

★

Klassiker mit Anmerkungen, Anthologien und Lesebücher

★

Kalender und Popbiographien

★

Die ganze Welt des Taschenbuchs

★

Goldmann Verlag • Neumarkter Str. 28 • 81673 München

Bitte senden Sie mir das neue kostenlose Gesamtverzeichnis

Name: _____

Straße: _____

PLZ / Ort: _____